Mahlmann · Sprachbilder, Metaphern & Co.

Regina Mahlmann

Sprachbilder, Metaphern & Co.

Einsatz von bildlicher Sprache in
Coaching, Beratung und Training

BELTZ

Über die Autorin:
Dr. Regina Mahlmann unterstützt und begleitet Personen und
Gruppen in Veränderungsprozessen in Form von Coaching on
und off the job, Prozessberatung, lösungsorientierten Workshops,
Moderation und Vorträgen im Raum Deutschland, Schweiz,
Österreich.

Homepage: www.dr-mahlmann.de

Jokers Sonderausgabe

Lektorat: Ingeborg Sachsenmeier

© 2010 Beltz Verlag · Weinheim und Basel
www.beltz.de
Satz: Renate Rist, Lorsch
Druck: Beltz Druckpartner, Hemsbach
Umschlaggestaltung: glas ag, Seeheim-Jugenheim
Umschlagabbildung: PantherMedia, München
Zeichnungen: Dorit David, Hannover
Printed in Germany

ISBN 978-3-86365-950-9

Inhaltsverzeichnis

Station 3: Erfahrungen
Das Arbeiten mit sprachlichen Bildern

Reiseerinnerungen

Begrüßung und Einladung zur Reise

Baronin Trutschkowitsch und Tochter Mingo sind im Gespräch, in dem die Mutter es trotz der Unüblichkeit um die Jahrhundertwende vom 19. zum 20. Jahrhundert wohlwollend toleriert, dass Mingo studieren möchte.

> *Baronin:* »Für mich ist es zu spät, aber für dich mag es das Richtige sein!« Mingo tröstete, ihre Mutter sei so klug; wenn sie wolle, könne sie es auch. Die Baronin schüttelte den Kopf. »Mein Verstand hat nie geturnt, er kann mit Grazie über einen Bach hüpfen und eine Blume pflücken und dergleichen, aber nichts, wozu man Muskeln braucht. Anstrengen kann ich mich in gar keiner Weise mehr. Vielleicht hätte ich es früher gekonnt, wenn die Notwendigkeit oder sonst ein starker Antrieb dagewesen wäre.« (Ricarda Huch, 1864–1947; 2007, S. 139)

Die Metaphorik, die die Baronin verwendet, zeigt den Verstand als Organ, das Muskeln hat, die frühzeitig und permanent trainiert werden wollen, um leistungsfähig zu sein. Bekannt ist auch die Volksweisheit »Was Hänschen nicht lernt, lernt Hans nimmermehr«. – Eine Weisheit, die dem damaligen Wissensstand entsprach, und die heute widerlegt wird durch die Entwicklungs- und Lernpsychologie im Verbund mit der Neurobiologie.

Im Rahmen eines persönlichen Coachings schilderte eine Klientin eine Phase Ihres Befindens metaphorisch folgendermaßen:

> *Klientin:* »… im letzten Jahr, etwa vor vier Monaten, ging es mir dann ganz, ganz schlecht. Das Wasser stand mir wirklich bis zum Hals, und das sagte ich der Therapeutin auch so. Und dann – ich fasse es heute noch nicht – sagte die zu mir: ›Ja, es geht Ihnen wirklich nicht gut, und ich sehe schon, das wird ein sehr langer und schwerer Prozess.‹ Und in dem Moment, da fühlte ich richtig, wie ich noch tiefer sackte und alles dunkler wurde.«
> *Coach:* »Wo stand Ihnen das Wasser denn da?«
> Klientin: »Direkt am Mund, an den Lippen. Ich konnte es schon schme-

cken – ich sah mich untergehen und ertrinken und bin dann nicht mehr hingegangen.«

Coach: »Sie ertranken geradezu?«

Klientin: »Ja genau. Ich meine, was ich gebraucht hätte, war eine Verschnaufpause, nur eine kleine Verschnaufpause, dann hätte ich mich schon wieder berappelt.«

Coach: »Wo steht Ihnen denn das Wasser jetzt, heute?«

Klientin: »Hm, ich würde sagen so zwischen Hals und Mund, ganz schön hoch, immer noch.«

Coach: »Wenn wir in Ihrem Bild bleiben: Sie im Wasser, das Wasser fast am Mund, bei jeder kleinen Welle könnte es passieren, dass Sie Wasser schlucken und …«

Klientin: »… jederzeit könnte ich keine Luft mehr kriegen …«

Coach: »Eben. Und in dieser Situation – was könnte Ihnen da sofort und schnell helfen?«

Klientin: »Tja, also, ich meine, eine kleine Verschnaufpause könnte mir schon helfen – ich müsste mal ausgiebig Luft schnappen können, nachdenken … Also ich bin ja Taucherin. Und für eine kleine Pause würde mir schon ein Schnorchel genügen. Da bräuchte ich keine Angst mehr vor dem Ertrinken haben …«

Coach: »Ein Schnorchel fürs Luftholen. Und was wünschen Sie sich, sagen wir, mittelfristig? Was bräuchten Sie, um die Angst vor dem Ertrinken ganz zu verlieren?«

Klientin lacht: »Na, da muss es denn schon eine Tauchausrüstung mit einer prall gefüllten Sauerstoffflasche sein!«

Metaphern gebären Lösungsoptionen

Wie Sie aus diesem Dialog erkennen können, bahnt die Metapher den Weg, um Lösungsoptionen für die Zukunft finden zu können.

Das folgende Beispiel zeigt Ihnen, wie komplexe Sachverhalte mithilfe einer Metapher intuitiv erfasst werden können.

Vor einigen Monaten wurde ich gebeten, einer großen Gruppe in wenigen Minuten einen Einblick in den Nutzen von Metaphern zu ermöglichen. Die Bitte kam überraschend, ich hatte wenig Zeit. Unter einem Baum stehend, der gerade zu blühen begann, ließ ich meinen Assoziationen freien Lauf. Nachdem ich zahllose Ideen probiert hatte, bemerkte ich den Duft des Baumes – und in diesem Moment wusste ich, wie ich es machen konnte. Ich nahm einen Samen, Blätter und einen kleinen Zweig, ging in den Saal und begann meine Erläuterung: »Werte Kolleginnen und Kollegen, ich habe mir überlegt, Ihnen eine Idee davon zu vermitteln, was ein Fraktal ist. Dazu könnte ich Ihnen einen Vortrag halten, der ziemlich theoretisch und sehr differenziert ist – ich könnte Ihnen stattdessen allerdings die Möglichkeit geben, diese Idee in Sekundenschnelle zu erfassen.« Und in diesem Moment öffnete ich meine Hand, in der Samen, Blätter und ein kleiner Zweig lagen. »Schauen Sie, der Samen verkörpert die Idee des Fraktals: Er enthält sämtliche Informationen, die nötig sind, um ein Baum zu werden …« – Alle hatten sofort verstanden, was ich meinte.

Die Metapher reduziert Komplexität, indem sie ein rasches Erfassen einer Gestalt ermöglicht.

Mit Metaphern erfassen wir Komplexes

Werte Mitreisende, spätestens, nachdem meine Lektorin, Ingeborg Sachsenmeier, und ich vereinbart hatten, ein Buch zum Thema Sprachbilder zu konzipieren, konnte ich mich gar nicht mehr retten. Ich fühlte mich geradezu verfolgt: Überall begegneten mir Metaphern, Allegorien und Analogien – und auch mein Sprechen veränderte sich. Ihnen wünsche ich eine ähnliche Erfahrung – und damit das Erlebnis, dass Sie selbst zunehmend sprachliche Bilder nutzen …

Die Reise durch das Buch

Als Grundmetaphorik für dieses Buch dient uns die Reise. Für die einen wird es eher eine Reise in der Tradition der Bildungsreise, vielleicht mit dem Fokus »Erinnern von Gewusstem«. Für andere steht dagegen das Neuartige oder Verborgene im Vordergrund, sodass die Gestalt der Entdeckungsreise sie leitet. Und wieder andere mögen durch ihr Interesse an der eigenen Persönlichkeit berührt und geführt werden und so die Entwicklungsreise als Primärmetaphorik wählen. Diesen unterschiedlichen Motivationen kommt entgegen, dass wir mit diversen Verkehrsmitteln unterwegs sein werden:

Unsere gemeinsame Reise

- zu Fuß oder auch mit dem Fahrrad; wir lustwandeln und verweilen dort, wo wir das eine oder andere, dem wir begegnen, in Ruhe und Muße betrachten und näher untersuchen werden,
- mit dem Auto oder auch mit Zug, um zwar nicht Zentrales, aber doch Wissenswertes zu sehen und zu erkennen, worum es sich handelt,
- mit dem Schiff, um ins Wasser springen und zumindest ein wenig unter die Oberfläche zu tauchen, um uns faszinieren zu lassen von dieser vom Luftleben so sehr sich unterscheidenden Welt und ihren Erscheinungen,

- mit dem Helikopter oder Heißluftballon, um das gesamte Panorama der Welt sprachlicher Bilder in einer Rundumschau und Überblick zu erfassen.

Zwar biete ich Ihnen in meiner Funktion als Scout eine Route an. Sie sind jedoch frei, den Haupt- und Nebenstrecken in der vorgegebenen Struktur zu folgen oder nicht. Auch die Geschwindigkeit wählen Sie selbst. Wir treffen uns spätestens wieder, wenn wir uns mit den Möglichkeiten bekannt machen, wie mit sprachlichen Bildern in Beratung, Training, Coaching gearbeitet werden kann.

Unsere Reisestationen   Am Beginn unserer Reise möchte ich Ihnen ermöglichen, sich von der Wirkung, genauer: der Wirk- und Gestaltmacht sprachlicher Bilder beeindrucken zu lassen und – damit verbunden – möchte ich Ihr Interesse wecken, sich mit diesen Bildern reflektierend zu beschäftigen. Deshalb lade ich Sie zunächst in eine Galerie ein, in der wir einige Grundmetaphern betrachten, die in beratenden und therapeutischen Tätigkeiten eine besondere Rolle spielen. Diese besondere Rolle erhalten Grundmetaphern dadurch, dass sie den mentalen oder Vorstellungsrahmen bilden, der Deutungs- und Interventionsweisen maßgeblich bestimmt. Zugleich geben die Grundmetaphern damit an, welche Deutungen und Maßnahmen näher liegen als andere. Diese erste Reisestation ist überschrieben mit: »*Erlebnisse: Lassen Sie sich hineinführen in die Welt sprachlicher Bilder*«.

Nach unserem Verweilen in der Galerie besuchen wir einige Wissenschaftler und Praktiker, die diskutieren, was es mit sprachlichen Bildern auf sich hat. Ziel unseres Besuchs ist es, zu verstehen und zu fühlen, was sprachliche Bilder in und zwischen uns aus welchen Gründen bewirken. Der Schwerpunkt liegt auf der Metapher. Aus ihrem Umkreis werden uns zwei ihr verwandte Sprachbilder vorgestellt, nämlich die Allegorie und die Personifikation. Die Referenten entführen uns zunächst in eine Art Gewächshaus, einen überdachten Garten mit Laborcharakter. Denn hier widmen wir uns der Frage, als was, wie und wodurch wir sprachliche Bilder verstehen, begreifen und nutzen können; warum sie wirken, wie sie wirken. Danach besichtigen wir einen kleinen Mischwald. Dort erfahren wir, welche Baumarten aus dem Ursamen »sprachliche Bilder« beziehungsweise »Metaphern« hervorgegangen sind. Wir durchstreifen diesen Wald theoretischer Konzepte, um zu erkunden, in welcher Weise über Metaphern metareflektiert wird. Diese Reisestation ist betitelt mit: »*Einsichten: Bedeutungen, Verständnisweisen, Funktionen und theoretische Konzepte*«.

Die letzte Station unserer Reise ist ein Gelände, auf dem wir Gärten und Gebäude finden. Hier begegnen wir Paaren und Gruppen, die mit sprachlichen

Bildern arbeiten. Deshalb trägt diese Station die Überschrift: »Erfahrungen: Das Arbeiten mit sprachlichen Bildern«.

Am Ende unserer Reise treffen wir uns bei den »Reiseerinnerungen«. Wir lassen einzelne Etappen und Stationen, Aspekte und Perspektiven Revue passieren, laufen besonders eindrückliche Orte imaginativ und erinnernd noch einmal ab, vergegenwärtigen uns jene Komponenten, die für ein verantwortungsvolles und zieldienliches praktisches Arbeiten mit sprachlichen Bildern wesentlich sind – und packen einige Souvenirs in unsere Tasche, mit der wir nach Hause gehen.

Damit Ihnen während unserer Reisestationen keinesfalls die Zeit lang wird, geben Ihnen Übungen und Aufforderungen, etwas zu tun, immer wieder die Möglichkeit, kleine Abenteuer zu erleben oder Entdeckungen zu machen.

Bon voyage

wünscht Ihnen

Station 1: Einstimmung

Lassen Sie sich hineinführen in die Welt sprachlicher Bilder

Herzlich willkommen in der Galerie

Wir betreten zunächst Räume, in denen Sie sich beeindrucken lassen mögen von der inspirierenden und gestaltenden Macht sprachlicher Bilder und bildlicher Sprache. Präsentiert werden einige Sprachbilder, die das Selbstverständnis von Personen betreffen: einige von jenen, die in beratenden Kontexten implizite und explizite Hinweise geben, von was sich Beratende leiten lassen und schließlich einige von jenen Metaphern, die für Unternehmen herangezogen werden.

Ich möchte Ihr Interesse dafür wecken, Metaphern eingehender zu untersuchen und Sie gleichzeitig dafür begeistern. Da wir die Begrifflichkeit »sprachliche Bilder« oder »bildliche Rede« erst ausdeuten, nachdem wir einige Einstimmungen und Erlebnisse mit Beispielen gehabt haben werden, schließen wir uns im Wortgebrauch der Tradition an, die selbst in der Fachliteratur verbreitet ist, und benutzen den Ausdruck Metapher vorerst synonym.

Genießen Sie die Reise, auf die Sie sich nun mit mir begeben werden. Sicher kennen Sie das aus eigener Erfahrung: Auf Reisen schauen wir uns Sehenswürdigkeiten an, besuchen Museen und gehen vielleicht auch in die eine oder andere Galerie oder Ausstellung.

Betreten Sie nun neugierig mit mir den ersten Galerieraum mit Namen »Metaphorische Sprache«. Aus der Sammlung, die dort angeboten wird, konzentrieren wir uns auf die Metaphern zu Subjekt oder Identität, differenziert nach Person und beraterischer Funktion (Rollenträger). Wie in einem Schaukasten schauen wir zwei Konzepte an, die für Beratende handlungsleitende Wirkung entfalten, nämlich Balance und Entwicklung. Anschließend diskutieren wir drei Metaphern ausführlicher, die Unternehmen beschreiben.

An diese Metaphern stellen wir einige Fragen und beantworten diese in einer Art Vorlauf, in erster Annäherung. Die Antworten fallen deshalb knapp, zuweilen plakativ aus. Sie sollen Sie durchaus provozieren, denn dies bedeutet, dass Sie sich innerlich engagieren und Sie die Metaphern mit eigenen Assoziationen zum Leben erwecken. Die Fragen und Antworten dienen uns außerdem dazu, bestimmte Fragestellungen und Denkfiguren einzuführen, die in der Metaphernanalyse systematisch relevant sind.

Wenn wir uns die folgenden metaphorischen Beschreibungen beziehungsweise konzeptuellen Metaphern aus der Nähe anschauen, ist das eine Einladung an Sie, sich zu öffnen: Lassen Sie sich intuitiv, emotional, spontan berühren. Fachlich formuliert, geht es um Bahnungs-, Einstimmungs-, Primingeffekte, die Ihre innere Bereitschaft wecken mögen, sich mental, psychisch, kognitiv einzulassen auf den Inhaltsreichtum (Metapher als Gefäß) metaphorischen Sprechens.

Metaphern wirken ansteckend – ähnlich dem Farbklecks, den Sie in ein Wasserglas plumpsen lassen und dann zusehen können, wie sich allmählich das gesamte Wasser verfärbt. In der letzten Konsequenz wirken Metaphern handlungsleitend. Sie färben unser Fühlen und leibliches Empfinden, unser Intuieren, also das, was wir intuitiv erfassen, sowie unser Denken, Sprechen und Imaginieren. Sie fungieren in dieser Hinsicht als jene Filter, die unsere Wahrnehmungen und Einstellungen, Blickfeld und Handlungsräume maßgeblich definieren und daher beeinflussen, was uns in welcher Weise motiviert. Sie perforieren den Horizont unseres Sehens, vertonen Klangräume (»Hörbilder«) und bestimmen sogar mit, was wir olfaktorisch (»Geruchsbilder«) und kinästhetisch (»Empfindungsbilder«) erleben.

Metaphern färben umfassend

> ### Übung zur Einstimmung
>
> Bevor wir uns im Galerieraum einigen ausgestellten Objekten widmen, bitte ich Sie, sich einen Moment Zeit und innere Muße zu gönnen. Der Raum ist groß und bietet Ihnen begrünte Inseln mit bequemen Sitzmöbeln. Gehen Sie mit Freude dorthin, machen Sie es sich gemütlich. An einigen Orten finden Sie Kopfhörer, die Ihnen meditative Musik in die Ohren und die Seele spielen. Und nun lassen Sie bitte zu zwei Fragenkomplexen Ihren Assoziationen freien Lauf. Genießen Sie es, wie Bilder auftauchen und sich formieren. Imaginieren Sie frei. Beobachten Sie, wie Gedanken und Gefühle, Töne und Gerüche, Bilder ohne jedwede Zensur in Ihnen aufsteigen. Erleben Sie neugierig, was Sie durchfluten wird.
>
> **Erste Fragen:** Angenommen, Sie würden Ihr momentanes emotionales Befinden metaphorisch beschreiben: Wie, als wer oder was fühlen, erleben Sie sich? Als wer oder was und wie imaginieren Sie sich? Welche Bilder, welche Filmsequenzen, welche Töne, Gerüche und Farben sind mit Ihrem Selbsterleben verwoben?
>
> Sprühen Sie Lichtteilchen vor Glück? Stehen Sie knietief im Schlamm? Werden Sie als Korken in brandender See in alle Richtungen geworfen? Schwimmen Sie fröhlich als Fisch im Wasser? Fühlen Sie sich, wie Friedrich Nietzsche es von sich sagte, als »Dynamit«? …

Wenn Sie möchten, dann notieren Sie Ihre Gedanken auf einen Zettel oder in ein Notizbuch, in das Sie alle Ihre »Reiseeindrücke« aus diesem Buch aufschreiben.

Zweite Frage: Wie, als wer oder was sehen, begreifen, verstehen Sie sich?

Halten Sie sich eher für einen Glückspilz? Für Gustav Gans? Oder sind Sie eher ein Pechvogel? Sind Sie ähnlich vielseitig wie Donald Duck? Versuchen Sie, eine Metapher beziehungsweise Personifikation/Allegorie für sich zu finden.

Wenn Sie möchten, lassen Sie Ihre Metaphern mitlaufen, wenn wir uns gleich einigen Beispielen zuwenden. Die Fragen, die wir an die Beispiele richten werden, können Sie auch auf Ihre metaphorischen Beschreibungen anwenden – oder Sie packen sie erst einmal in Ihr Reisegepäck, um sie zu einem späteren Zeitpunkt und an einer anderen Station wieder hervorzuholen.

Selbst-Metaphern:
Fels in der Brandung und Chamäleon

Den Satz Marc Aurels (s. Randspalte) kann man in den Kontext sprachlicher Bilder stellen und »Gedanken« durch »Metaphern« ersetzen. In manchen Settings im Coaching oder im Training werfe ich die Frage in den Raum: »Wie sehen Sie sich eigentlich so als ganze Person – wenn Sie das in eine Metapher gießen sollten?« Zwei Antworten, die ich besonders bemerkenswert finde, lauten:

>»Das Glück deines Lebens hängt von der Beschaffenheit deiner Gedanken ab.«
>*Marc Aurel*

- »Ich fühle mich als Fels in der Brandung.«
- »Ich begreife mich als Chamäleon.«

Daher beschäftigen wir uns in unserer Galerie mit diesen beiden Metaphern ausführlicher. In der ersten Annäherung stellen wir an jede Selbstbild-Metapher die gleichen Fragen. Die Antworten fasse ich in einem kommentierenden Text zusammen. Sie beschränken sich auf naheliegende Nennungen, die hinweisenden Charakter haben und keinesfalls den ganzen Reichtum ausschöpfen. (Naheliegend bedeutet in diesem Zusammenhang: Sie liegen in der Nähe des Offenkundigen und werden nicht tiefenpsychologisch erforscht.)

Folgende Fragen werden gestellt:

- Was ist in der Metapher für das Ich von zentraler, herausgehobener Bedeutung? Was steht im Vordergrund?
- Welche Gefühle, Hoffnungen verbindet das Ich mit der Metapher?
- Was verbirgt sich eher im Hintergrund? Was bleibt implizit als Möglichkeit, das heißt: Welche Möglichkeiten bietet die Metapher außer denen, die offenkundig sind, werden aber nicht genutzt? Anders gefragt: Welche vorhandenen Optionen werden für das Selbstbild nicht herausgehoben und beleuchtet, bleiben also im Verborgenen?
- Wie kann das Potenzial der Metapher dem Ich in welchen Kontexten ganz besonders dienlich sein?

Metapher: Ich fühle mich als Fels in der Brandung

- Was ist in der Metapher für das Ich von zentraler, herausgehobener Bedeutung? Was steht im Vordergrund?
- Welche Gefühle, Hoffnungen verbindet das Ich mit der Metapher?
- Was verbirgt sich eher im Hintergrund? Was bleibt implizit als Möglichkeit, das heißt: Welche Möglichkeiten bietet die Metapher außer denen, die offenkundig sind, werden aber nicht genutzt? Anders gefragt: Welche vorhandenen Optionen werden für das Selbstbild nicht herausgehoben und beleuchtet, bleiben also im Verborgenen?
- Wie kann das Potenzial der Metapher dem Ich in welchen Kontexten ganz besonders dienlich sein?

Ein zentraler Aspekt der Hintergrundmetaphorik ist zunächst offensichtlich Materie und bedeutet ganz konkret: feste Materie. Sie erscheint in der Form des Felsens (natürlich spielt auch das Wasser eine Rolle). Der Fels hat enorme Ausmaße. Er wiegt sehr viel und ist in besonderer Weise mit dem Grund verwachsen; denn er widersteht der Brandung und damit Naturmächten. Im

»übertragenen« Sinn widersteht er sogar gewaltigen Anfeindungen. Das Ich als Fels in der Brandung erscheint stark, immun gegen Angriffe, ist gefeit gegen das, was auf es zudrängt, es bedrängt, auf es wirkt. Das Ich scheint gegen alles gewappnet. Der sichtbare Beweis liegt in der Existenz: Der Fels ist über viele, viele Jahre geworden und geblieben. Er hat eine lange Geschichte.

Das Ich verkörpert Stärke, Beharrlichkeit, Beständigkeit, Verlässlichkeit, auch Ruhe und Gelassenheit; denn der Fels bewegt sich nicht, er lässt sich nicht hin- und herwerfen. Er ist widerständig, ohne sich anzustrengen. Er muss nichts tun, um zu bleiben, was er ist. Das Ich findet sich geschützt gegen Aggression und Anforderungen, die von außen kommen. Es lässt Zumutungen an sich abprallen und wahrt seine Identität. Im Hintergrund (oder Untergrund) lauert allerdings dies: Der Fels verändert sich allmählich, vielleicht, ohne es selbst zu bemerken und ohne darauf Einfluss nehmen zu können. Das Wasser formt ihn, er ist ihm ausgeliefert, ebenso wie anderen Naturphänomenen. Wegen seiner Stabilität ist er unflexibel, er kann sich nicht aktiv wehren, nicht interagieren. Der Fels ist Opfer von äußeren Einflüssen, ist Kräften und Energien ausgesetzt. Das Ich findet sich insofern exponiert. Die Stärke wandelt sich in dieser Hinsicht (in bestimmten Kontexten) in eine Schwäche. In seiner Identität ist es von außen und damit fremdbestimmt.

Das Ich als Fels findet sich in Kontexten bestätigt, wertvoll und nützlich, in denen seine Zuverlässigkeit und Berechenbarkeit zieldienlich ist. Während andere sich die Köpfe einrennen oder miteinander kämpfen, steht der Fels einfach da, kann als Bezugspunkt und beruhigender Pol dienen. Das Ich bestätigt durch seine Standfestigkeit, Stabilität und offenkundige Unveränderlichkeit die eigene Stärke: »Nichts kann mich umhauen, ihr könnt auf meine Gelassenheit vertrauen, ich biete euch Zuflucht, festen Boden unter euren Füßen.« In Kontexten, in denen das Ich mit Anforderungen im Umfeld von Veränderungen konfrontiert ist, werden seine Hauptmerkmale allerdings zu einem Bumerang. Sofern das Ich in seinem Fels-Charakter innerhalb von Rahmenbedingungen lebt, in denen seine von ihm und anderen als stärkend und weiterführend erlebten Qualitäten gefragt und anwendbar sind, wird es bestehen und in seiner Identität – reflexiv – gestärkt. In einer turbulenten Welt allerdings, in der Veränderlichkeit gefragt und als Teil des Überlebens nötig ist, werden sein Gewicht, seine Stabilität und Beharrlichkeit problematisch. Es kann ihm ähnlich ergehen wie den Sauriern.

Der Fels ist robust und fragil zugleich

Metapher: Ich begreife mich als Chamäleon

- Was ist in der Metapher für das Ich von zentraler, herausgehobener Bedeutung? Was steht im Vordergrund?
- Welche Gefühle, Hoffnungen verbindet das Ich mit der Metapher?
- Was verbirgt sich eher im Hintergrund? Was bleibt implizit als Möglichkeit, das heißt: Welche Möglichkeiten bietet die Metapher außer denen, die offenkundig sind, werden aber nicht genutzt? Anders gefragt: Welche vorhandenen Optionen werden für das Selbstbild nicht herausgehoben und beleuchtet, bleiben also im Verborgenen?
- Wie kann das Potenzial der Metapher dem Ich in welchen Kontexten ganz besonders dienlich sein?

Das Chamäleon, hier vergröbernd dargestellt, gilt in unseren Breiten als exotisches Tier. Sein Hauptlebensraum sind der afrikanische Kontinent und Madagaskar. Es gilt als Busch- und Baumbewohner. Das Ich als Chamäleon konzipiert sich also als etwas Exzeptionelles, von der Normalität Abweichendes. Mehrere Besonderheiten sind weitgehend bekannt: zum einen die extrem hoch entwickelten Augen, zum anderen die Fähigkeit zum Farbwechsel, dann die

Mimese (das Chamäleon versucht sich zu tarnen, indem es Gegenstände aus seiner Umgebung, zum Beispiel Äste oder Blätter, nachahmt) und schließlich die Schreckstarre.

Die Augen zeichnen sich durch eine außergewöhnliche Sehschärfe und ein atypisch weites Sichtfeld aus. Das Chamäleon kann bis zu einem Kilometer weit scharf sehen. Sein Sichtfeld beträgt annähernd 340 Grad (nur knapp 20 Grad fehlen). Es kann Beute und Feinde frühzeitig erkennen. Dank einer Zunge, die in enormer Geschwindigkeit nach vorne schnellt, kann es Beute blitzschnell umschließen und hinunterschlucken. Zudem sind die Augen ungewöhnlich, weil sie unabhängig voneinander beweglich sind. Sie lassen zwei einzelne Bilder entstehen. – Das Ich schreibt sich entsprechend eine besondere Wachsamkeit, Sensibilität und Wahrnehmungsfähigkeit zu und traut sich zu, Ambivalenzen, etwa kognitive Dissonanzen, nicht nur aushalten, sondern konstruktiv nutzen zu können: eine Ausformung innerpsychischer Flexibilität.

Im Gegensatz zum Sehsinn sind Gehör und Geruchssinn gering ausgeprägt, die Nase hat nur Atemfunktion. Auf die Frage bezogen, was die Metapher im Verborgenen bereithält, können wir dies als eine Einseitigkeit übersetzen, deren Perfektion ihren Preis hat: Was nicht mit der Hauptstärke oder Hauptpräferenz erfasst werden kann, bewegt sich weitgehend außerhalb der Wahrnehmung, wird durch die Filter normalerweise nicht erfasst. Das Ich lebt sensorisch in einer einzigen Welt; ihm entgehen Informationen, die visuell-sensorisch nicht wahrgenommen werden können. Diese Lücken in der Realitätswahrnehmung können dem Ich also in Kontexten gefährlich werden, in denen sein Hauptfilter in der Perzeption kaum bedient wird.

Mimese, Farbwechsel, Schreckstarre: Der Wechsel in der Farbe dient sowohl der Tarnung als auch der Kommunikation mit Artgenossen. Das Ich konzipiert sich als Person, die über eine anormale Fertigkeit verfügt, nonverbal zu kommunizieren, und die für nonverbale kommunikative Anzeichen bei anderen Menschen ein besonderes Sensorium ausgebildet hat. Der Tarnaspekt erscheint in der Fähigkeit, sich äußerlich den situativen Anforderungen anzupassen, so, dass das Ich in seiner in diesem Fall »eigentlichen« oder authentischen und abweichenden Identität eben nicht auffällt, sondern unbemerkt bleibt. Das Ich wird dabei nicht einfach external gesteuert (wie etwa der Fels), sondern trägt selbst und damit aktiv dazu bei. Es verfügt über hohe Empathie, antizipatorische Kompetenzen und äußerliche Anpassungsfähigkeit. Nur es selbst weiß, wie es »eigen-tlich« ist, denkt, fühlt. Damit beherrscht es das Spiel der Maskerade (Rollenkompetenz bis hin zu Rollenambiguität).

Der Kontext, in dem Farbwechsel, Mimese und Schreckstarre existenzielle Bedeutung gewinnen, ist der von Gefahr, wo Angriff, Kampf oder Flucht

Das Chamäleon ist ein Anpassungskünstler

drohen. Die Fähigkeiten überlappen sich in ihren Funktionen: Sie verhelfen zur Tarnung und damit zum Überleben. Mimese und Schreckstarre (beim Menschen Katatonie) reichen dabei weiter als der Farbwechsel. Bei der Mimese ahmt das Chamäleon neben der Farbgebung auch die Form und den Bewegungsverlauf eines Objektes aus seiner Umwelt an. Mit der Erstarrung verfügt das Chamäleon über eine Strategie, auf potenzielle oder faktische Angreifer zu reagieren. Sobald es sich von einem Feind entdeckt fühlt, verharrt es in seiner Stellung, scheint leblos, stellt sich tot. Befindet es sich nicht auf dem Boden, sondern auf einem Ast, lässt es sich in dieser Haltung einfach hinunterfallen und fällt dabei immer auf den Bauch, um dem Feind seinen robustesten Körperteil zudrehen zu können: den Rücken. Insbesondere also in Kontexten der Lebensgefahr kann sich das Ich so »verstellen« und anpassen, dass es der Gefahr entweichen kann. Alle drei Strategien legen allerdings nahe, dass es sein Überleben dadurch sichert, dass es sich der Auseinandersetzung entzieht. Einem Streit, ob konstruktiv möglich oder nicht, weicht es durch Anpassung als einer Art des Sich-Fügens aus. Das legt ein Ich nahe, dem wir Konfliktkompetenz ab- und vielleicht ein außergewöhnliches Harmoniebestreben zusprechen würden. In der Umgangssprache spiegelt sich dies wieder in der Formulierung: Ich kann sie oder ihn nicht fassen. (Dieses Bild wird oft auch mit dem der »Schlange« verknüpft, allerdings deutlich abwertend gemeint und damit mit einem Unterton, dass diese Flexibilität keinesfalls goutiert wird.)

Anpassungsbereitschaft hat ihren Preis

Das Ich als Chamäleon sieht sich als Lebewesen, das aufgrund seiner flexiblen Anpassung überlebt. Richard Sennett hat in seinem Buch »Der flexible Mensch« die Risiken beschrieben.

Allerdings wird persönliche Wandlungsfähigkeit in Begriffen wie Adaptation, Assimilation, Akkomodation in der gegenwärtigen Zeit überwiegend – auch in beraterischen und therapeutischen Kontexten – positiv gesehen und sogar als Kompetenz gefordert. Es heißt: Jeder soll sich flexibel verhalten können. Der persönlichen Beweglichkeit werden dabei in der Regel weitere Fähig- und Fertigkeiten unterstellt: Empathie, auf den anderen eingehen können, ihn wahrnehmen, die Anforderungen der unterschiedlichen Umfelder erkennen und sich arrangieren. – Alles Mittel, das eigene Überleben zu gewährleisten.

Berater-Metaphern: Dompteur und Narr

Wir betreten nun den nächsten Raum der Galerie: Während unserer Reise verwenden wir die Termini Berater und Beratung in einer weiten Bedeutung: Gemeint sind Personen und Professionen, deren Hintergrund geistes- und sozialwissenschaftlich geprägt ist, und die in psychotherapeutischen und beratenden Kontexten arbeiten, deren Interventionsweisen in diesem weiteren Sinn psychologisch (einschließlich neuropsychologisch) fundiert und motiviert sind. Einbezogen sind also auch das Coaching, der Coach und bestimmte Arten von Training und Trainerpersonen sowie Führungstätigkeiten und -rollen. Außerdem umfassen die Begriffe Berater und Beratung die Akteure helfender Beratung und Begleitung.

Kolleginnen und Kollegen aus diesen Wirkungsfeldern beantworteten meine Frage danach, wie sie ihre Berufsidentität metaphorisch beschreiben würden, vielfältig. Auf zwei ungewöhnliche »Selbstbilder« möchte ich zunächst eingehen und Sie zur Mitbetrachtung anregen.

- »In meinem Berufs-Ich bin ich Dompteur.«
- »In meinem Berufs-Ich bin ich Narr.«

Beratungs-Identitäten

Der Fragenkreis, den wir jetzt umrunden, lautet:

- Welche Implikationen enthält die Metapher, die in der Beratung bewusst oder unbewusst wirksam werden und sich beispielsweise in der Wortwahl und der Wahl der Intervention ausdrücken? Wie ist die helfende Intervention »eingespurt«?
- In welchen Bahnen verläuft die Interaktion zwischen Klient und Berater? Welche Ambitionen, Motive, Ziele stehen aus der Perspektive des Beraters im Vordergrund?

An der Wand in der Galerie hängen also die beiden Bilder »Dompteur« und »Narr«.

Metapher: In meinem Berufs-Ich bin ich Dompteur

- Welche Implikationen enthält die Metapher, die in der Beratung bewusst oder unbewusst wirksam werden und sich beispielsweise in der Wortwahl und der Wahl der Intervention ausdrücken? Wie ist die helfende Intervention »eingespurt«?
- In welchen Bahnen verläuft die Interaktion zwischen Klient und Berater? Welche Ambitionen, Motive, Ziele stehen aus der Perspektive des Beraters im Vordergrund?

In dieser Metaphorik aus dem Bereich des Zirkuslebens drängen – bezogen auf die Berufsidentität – vorzugsweise folgende Charakteristika in den Mittelpunkt der Arena und produzieren sich vor dem Publikum: Der Dompteur ist der Überlegene sowohl im Wissen als auch in den Methoden und in der Zieldefinition. Er gibt den Ton an, den Rhythmus und das Handeln, was wie gemacht werden soll. Er bestimmt alles, jeden Schritt und die Schrittfolge, definiert Form, Inhalt und Qualität. Er richtet ab. Er konditioniert. Er dressiert.

Als kluger Dompteur arbeitet er mit den Fähigkeiten und Ressourcen seiner Klientel; denn dann hat er beste Aussichten darauf, die Klienten »mitzunehmen«, ihnen Erfolgserlebnisse zu verschaffen und selbst erfolgreich zu sein. Er eruiert, erfasst Stärken und Neigungen, Schwächen und Abneigungen seiner Klienten und stellt seine Interventionsrichtung, Zieldefinition und seine Art, mit ihnen zu arbeiten, in diesen Hinsichten auf seine Klienten ab, passt sich ihnen in Grundmotivation und Grundausrichtung an. Etwa: Mit einem scheuen Menschen daran zu arbeiten, diesen zu einem Entertainer zu dressieren, käme ihm nicht in den Sinn. Schlauer ist es, dessen Neigungen, Präferenzen, Potenziale aufzudecken und dies in die »Abrichtung« zu integrieren. Insofern ist ihm sehr daran gelegen, empathisch genug zu sein, sodass er die Person in ihrer Totalität in den wesentlichen Charakteristiken erfasst. Dann kann er mit ihr in korrespondierender Weise im Rahmen der Spielräume der Klienten-Person tätig sein. Er nutzt also vorhandene Ressourcen, wenn auch nur insoweit, als er sie für vorhanden und relevant hält. Gleichzeitig lässt er seinen Klienten kaum Raum zum freien, ungebundenen Experimentieren: Dieser Raum wird von dem definiert, was er, der Dompteur, meint, dass es »gehen könnte« und sinnvoll wäre. Außerhalb seiner Vorstellungswelt ebenfalls mögliche weitere Optionen bleiben aus dem Blick- und Handlungsfeld ausgeschlossen.

Folgsamkeit, Gehorsam werden positiv sanktioniert, Abweichungen von seinem Plan negativ – mit dem Ziel, gewünschtes Verhalten in einer ganz bestimmten Abfolge zu festigen. Seine Arbeitsbasis gehorcht weitgehend dem Reiz-Reaktions-Modell der klassischen behavioristischen Theorie, ergänzt um das Moment der Verstärkung, der operanten Konditionierung. Belohnung und Bestrafung, vermitteltes Lernen, der Einsatz von Techniken entstammen im Kern vornehmlich dem Konzept des instrumentellen Lernens (und weniger den Entwürfen der kognitiven Verhaltenstheorien). Die genannten Techniken fungieren als Kernelemente seiner direktiven Methodik. In seinem gesamten Wirken spielen ferner die dem ökonomischen Feld entlehnten Kategorien Effektivität und Effizienz eine Rolle. Auch in diesem zielgerichteten Ehrgeiz passt er sich dem an, von dem er meint, dass er es seinen Klienten zumuten kann. Insofern individualisiert er sein Vorgehen auch hier und kann die Entscheidung, was er von seinen Klienten in welcher Weise fordert, als ein Resultat von Behutsamkeit und Interaktion gelten. Der Dompteur geht durchaus auf seine Klienten ein und sogar mit diesen mit, wenn auch nach seinem Ermessen und gemäß seiner Kompetenz, Potenziale und Ressourcen wahrzunehmen beziehungsweise für möglich zu halten und entsprechend zu prüfen und zu interagieren. Die Herrschaftsbeziehung ist klar; die Beziehung ist eine asymmetrische. Folglich gilt: Der Klient wird zu dem, von dem der Dompteur meint, dass er es werden könnte.

Der Dompteur als direktiver Ressourcennutzer

Metapher: In meinem Berufs-Ich bin ich Narr

- Welche Implikationen enthält die Metapher, die in der Beratung bewusst oder unbewusst wirksam werden und sich beispielsweise in der Wortwahl und der Wahl der Intervention ausdrücken? Wie ist die helfende Intervention »eingespurt«?
- In welchen Bahnen verläuft die Interaktion zwischen Klient und Berater? Welche Ambitionen, Motive, Ziele stehen aus der Perspektive des Beraters im Vordergrund?

Ein Kollege, der sich diese (»allegorisch« nennbare) Metapher in seiner Berater-Identität zuschreibt, erklärte sie mir so: »Als Narr bin ich eine Figur, die klug und gewitzt ist und sich grundsätzlich alles erlauben kann. Zweifellos muss ich sehr viel wissen, ausgeprägte Antennen für Stimmungen und Gestimmtheiten haben und meinen Klienten gut kennen. Zwar kann ich mir aufgrund meiner Rolle prinzipiell jede Art zu reden und zu agieren erlauben – gleichzeitig aber eben auch nicht. Mein Gegenüber, der Hof, die Gruppe und so weiter stellen mir nämlich durchaus Leitplanken hin, stecken – meistens mehr implizit als explizit – Grenzlinien ab, die den Toleranzspielraum definieren. Und dieser

Raum gibt mir simultan vor, wie ich meine Intelligenz, meine Gewitztheit und meinen Humor, meinen Einfallsreichtum und vieles mehr ausleben darf.

Als Narr fühle ich mich in einer ganz besonderen Rolle, und das macht sie für mich so attraktiv. Ich kann, ja darf provozieren, kann dem Klienten Dinge sagen und Interventionen vorschlagen, die verrückt klingen und bei denen sich der Klient, wenn er sich darauf einlässt, lächerlich vorkommen kann. Aber wie schon gesagt: Ich muss gleichzeitig auf der Hut sein; denn sobald ich zu weit gehe, riskiere ich, dass der Klient mich nicht mehr als hilfreichen Partner respektiert. Ist mir auch schon passiert. Zuweilen bin ich versucht, mich in die Rolle des Narren zu verlieben – und das ist für mich ein heikles Moment. Denn dann bin ich verführt, die Freiheit des Narren zu leben. Tue ich das, stelle ich meine Narrenrolle ins Zentrum – und eben nicht mehr den Klienten. In der Beratung finde ich mich als Narr deshalb hilfreich, weil ich den Klienten herausfordern kann. Wenn ich dabei die unausgesprochenen und – seltener – die ausgesprochenen Grenzen beachte, kann ich ihn dabei unterstützen, nicht oder kaum gelebte Seiten zu entdecken, in seiner Art, Probleme anzugehen, oder auch in der Art, wie er sich selbst sieht und behandelt. In diesem Aufdecken sehe ich meine Hauptfunktion.«

Der Narr darf doch nicht alles!

Auf meine Nachfrage, wie er seine Rolle des Narren in der dem Aufdecken folgenden Phase realisieren würde, reagierte er etwas zerknirscht: Ja, das sei nicht seine Stärke. Das Begleiten und damit verbunden das Prüfen, Abwägen, Probieren von Neuem und damit die Anstrengungen, neuartige Orientierungen in den Arbeits- oder den gesamten Lebenskontext zu stellen und alle weiteren Geduld und Disziplin erfordernden, eher psychotherapeutischen Qualitäten und Tätigkeiten, das falle ihm schwer.

Vorläufiges Fazit: Metaphern der Selbstzuschreibung durchdringen Denken, Fühlen, Sprechweisen und Handeln eines Menschen wie Lichtstrahlen ein farbiges Glas: Je nachdem, welche Farbe Licht und Glas haben, erscheint alles, was darin oder dahinter ist, in diesen Farbtönen.

Im nächsten Abschnitt erweitern wir die Betrachtung insofern, als wir die gesamte Beratungssituation mit ins Blickfeld nehmen. Vor allem wird deutlich, in welcher Weise Metaphern metakommunikativ wirken. Sie beschreiben die mentalen Vorzeichen und beeinflussen daher alles, was in welcher Weise in einem Beratungsprozess thematisiert und sprachlich ausgedrückt wird. Metaphern legen also den Grund. Sie wirken fundamental und bestimmen, wie der Boden beschaffen ist, auf dem wir gehen. Daher beeinflussen sie maßgeblich, wie wir uns auf dem Boden bewegen können.

Metaphern in der Beratung: Balance und Entwicklung

Beraterische Praxis wird von Theorien, Modellen, Konzepten vor allem aus psychologischen und sozialen Wissenschaften getragen. Jeder theoretischen Orientierung unterliegen Annahmen. Präzise gesprochen, bringen Axiome (empirisch nicht überprüfbare Vorannahmen) und Theoreme (empirisch überprüfbare Annahmen) Theorien hervor beziehungsweise konstellieren sie. Weitere Parameter für Theoriebildung und Theorieentscheidungen sind das jeweils dominante Paradigma der Zeit (Zeitgeist) in der Disziplin, persönliche »Geschmacksrichtungen« (Anschauungen, Einstellungen, Glaubenssätze und etliches mehr) und Umfeldfaktoren wie soziale, kulturelle und wirtschaftliche Verhältnisse. Dieses Panoptikum bestimmt in dezidierter Weise mit, welche Theorien von Beratenden bevorzugt werden.

> Ein hübsches Beispiel für die richtungsweisende Wirkung des emotional-ästhetischen Moments ist Johann Wolfgang von Goethe. Ihm wird nachgesagt, dass er zwar beide Theorien zuließ, die zu seiner Zeit kursierten, um die Entstehung des Lebens auf der Erde zu erklären, ihm die eine indes sympathischer gewesen sei als die andere: Die Theorie, nach der die Erde durch vulkanische Ausbrüche entstanden sei, galt ihm als möglich; allerdings behagte ihm die andere mehr: die Theorie, nach der Erde und Leben aus dem Wasser hervorgegangen seien (Neptunismus). Den Vulkanismus verwob Goethe mental und emotional mit Gewalttätigkeit, die er ablehnte (das galt auch politisch: er lehnte Revolutionen ab), während die Erklärung aus dem Wasser eine primär evolutive Entstehung nahelegt (Böhme 1999).

Theorien sind wie Metaphern: Sie wirken im Grund und tragen Früchte

Jede Theorie bietet ihr eigentümliche Kategorien, Leitsätze und andere kognitiv relevante Daten, die das Denken und Sprechen, Fühlen und Handeln prägen und die Blickrichtungen vorstanzen, die wir einnehmen. Wir verinnerlichen sie, das heißt: Wir integrieren, passen ein und an. Allmählich entsteht das, was wir als Korrespondenz, Kohärenz, Konsistenz von Theorie(n) und therapeutischer, psychologisch gefärbter beraterischer Praxis sowie – sprachlich vermittelt – metaphorischer Sprechweise bezeichnen können.

Jede Metapher entstammt einem Herkunftsbereich (zuweilen auch Bildspender genannt), der ihre »Wurzeln« freilegt und aus dem sie zu einem an Ästen, Zweigen und Blättern reichen »Baum« werden kann. Sie wächst in unser Denken und Sprechen, in unsere Absichten und Handlungen hinein und legt sich sowohl auf Nichtbewusstes als auch auf Bewusstes. Ich möchte Ihre Aufmerksamkeit auf zwei Metaphern lenken, die in beraterischer Praxis weitläufig implizit, selten explizit als leitende, normative und regulative Idee sowie als Ziel verwendet werden. Diese zwei Metaphern – Balance und Entwicklung – werden wir genauer betrachten. Machen Sie es sich bequem; denn wir werden ein wenig länger verweilen, als eine flüchtige Betrachtung bräuchte.

Die Entscheidung, diese zwei Metaphern zu wählen, liegt darin, dass sie in der beraterischen Praxis grundlegend genutzt werden oder gar als Bedingung der Möglichkeit für Beratung gebraucht werden. »Balance« wird überall dort hervorgehoben, wo es um Fragen der Leistungsfähigkeit geht – bis hin zu Fragen des persönlichen Wohlbefindens und des gelingenden Lebens. Als Stichwort etwa »Work-Life-Balance«. Die Metapher der »Entwicklung« ist eine basale. Überall dort, wo wir von Veränderung sprechen, von Potenzial und Wachstum etwa, oder davon, Fähigkeiten in Fertigkeiten zu verwandeln, liegt sie im Hintergrund. Ohne diese Metapher können wir beispielsweise Wachstum nicht denken, und wir benötigen sie auch dann, wenn wir davon sprechen, Talente oder Potenziale zu entfalten.

Gedanklich setzen wir dieses Mal Werkzeuge ein: Das Vergrößerungsglas assistiert uns dabei, die Verwurzelung dieser zwei Metaphern in der Tiefe des Bodens zu entdecken, und das Pfadfindermesser kommt zum Einsatz, um an einigen Stellen offenzulegen, wohin einzelne Wurzeln weisen. Wir graben also nach Implikationen, die beraterisches Denken, Sprechen, Fühlen, Interagieren kanalisieren und nachverfolgbar machen. Die Taschenlampe schwenken wir zudem über das gesamte Wurzelwerk, um einige ausgewählte Aspekte in schärferen Konturen zu sehen.

Wenn ich Sie nun also bitten darf, mir in den Galerieraum zu folgen, der den Namen »Philosophisches Geophysikum« trägt. Wandeln Sie zunächst einfach herum. Lassen Sie sich inspirieren von den Darstellungen und dem besonderen Charisma der zwei Metaphern. »Balance« und »Entwicklung« gehören – das macht ihre besondere Austrahlung aus – zu jenen Metaphern, die wir als »grund-legende« bezeichnen. Sie betreffen unsere Lebensführung und die beraterische Praxis in ausgezeichneter Weise. Je nachdem, welche Vorstellungsinhalte mit Balance beziehungsweise Entwicklung verflochten sind und daher ausnahmslos mittransportiert werden, beanspruchen spezifische, zu den Inhalten passende Werte und Normen hervorgehobene Bedeutung. Sie präfor-

Balance und Entwicklung als grundlegende Metaphern

mieren die Bahnen, in denen wir denken, fühlen, uns verhalten und handeln – und damit auch, in denen wir beraten. Sie lenken uns sowohl in der persönlichen Lebensführung als auch in der beraterischen Praxis. In den folgenden Betrachtungen rücken wir den Beratungskontext in das Zentrum.

Metapher: Balance

Haben Sie folgende Appelle, durchaus normativ und mit fast drohendem Unterton, auch schon vernommen oder selbst ausgerufen: »Findet euer Gleichgewicht!«, »Sei ausgeglichen!«, »Strebe danach, in der Balance zu sein!«, »Finde deine Mitte!« (denn, so fügen wir hinzu, von der Mitte ist alles gleich weit entfernt) und »Achten Sie auf Ihre Work-Life-Balance!«

Begründet werden diese Appelle mit einer Szenerie, die düstere und schwere Gewitterwolken heranziehen lässt und selbst die Zerstörung des Unbeugsamen nicht ausschließt: »Wenn wir unsere Mitte nicht finden und nicht im Gleichgewicht sind, dann wanken wir durchs Leben und fallen schließlich um!«

Doch eines nach dem anderen. – Nehmen wir an, Ihre Klientin sinkt erschöpft in den Sessel und stöhnt: »Ich bin total kaputt. Ich habe keine Ahnung, wie ich das bewerkstelligen soll: Meine zwei Teenager motzen, weil ich kaum noch Zeit für sie habe und wenn, so meine Große, dann wäre ich mit den Gedanken ganz woanders. Mein Mann beschwert sich, wir würden kaum noch etwas gemeinsam unternehmen; Freunde stimmen in den Chor ein. Ich würde mich absondern und kein Interesse mehr zeigen. Und meinen Job mache ich ebenfalls nicht mehr hundertprozentig. Ich brauche dringend ein Rezept, wie ich allen gerecht werden kann – und für mich auch noch Zeit habe! Ich bin völlig aus der Balance!«

Nun könnten Sie versucht sein, die metaphorische Bühne »Zeiteinteilung« zu betreten und mit der Klientin zusammen anschauen, wie sie sich zeitlich organisiert. Sie könnten – um den anderen Pol zu nennen – sie aber auch hinter die Bühne bitten, um mir ihr ihre Motivlandschaft zu betrachten, welche Präferenzen zu der Bredouille führen. Diese Einladung wäre damit verbunden, motivationale, lebensphilosophische und intentionale Voraussetzungen zu entdecken und aus ihnen abzuleiten, welche Folgerungen sich ergeben, gerade auch für ihre zeitlichen Arrangements.

Verweilen wir hier einen Augenblick und nehmen essenzielle Aspekte der Metapher der Balance unter die Lupe. Balance wird gemeinhin mit Gleichgewicht übersetzt. Ist die Gewichtverteilung in Schieflage geraten, streben Beratende folglich an, im Klienten »aufzuräumen«, oder diesem dabei zu helfen, Last und Bürde anders zu verteilen oder abzuwerfen (oder so umzudeuten, dass Last in etwas Leichtes verwandelt wird).

Balance als Gewicht oder System

Die Balance-Metapher kann in die Grundmetapher (Hintergrundmetaphorik, Herkunftsbereich, Bildspender) des homöostatischen Systems, dem Konzept der Ökologie, eingebettet sein. In diesem Fall geraten Rückkopplungsprozesse, Regelkreise, Sinn und Funktion in den Fokus. Diese Kategorien schleusen andere Konsequenzen in die beraterische Praxis, als es nicht-systemische Verfahrensweisen tun, weil systemische Denk- und Interventionsfiguren angewendet werden. Beispielsweise wird nach Wirkbeziehungen gefragt und nicht nach Ursachen, die in einer Person oder »in den Umständen« liegen.

In Bezug auf das Beispiel seien zwei Aspekte hervorgehoben: Die Klientin gilt als Teil eines Systems, ihre Motivationen zeitigen Wirkungen, und diese wirken auf sie zurück. Ferner gilt: Die Klientin bewegt sich in systemischen Sinnzusammenhängen – alles, was sie schlussendlich tut und unterlässt, tut beziehungsweise unterlässt sie, weil sie Sinnvolles erreichen möchte. Zusätzlich werden soziale und kulturelle Einbettung und mit deren Komponenten verwobene Wirkbeziehungen thematisiert.

Worauf es für unsere Betrachtung im Moment ankommt: »Ungleichgewicht« wird in diesem Verständnis nicht notwendig als zu beseitigende Störung betrachtet und behandelt. Vielmehr werden Prozesse und ihre Wechselwirkungen sowie Kontextbedingungen, Motivationen und Zielvorstellungen in Augenschein genommen – und das wiederum hat unter anderem zur Folge, dass die Metapher der Balance, soweit überhaupt angewandt, als ein fließender, sich wandelnder Vorgang gedeutet wird, der mal das eine, mal das andere an die Oberfläche spült und damit ins Zentrum der Aufmerksamkeit und der realen Beschäftigung befördert. Balance wird gerade nicht in einem quantitativen Sinn »gleicher-maßen« verstanden, sondern qualitativ, dessen Ziel die persönliche Zufriedenheit ist: Balanceempfinden gibt Auskunft darüber, wie zufrieden ein Mensch sich fühlt mit dem, was er in welchen zeitlich verschobenen Gewichtungen tut. Balance erscheint dann nicht primär als eine Frage gleichgewichtiger Zeitverteilung, sondern als Frage, womit die Zeit gefüllt wird. Daher toleriert dieses Verständnis ein Auf und Ab der Waagschalen, die – zeitweise – mit unterschiedlichen Gewichten unausgeglichen nach unten und nach oben zeigen.

Balance: Sinn und Werte

Diese qualitative Ausdeutung der Metapher verweist darauf, Wertentscheidungen zu treffen. »Das Grundproblem des Lebens besteht darin, die richtige Wahl zu treffen«, sagt George Edward Moore. Und »richtig« wird eine Wahl für das eigene Leben dann, wenn wir sie in das einfügen können, was uns »wertvoll« ist, was für uns »Gewicht hat«. Kennen wir unsere grundsätzliche Wertorientierung, können wir sie zum Leitstern unseres Tuns und Unterlassens und schließlich des zeitlichen Arrangements machen. Werte gestalten unser Leben und unsere Aktivitäten sozusagen aus dem Hintergrund. Sie soufflieren, was wir tun und was wir unterlassen sollten und warum. Zudem empfehlen sie, in welcher Intensität wir uns für etwas engagieren – damit es »für uns stimmt«, wir uns also mit dem, was wir tun, in Einklang fühlen: in der Balance. »Warum räume ich gerade dieser Tätigkeit das hohe Gewicht ein, gebe ihr den Vorrang vor anderen?« Es geht um die lenkende Kraft, die persönlichen Grundwerten innewohnt, sowie darum, das eigene Tun in die individuelle Wertewelt einzuspeisen oder vice versa.

Der Grundgedanke ist der der Korrespondenz. Der Diskurs um Balance dient uns dann als Anleitung oder Kompass auf unserer Suche nach dem, was uns wertvoll und sinnvoll erscheint – und deshalb zufrieden, ausgeglichen oder gar glücklich macht (über den punktuellen »Flow« hinaus). Wertentscheidungen bilden das Fundament, auf dem wir wandeln. Ihnen entwachsen Sinn sowie Maßstäbe unseres Handelns. Sie entscheiden, was wir in die »Waagschalen legen«. In der Konsequenz leiten sie uns an, wie intensiv wir uns für das engagieren, was wir gewählt haben. Das Pendel der Verteilung unserer Aufmerksamkeit und praktischen Hingabe kann zeitweilig einseitig ausschlagen, ohne dass wir von einem schlechten Gewissen gepeinigt werden oder einem inneren Gebot der »gerechten«, sprich: gleichen Verteilung unserer Zeit nachjagen.

Der Schlüssel dafür, dass wir uns trotz eines Ungleichgewichts zufrieden, im Einklang, ausgeglichen oder – wie es auch genannt wird – in der eigenen »Mitte« empfinden, ist, dass das Handeln innere Überzeugungen spiegelt. Fazit: Die beratende Intervention im Umfeld dieser metaphorischen Ausdeutung folgt nicht dem Duktus Zeit, sondern dem von Sinn.

In der Praxis springt häufig spontan eine andere Ansicht und damit Bedeutung der Metapher ins Blickfeld: Aus der Balance geraten zu sein, bedeutet ungleichgewichtige Verteilung. Hängen Gewichte an uns, tragen wir Last. Wir sind gehandicapt, wir sind belastet, und diese Last zieht unseren Körper gen Boden. Es sind vor allem schwere Gewichte, die ungleich verteilt sind, sodass unsere Klientin schief geht. Die Gewichte sind gar so schwer, dass sie droht, unter der Last zusammenzubrechen. Was liegt aufgrund dieses metaphorischen Brennpunkts näher, als zu folgern: Ideal wäre es, schwere Gewichte abzuschmeißen oder anders zu verteilen oder irgendetwas anderes zu tun, um uns von ihnen zu erleichtern, sie leichter zu machen?

Balance: Gewicht und Entlastung

Da insbesondere das Abwerfen und Umdeuten im Alltagsleben selten oder »nur schwer« als praktikabel erlebt wird, gilt: Die Klientin muss Lasten zumindest gleich verteilen – dann ist sie immerhin im Gleichgewicht und fällt oder kippt nicht um. Die Zielrichtung kann auch sein: Eigene »Kräfte« (wo Gewichte sind, gibt es anziehende und abstoßende Kräfte), modern als Ressourcen bezeichnet, zu finden und zu mobilisieren, sich selbst zu stärken, zu kräftigen, sodass die Klientin aus der Schieflage herauskommt, sich wieder aufrecht halten und – erleichtert – im Raum bewegen kann. Gemäß der Dinglichkeit oder Materialität, die dieses Balanceverständnis betont, wird Balance hier primär in quantitativen Begriffen erfasst.

Nehmen Beratende das quantitative Moment in den Fokus, wie Zeit und Last oder Gewicht verteilt sind, dann werden sie darauf Wert legen, dass Klienten »ihre Zeitplanung in den Griff bekommen«. Instrumentarien dazu sind vor allem diverse Varianten von Planungssystemen. Sie empfehlen das Planen von zeitlichen Einheiten (Stunden, Tage, Wochen, Monate, Jahre) sowohl in der Zeit (»von x Uhr bis y Uhr«) als auch inhaltlich (von x Uhr bis y Uhr A-/B-/C-Tätigkeit). Da ein Tag immer Überraschungen bringen kann, also unvorhergesehene Ereignisse birgt, wird geraten, zeitliche Puffer einzuplanen. Da Planen mit dem Verfolgen von Zielen verbunden ist, wird gefordert, diese in die zeitliche Planung einzubinden.

Als Schema: Von x Uhr bis y Uhr beziehungsweise in Woche z muss dies oder jenes erreicht sein. Als Hilfsmittel für diese Verknüpfung von Effektivität und Effizienz wird die Vierfelder-Matrix von Eisenhower zitiert, die eine effiziente und effektive Planung und Nutzung von Zeit entlang der Kategorien Dringlich und Wichtig buchstabiert. Im Zuge dieses Verständnisses von Balance gelten Terminplaner als disziplinierendes Werkzeug und Büroorganisatoren als willkommene Helferlein.

Balance als Modell für Zeitverteilung spaziert auf der Bühne der Metapher in den Kleidern von Pragmatik: der umsetzbaren Rezeptur in der Form rasch praktikabler Anleitungen zum Handeln.

Metaphern bahnen Interventionen

Fazit: Sie können dem Wert- und damit dem qualitativen Paradigma den Vorzug geben. In der Beratung werden Sie lebensphilosophische Fragestellungen auf- und in die Waagschalen werfen. Sie werden mit der Klientin entsprechend an Werten, Sinnfragen, Prioritäten und Präferenzen, kurz: an ihrer Lebensgestaltung arbeiten – und dies übersetzen in zeitliche Realisierungsphasen oder -einheiten. Oder Sie folgen dem pragmatischen Paradigma, das das quantitative und organisatorische Moment der Metapher primär bedient. (Selbstverständlich schließt diese Vorrangigkeit nicht aus, dass Sie in einem weiteren Schritt die qualitative Facette nach vorn ziehen.)

Zielrichtung und Modus beraterischer Intervention fallen je nach metaphorischem Schwerpunkt unterschiedlich aus, je nachdem, was im Vordergrund steht, und dem, was im Hintergrund wartet: Der beleuchtete Aspekt konstelliert Aufmerksamkeit, wirkt handlungsleitend und zieldefinierend.

Ähnliche grundlegende Überlegungen gelten der nächsten Metapher: der Entwicklung. Da diese Metapher ein Paradigma für Beratung ist, widmen wir uns ihr besonders ausführlich.

Metapher: Entwicklung

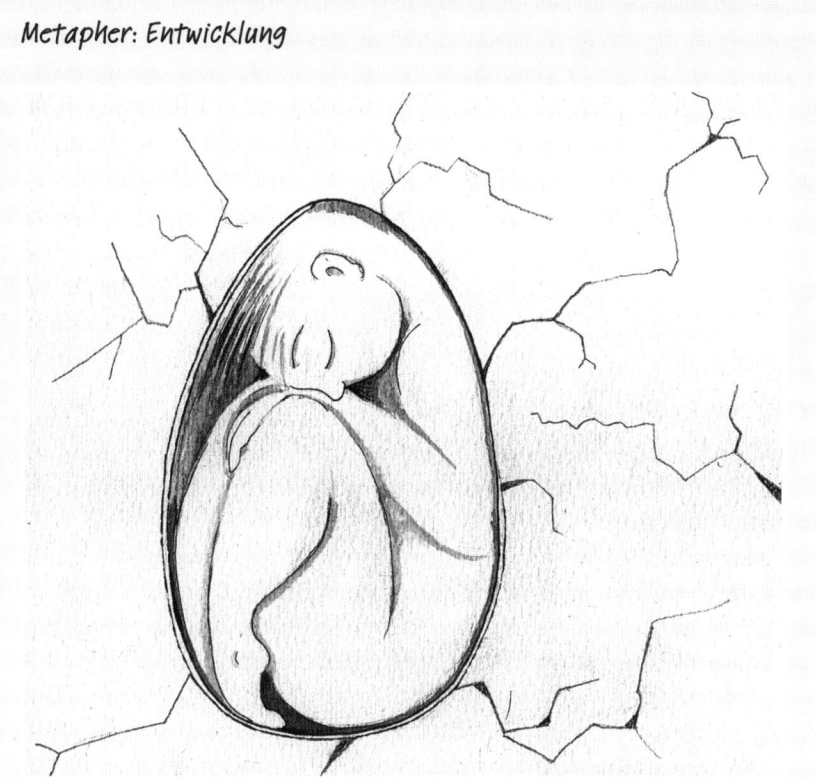

Die Metaphorik der Entwicklung liegt uns Menschen nahe, weil wir uns als sich entwickelnde Geschöpfe erleben. Wir erfahren unser Existieren als (ziel) gerichteten, linearen Prozess von der Geburt bis zu unserem Tod. Dieses Konzept unterscheidet sich also von einer zyklischen Vorstellung, für die die Wiederkehr ein zentrales Moment ist. In westlichen Breiten konzipieren wir Entwicklung von der Zeugung an als hierarchischen Vorgang, als »Fort-Schritt«: von niederem Profil zu einem höheren, von noch wenigen Fertigkeiten hin zu einem höheren oder differenzierteren Profil und einer Vielzahl von »entwickelten« Fertigkeiten. Diese Idee finden wir in allen wissenschaftlichen Disziplinen, in Religionen und Mythologien (Schöpfung) und in künstlerischen Ausdrucksformen. Diese Vorstellung von Entwicklung und das ihr entsprechende Denken und Reden ist allgegenwärtig. Das Wort Entwicklung mag daher als Metapher nur noch ganz blass bewusst sein. Freilich hat das keine abschwächenden Konsequenzen für ihre Allgegenwärtigkeit und Wirkmacht. Im Gegenteil.

Unterschiedliche Begriffe von Entwicklung

Die Metaphorik der Entwicklung erinnert an das stammesgeschichtliche, ontogenetische Werden als Lebewesen und an das individuelle Werden als Prozess der persönlichen Profilierung oder – nach dem Konzept von Carl Gustav Jung – der Individuation im Sinne eines Selbstwerdens (s. Gesammelte Werke 1971–1990, besonders die Bände 9, 10 und 17). Wir erfahren uns leiblich wie psychisch als geboren, im Werden und Vergehen. Die Metaphorik schließt das zeitliche Moment unseres Existierens ein. Entwicklung verweist zudem auf einen qualitativen, inneren Vorgang, auf Verwandlung, Veränderung. Es kann eine Verwandlung sein im Sinn der Metamorphose: von der Raupe zum Schmetterling gemäß eines unsichtbaren, gleichwohl wirkenden inneren Gestaltungsgesetzes, eines vorbestimmten Plans, eines individuellen Gesetzes, wie es sehr eindrücklich Georg Simmel herleitet (Simmel 1913/1968). Dieses Verständnis folgt dem Dogma der Präformation beziehungsweise Entelechie, nach der unsere Entwicklungsmöglichkeiten mit der Geburt in uns angelegt sind. Innerhalb dieser Potenzialität haben wir Spielraum für Variationen und für Individualität.

Ein anderes Paradima von Entwicklung propagiert der Existenzialismus etwa eines Jean Paul Satre (Satre 2005): Menschen sind prinzipiell völlig frei darin, was, wohin und wie sich entwickeln. Jede Veränderung obliegt einer Entscheidung, und in diesem Sinn wird Entwicklung gleichgesetzt mit freier, also grenzenloser Konstruktion. Diese Überzeugung entwirft den Menschen als den Hersteller, Schaffer, Konstrukteur seiner selbst und ist in der Theorie des Konstruktivismus bestimmend.

Entwicklung ist ein Spezialfall von Existenz in Bewegung. Bewegung oder Dynamik können wir als Bestandteil der Hintergrundmetaphorik bezeichnen. Ein weiterer Bestandteil ist Materie, die bewegt ist oder wird. Dynamik legt weder die Richtung fest noch die Inhalte. Bewegung kann in alle Richtungen verlaufen, und sie kann – zum Teil bereits metaphorischer ausgerollt – physikalische, biologische, geistig-seelische, spirituelle sowie transzendentale Dimensionen meinen.

Von dieser grundsätzlichen Mannigfaltigkeit der Bewegung (Richtung, Tempi, Modi) wird in unseren kulturellen Breiten vor allem eine aktualisiert: Im Alltag und in beratenden Kontexten denken und begreifen Menschen – jedenfalls in der westlichen Hemisphäre – Bewegung vom menschlichen Subjekt aus. Das bedeutet: Wir bewegen uns von einem Ort zu einem anderen. Wir bewegen uns von einer Phase und Entwicklungsstufe zur nächsten. Wir sehen etwas sich uns nähern, auf uns zukommen. Wir erscheinen essenziell als Subjekt von Bewegung. Wir erscheinen als zentrales Agens, Bewegung geht gleichsam von uns aus und auf uns zu.

Die Entwicklungs-Metaphorik offenbart sich sprachlich vielfältig. Etwa in Bezug auf Fragen der Identität, Persönlichkeit und der individuellen Lebensführung: Wir sprechen davon, uns selbst zu entwickeln; das Selbst oder Ich zu entfalten; die eigene Identität auszufalten; das Selbst zu verwirklichen, uns zu individuieren, wie Carl Gustav Jung es nennt (1971–1990); den Geboten des individuellen Gesetzes zu gehorchen (Simmel 1968) oder den inneren Stimmen Folge zu leisten, die die Richtung unserer Selbstentwicklung anraten. Diese Metaphorik finden wir vor allem in Konzepten, die der psychodynamischen Psychologieströmung verpflichtet beziehungsweise von ihr geprägt sind: Sie entwerfen den Menschen beziehungsweise das Selbst oder Ich als etwas, das ständig im Werden ist und dem – das ist gravierend – ein Ziel innewohnt, das die Entfaltung rekursiv leitet, auf das hin sich der Einzelne entwickelt.

Wenn wir »ent-wickeln«, »ent-falten«, »aus-falten«, dann muss es etwas geben, das bereits vorhanden ist. Es gibt also etwas, das bereits existiert, und zwar unabhängig von unserer Erkenntnis.

Entwickeln als Ausfalten von Vorhandenem

In der antiken griechischen Philosophie des Aristoteles lernen wir diese gedankliche Figur kennen in den Begriffen von Entelechie und Teleologie: In uns drängt etwas, ein Potenzial, eine Kraft, eine inhärente Bestimmung, zur Entfaltung zu kommen. Und diese immanente Motivation hat ein Ziel. Dieser Grundgedanke beeinflusste weitere Philosophien und später psychologische Strömungen, besonders die humanistischen. Das Ich wird als ein Etwas konzipiert, das – um es mit Immanuel Kant zu sagen – nicht nur alle meine Vorstellungen begleiten können muss (das ließe Freiraum für eine konstruktivistische Konstruktion des Ich). Vielmehr wohnt ihm zudem eine Art orientierende und organisierende Kraft inne, die ein (zielbezogenes, intentionales) Führungsprinzip hinter den Erscheinungen verkörpert und – um mit Goethes »Faust« zu sprechen – meine Welt im Innersten zusammenhält.

Diese Verwendung der Metaphorik der Entwicklung hebt also hervor: Entwickeln verweist auf Auswickeln, Entfalten, Nähren, Ausbilden, Ausmalen einer vorhandenen immanenten Möglichkeit. Gesetzt ist also, dass ein Etwas existiert, das zu verwirklichen ist, das sogar dazu drängt.

Im gegenwärtigen Diskurs wird dieses Ausmalen eines existenten Bildes, dieses Ausbuchstabieren eines geschriebenen Wortes, das Ausfalten eines zusammenliegenden Fächers, kurz: das Verwirklichen eines Potenzials als normativ geboten und gehandelt, weil es zum Menschen als Menschen und zu seinem Glück unabdingbar dazugehört. Die Pflicht lautet: »Werde, der du sein kannst«. Zwar gab schon die Romantik dies als Verpflichtung aus, allerdings humanistisch, lebensphilosophisch unterlegt und als Gegenwehr zum technizistischen Verständnis des Menschen. Im 20. Jahrhundert, insbesondere seit den Zeiten des Psychobooms ab den 1970er/1980er-Jahren, wird diese Norm, sein Selbst zu entfalten, mithilfe einer wissenschaftlich legitimierten Psychologie begründet. Selbstverwirklichung – so das Argument – gehört nicht nur (philosophisch-anthropologisch ausgewiesen) zum Menschsein dazu, sondern ist die Bedingung dafür, das Partikulare des Menschseins ausbilden zu können und als soziales Wesen emotional und sozial kompetent zu werden und für andere zumutbar zu sein. Selbstentwicklung ist sowohl ein anthropologisches Charakteristikum als auch ein Gebot: Der Mensch soll, was er kann; er kann, was er soll. Damit liefert die Metapher der Entwicklung Handlungsanweisungen und wandelt sich zu einem Diskurs. Dieser Diskurs der normativen Selbstverwirklichung verpflichtet das Ich dazu, seine vermuteten, als existent angenommenen Potenziale zu entdecken und auszufalten, seine Ressourcen zu nutzen, um zu wachsen und zu reifen – um zu werden, was es eigentlich ist.

Der Begriff Diskurs wird im Infokasten auf der gegenüberliegenden Seite erläutert. Ein Verständnis dieses Begriffs soll Ihnen zweierlei erleichtern: Zum einen transportiert er, welche Folgewirkungen Metaphern im Denken und Fühlen, im Interagieren und im Handeln haben. Zum anderen bahnt er die Bedeutung der »konzeptuellen Metapher«. Dieser werden wir uns ausführlich in der nächsten Station widmen. Sie stammt von den Pionieren der Metaphernforschung und schlägt bis heute hohe Wellen.

Befragen wir die Metapher der Entwicklung, speziell der Selbstentwicklung oder Selbstverwirklichung noch etwas genauer. Wo könnten Flecken in dieser Deutung der Metapher sein, die titangrau schimmern und etwas überdecken? Was wohnt dieser Metapher als handlungsleitende Instanz vielleicht in problematischer Weise inne? Auch wenn wir dies bereits gestreift haben – erlauben Sie mir die eine oder andere Betonung. Hervorgehoben seien ausgewählte Bedeutungen, die der Metaphorik der Entwicklung und Selbstverwirklichung innewohnen, weil sie in beratenden Kontexten einen im wörtlichen Sinn grundlegenden Stellenwert haben.

Lassen Sie mich Ihre Aufmerksamkeit auf einen besonders großen Fleck des metaphorischen Spektrums lenken. Wir können ihn nicht ausradieren – darum geht es nicht. Ganz im Gegenteil, wir werden ihn dank einiger Instrumente klarer und differenzierter sehen. Auf diese Weise machen wir, in knappen Worten, folgende Entdeckungen: Anknüpfend an die bisherigen Ausführungen gilt: »Als Mensch trägst du Möglichkeiten als Potenzial in dir. Diese Möglichkeiten musst du erkennen und mobilisieren!« – Die Begründung für diese Verpflich-

Diskurs

Mit »Diskurs« wird allgemein ein Vortrag, eine Abhandlung, ein Text, eine Rede bezeichnet, die einen thematisch begrenzten Bereich erörternd, argumentativ einkreist. Geisteswissenschaftlich wird die Thematik zusätzlich in den Rahmen einer Epoche oder Periode gestellt. Im Unterschied zur Diskussion kommt der logischen Folgerichtigkeit und begrifflichen Präzision ein besonderer Wert zu. In der kommunikationstheoretischen Diskurstheorie, deren prominentester Vertreter Jürgen Habermas ist, zielt diskursives Reden auf Wahrheit. Die Gültigkeit von Wahrheitsansprüchen wird abhängig davon gemacht, dass bestimmte Wahrheitskategorien von allen Teilnehmern anerkannt und wechselseitig bestätigt werden.

Ein Diskurs übersteigt eine Diskussion insofern, als er Anweisungen für Denk-, Sprech- und Handlungsweisen und mit ihnen verbundene Kategorien sowie Regeln und Normen, Ge- und Verbote mittransportiert. Etwa: Wie darf in welchen Kontexten über was mit wem gesprochen werden? Welche Normen gelten? Welche Denkoptionen und Handlungsappelle ergeben sich daraus? Welche Ziele werden nahegelegt und favorisiert?

Eine besondere Variante der Diskurstheorie erläutert Michel Foucault an Beispielen in seinen zahlreichen historischen Diskursanalysen zur »Ordnung des Diskurses« (1991), »Ordnung der Dinge« (2008) und »Archäologie des Wissens« (2009). Dort erforscht Foucault die Ordnung der Episteme. Episteme bezeichnen die Gesamtheit der Diskurspraxis als einer kohärenten, also zusammengehörenden Menge von Aussagen, die jeweils für eine Zeit gelten. Dem Diskurs (ähnlich wie der Metapher) wird dabei zugeschrieben, dass er Wissen, soziale Ordnung und das individuelle Selbstverständnis dominiert – bis hin zu Praktiken der Beeinflussung, unbewusst wie bewusst, und systematisch wie etwa in therapeutischen Konzepten.

tung lautet: Der Schöpfer oder das Selbst als Menschliches oder die Zugehörigkeit zur Spezies gibt es dem Einzelnen als Aufgabe auf. Manche werden jetzt hinzufügen, bereits seit der Romantik, spätestens mit der wissenschaftlichen Psychologie erweitere sich die Begründung um zwei Momente: erstens um das individuelle Glück und zweitens um die Nützlichkeit von sozialen Beziehungen. Die Devise könnte lauten: »Dich, dein Selbst oder Ich zu entfalten, bist du anderen schuldig; denn wenn du dich nicht in allem selbst verwirklichst, dann kannst du nicht glücklich oder zumindest zufrieden werden und folglich kannst du für andere kein angenehmer, hilfreicher, sozial kompetenter Partner sein.«

Entwicklung: Pflicht zu Selbstentfaltung

Diese moralisch ziemlich drastische Devise wurde in den 1970er- und 1980er-Jahren tatsächlich formuliert. Sie schickt den Adressaten auf eine grundsätzlich unendliche Reise, deren Ziel er nicht kennen kann. Fachleute,

Psychologen und andere Helfer können mit ihm zwar erarbeiten, wann, unter welchen Bedingungen, in welchen Beziehungsgefügen sich ein Mensch sich mit sich selbst (und mit anderen) wohlfühlt. Aber eine Garantie, dass er sich selbst gefunden und verwirklicht hat und nicht etwa Werte, Normen und Auffassungen nur von anderen übernommen hat, gibt es nicht. Die Verantwortung ist in dieser individualistischen Auffassung eindeutig attribuiert: Wenn ich unglücklich, unzufrieden bin, dann liegt das an mir; denn ich habe meine Potenziale noch nicht aufgespürt, mein wirkliches, authentisches Ich noch nicht gefunden. Also muss ich weiter suchen, probieren, experimentieren, fahnden. Ich bin nicht, wie Jean Paul Satre sagt, zur Freiheit verdammt, sondern zur Suche nach meinem irgendwie präformierten oder präexistenten Selbst. Dies als Bedingung, um individuelles Glück oder Wohlsein und soziale Wertigkeit zu finden. – Angemerkt sei, dass hier eine Wurzel von Therapiehopping und Therapiesucht freigelegt ist.

Gleichermaßen gilt: Wenn der Akzent der Entwicklungsmetapher auf der Aussage liegt: »Das, was du kannst, ist viel und liegt in dir, du musst es nur aufdecken und aktivieren!«, dann gilt auch: »Du hast alle Ressourcen in dir, um deine Probleme zu lösen; um das zu erreichen, was du willst.« Diese Beraussagen kennen Sie sicherlich. Der Kerngedanke dieser Rede schickt mich als Klient auf eine ähnliche Reise wie eben skizziert. Auch hier ist die Annahme eine Annahme, ein Apriori, etwas, das zu glauben, aber nicht zu beweisen ist.

Die Annahme kann dazu führen, dass ich – solange sich die gewünschten Erfolge nicht einstellen – mich als Versager fühle, als unvollständig, als unreif und hilfsbedürftig. Ich muss weitersuchen: nach inneren Ressourcen, die ich brauche, um die formulierten Ziele zu erreichen.

Paradoxerweise diktieren mir außerhalb von mir liegende Anforderungen in einem hohen Maß, nach welchen inneren Ressourcen ich kramen und wühlen und graben soll. In jedem Fall steht fest: Wenn etwas zu tun ist, muss ich es tun. Im Zweifel liegt der Schwarze Peter, den niemand haben will, bei mir. – Das ist eine komfortable Position für Beratende. Denn wenn schon die Welt komplex ist, so können wir doch so tun, als ob Postulat und Rekurs auf das Ich weniger komplex ist, also handhabbar und somit der beraterischen Intervention zugänglich.

Auf Beraterseite ist zudem die Verführung groß, darauf zu verzichten, Ziele, Ambitionen und andere Motivatoren und Attraktoren, die der Klient nennt, einer kritischen Revision zu unterziehen – geschweige denn, sein Umfeld einzubeziehen. In der Praxis begegnen mir hier insbesondere Beratende und Führungspersonen, die herausstellen, den Klienten beziehungsweise Mitarbeiter »ernst zu nehmen«, ihn als »Partner« zu behandeln, ihm »auf Augenhöhe« zu begegnen und »das zu nehmen, was vom Klienten/Mitarbeiter kommt«. Wenn das kein weiches Wolkenbett ist!

Prüfen Sie sich selbst: Wenden Sie in der folgenden Kurzreflexion die vorhergehenden Überlegungen auf Ihr eigenes Denken und Handeln, auf Ihre Haltungen oder Überzeugungen und folglich auf Ihre Praxis an.

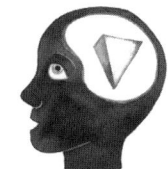

Übung: Kurzreflexion

Woran können Sie erkennen, ob Sie in Ihrer beraterischen Praxis die Metaphorik der »Entwicklung von – zu« auf sich selbst und auf Ihre Klienten anwenden? Wie bestimmt diese Metaphorik Ihre Denk-, Deutungs- und Handlungsmuster und Ihren Sprachgebrauch? Welche Sätze fallen Ihnen ein? Welche Szenen kommen Ihnen in den Sinn? – Machen Sie sich am besten Notizen. Lesen Sie erst danach meine Anregungen, die Sie vielleicht auf weitere Ideen bringen.

Einige Anregungen: Sprechen Sie vorzugsweise von Potenzialen, die es zu entwickeln gilt? Oder von Ressourcen, die es zu entdecken und dann nutzbar zu machen gilt? Gehen Sie – stillschweigend – davon aus, dass Sie selbst oder Ihre Klienten sich von einer konfliktuellen Situation, Phase oder Störung wegentwickeln, sich von ihr emanzipieren, aus ihr herauswachsen mögen? Appellieren Sie daran, andere Energien oder Strategien zu mobilisieren als jene, die zurzeit am Werk sind? Geht es Ihnen darum, aus etwas, zum Beispiel Kinderschuhen, hinaus- und in etwas anderes, zum Beispiel Erwachsenenschuhe, hineinzuwachsen? – Selbstredend immer im Rahmen der Formbarkeit und Beweglichkeit, die der Klient mitbringt. Fahnden Sie bitte nach weiteren Indizien, von welchen Aspekten der Metapher Sie sich in besonderer Weise leiten lassen.

Das skizzierte Hauptverständnis von Bewegung respektive Entwicklung ist, wie angedeutet, keinesfalls selbstverständlich. Eine Alternative möchte ich zumindest gestrichelt zeichnen, namentlich die (inzwischen neurowissenschaftlich unterlegte) These vom Ich oder Selbst als Konstrukt. Zwar verkünden zahlreiche Beratende, dass sie davon ausgehen, Realität sei konstruiert. Sie appellieren daher gern an ihre Klienten, sich selbst stets neu zu erfinden. Aber: Im selben Atemzug wird »selbstverständlich« als Ziel einer beraterischen Intervention genannt, die Ressourcen im Klienten zu mobilisieren und seine Selbstentwicklung im Rahmen seiner Potenziale zu fördern, um ihm zum Erfolg zu verhelfen.

Entwicklung:
Alles ist möglich

Nun ja, unsere vorhergehende Betrachtung demonstriert, dass diese Mischung zumindest exotisch ist und den Gesetzen der Logik nicht unbedingt gehorcht. Nun also zur Alternative.

Wenn wir davon ausgehen, dass das Ich konstruiert, von mir, meinem Gehirn, durch mich geschaffen ist, gehen wir von einer Freiheit der Gestaltung aus, die Beliebigkeit und Kontingenz, also die prinzipielle Möglichkeit einschließt: Alles kann auch ganz anders sein. Entwicklung wird hier keinesfalls als in sich zielgerichtet gesehen, sondern als grundsätzlich für alle uns möglichen Bewegungen offen.

In der beratenden Intervention hat diese metaphorische Hervorhebung Konsequenzen: Sie arbeitet in Begriffen von Schaffen, schöpferischem Tätigsein innerhalb eines prinzipiell grenzenlosen Raums, innerhalb dessen jede Bewegungsart und -richtung möglich ist und gewählt werden kann. In beratenden Situationen mündet diese Fließrichtung des Denkens unter anderem dahinein, gemeinsam mit dem Klienten zu klären, wo aus Gründen der Lebbarkeit und Handlungsfähigkeit Kanäle gebaut werden sollen, die vorgeben, welche Bewegungsrichtungen und -verläufe zugelassen werden sollen. Als Referenz dient hier nicht ein authentisches Ich (es sei denn: als konstruiertes und zu konstruierendes), sondern die Vorstellung von dem, was als Ich hergestellt werden und wie es sich in welchen Kontexten formieren und manifestieren soll.

In diesem Zusammenhang möchte ich Richard Wagner zitieren (F.A.S. vom 5.7.2009, S. 10). In seinem Artikel »Auf schlüpfrigem Grund« malt er anlässlich der Reaktionen auf den Tod des Popstars Michal Jackson aus, was wir die verborgene Seite der Selbstschaffungs-Entwicklungs-Metapher nennen können:

»Welches Leben führen Leute, die allen Ernstes in Jackson einen ›postmodernen Verwandlungskünstler‹ sehen, dessen Rollenpolyphonie exemplarisch für eine zur Selbstverwirklichung befreite Subjektivität stehen soll? Eine Subjektivität, die sich immer dann neu erfindet, wenn es ihr in den Kram passt, wenn sie der momentanen Verfestigung zu einer Person überdrüssig ist und sie wie eine Schlange ihre Haut abstreift. Dass am Wegesrand alle liegen bleiben, die sich der verschwundenen Person verbunden fühlten, gilt dabei offenbar als Freiheit. Achtung für sich selbst und andere, Verantwortung gar, können auf derart schlüpfrigem Grund schwerlich gedeihen. Die unseligen, krankhaften Selbstmodellierungen Jacksons waren darum nie Akte der Befreiung, sondern der Selbstzerstörung – warum soll man dabei zuschauen wollen? Projektionen wie diese, die von der Erschaffung des neuen Menschen träumen, der stets Herr seiner selbst ist, weil er stets bestimmen kann, wer er gerade sein möchte, sind letztlich menschenverachtend, denn sie machen ihn zum Spielball einer kranken Fantasie. Diesen Antrieb erkennt man noch in den gewalttätigen Träumen der Gender-Ideologen. Jackson selbst dürfte von solchen Selbstverwirklichungsträumen nichts geahnt haben. Er ist in der zerklüfteten Landschaft seines Innern nur umhergeirrt – bindungsunfähig, verantwortungslos und selbstzerstörerisch.«

Dieses Zitat offenbart uns nicht nur eine (wertende) Perspektive, die zu der Deutung des selbst konstruierten, gestaltbaren Ich und damit dem metaphorischen Verständnis von Entwicklung als völlig offener Gestaltbarkeit des Selbst Stellung bezieht. Die Ausführungen verweisen zudem auf ein Risiko, das dieser Deutung inhärent ist. In knapper Formulierung: Es gibt keinen Halt, keinen eindeutigen, verlässlichen Bezugspunkt. Beratende sollten daher wissen, welcher Deutung und Bedeutung der Metapher Entwicklung sie zuneigen; denn sie prägt die Interventionen.

Fazit: Während in der ersten Variante der Entwicklungs-Metapher gilt: »Alles das ist möglich, was in dir angelegt ist«, lautet die Devise in der zweiten Variante: »Alles ist möglich, was der Gattung möglich ist.«

Während uns bisher metaphorische Beschreibungen beschäftigten, die sich auf das Subjekt beziehen, schwenken wir im Folgenden unseren Blick auf die soziale Einheit Unternehmen beziehungsweise Organisation. Auch hier werden Sie erkennen, dass Metaphern wirken und dass wir sie zieldienlich einsetzen können. Metaphern perforieren die Gestalt einer Organisation und geben uns Anhaltspunkte, um Organisationen strukturell und prozessual einzurichten.

Metaphern für Unternehmen: Orchester, Familie, Gehirn und etliche mehr

Wenn ich Sie bitten darf, mir in den nächsten Raum der Galerie zu folgen. Wie Sie sehen, ist er unterteilt in recht-, drei- und mehreckige sowie runde und ovale Kleinräume. Das hat mit der Thematik zu tun, die unterschiedliche Variationen kennt. Daher trägt der Gesamtraum den Namen »Designvielfalt«. Der Name biedert sich übrigens dem gegenwärtigen Sprachgebrauch insofern an, als mit »Design« jede Art ästhetischer Gestaltung, also Form gemeint ist. Unser Raum mit seinen diversen Subräumen bietet uns die Vielfalt bezogen auf das Verständnis von Organisationen und Unternehmen. Design umschließt folglich sämtliche kulturellen Ausformungen und Bedeutungen, begonnen von der Architektur über Infrastruktur bis hin zu Normen und Werten des Lebens und Zusammenlebens in Organisationen.

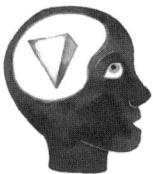

Übung: Kurzes Brainstorming

Notieren Sie sich bitte alle Assoziationen, die Ihnen spontan kommen zu folgenden Aussagen:

- Organisation, Unternehmen ist … oder Organisation, Unternehmen als …
- Oberste Führungsperson ist … oder als …
- Mitarbeitende sind … oder als …
- Funktionen von »Managementtools« sind …

Lassen Sie Ihren Gedanken freien Lauf und nehmen Sie sich ruhig etwas Zeit.

Ich danke Ihnen. Ich bin sicher, dass die Menge der Überlappungen Ihrer Gedanken mit den folgenden Ausführungen beachtlich sein wird. Aus diesem Grund hoffe ich, dass Sie auch Nachdenkenswertes finden werden.

Für Organisationen, wirtschaftlich tätige Unternehmen sowie Non-Profit-Organisationen und analog dazu für Führungspersonen und -tätigkeit kursieren zahlreiche Metaphern unterschiedlicher Herkunft. Lassen Sie uns einen kursorischen Blick auf einige Metaphern werfen, um einen Eindruck von der Vielfalt zu gewinnen. Danach suchen wir uns bequeme Sitzmöbel, um uns von drei der ausgestellten Metaphern mit mehr Muße beeindrucken zu lassen.

Heutzutage zwar weniger populär, indes noch immer wirksam, ist die Metaphorik der Technik/Mechanik in der Metapher der Maschine mit korrespondierenden mechanistischen Ableitungen, die sowohl das Funktionieren des Unternehmens beschreiben als auch Instrumentarien für und Anforderungen an Führungspersonen und Führungstätigkeit.

Metapher: Unternehmen als Maschine

Diese Vorstellung suggeriert Beherrschbarkeit dank monokausaler Logik und Vorstellungen von Linearität. Vereinfacht formuliert, gilt: Wenn man die Einzelteile der Maschine versteht, die von A bis Z nachvollziehbar von einem Ingenieur konstruiert wurden, kann man sequenziell denken und agieren – auf A folgt B. Außerdem gelten die Kategorien von Berechenbarkeit von Input

Unternehmen als Maschine: Input determiniert Output

und Output: Mache ich dies, kommt das heraus, weil die Maschine dann jenes tut. Alles, was man zusätzlich zum Wissen benötigt, sind Werkzeuge und Anweisungen, deren Anwendung gewünschte Ergebnisse befördert. Menschen – Führungspersonen wie Mitarbeitende – erhalten prinzipiell den Stellenwert eines »Rades oder Rädchens im Getriebe«, also den Status dienender und/oder »exekutierender Organe«.

Unvorhergesehenes, Überraschungen im weitesten Sinn, also all das, mit dem »nicht gerechnet« wird, erscheint als zu beseitigende Störung: »Sand im Getriebe«, den es gilt herauszuputzen, damit die Maschine wieder vorhersehbar und zuverlässig läuft.

Aufgrund dieser Akzentuierung bleiben Aspekte vernachlässigt, die Ereignisse betreffen, die zwar nicht geplant und dennoch hilfreich sein können, um das Unternehmen auf der Zielgeraden zu halten oder Korrekturen innerhalb des Zielhorizontes vornehmen zu können. Zufälligkeit, Offenheit von Ausgang, Nichtberechenbarkeit und Nichtlinearität werden systematisch als be- und verhindernd betrachtet und entsprechend gehandhabt. Regeln, Vorschriften, exakte Pläne und ähnliche Regularien dienen im Sinne von Handlungs-, Prozessanweisungen dazu, Überraschungen zu vermeiden und Zuverlässigkeit herzustellen. (vgl. dazu ausführlich den zweiten Teil meines Buches »Selbsttraining für Führungskräfte«, 2001). Es ist das mechanistische Weltbild, das diesem Verständnis zugrunde liegt.

Ganz dazu im Gegensatz die nächste Metapher auf der gegenüberliegenden Seite, die man durchaus häufiger hört, und die auch von einem Kollegen auf ein Unternehmen angewandt wurde. Die Metapher beschreibt das Unternehmen als »chaotischen Haufen«.

Die nächsten beiden Darstellungen, die auf den Seiten 48 f. folgen, greifen zwei Varianten eines Themas, einer Grundmetaphorik auf: das Unternehmen als Schiff mit dem Geschäftsführer oder dem CEO als Kapitän. Die zwei Szenerien zeigen, wie unterschiedlich die Rolle des Kapitäns sich entwickeln kann.

Metapher: Unternehmen als chaotischer Haufen

Der Kollege vergleicht die Situation und die steuernden Einflussoptionen der Führungspersonen mit der Polizei in Afghanistan. Die Metapher rückt also neben einer gewissen Aggressivität als Grundstimmung Unbeherrschbarkeit in den Vordergrund, ein Durcheinander von Interessen und unüberschaubare Einflussgrößen (Warlords, regionale Fürsten, Partisanen und Ähnliches) und deren Wechselwirkungen. Diese lassen sich weder sortieren noch Personen oder Instanzen zurechnen, die sie kanalisieren, hierarchisieren oder priorisieren könnten; noch erscheint es möglich, sie im Interesse von zielgerichteter Gestaltung aufeinander abzustimmen. Nüchterner formuliert: Es werden metaphorisch Dezentralität, Bereichsdenken, Regionalegoismen, subkulturelle Interessen, Normen und Werte sowie in diesen beziehungsweise in deren Unvereinbarkeit wurzelnde Konflikte, Spannungen, Feindschaften betont.

Diese metaphorische Anmutung und Deutung hebt für Beratende die im wörtlichen Sinn zu verstehende Notwendigkeit hervor, dieses unbeherrschte Chaos zu ordnen.

Unternehmen als Chaos: Ordnende Muster erkennen

Metapher: Unternehmen als Schiff mit Kapitän

Der Kapitän als wissende Autorität

In der einen Darstellung steuert der Kapitän als einzige Autorität den Dampfer in ruhiger See auf dem Weg zu einem definierten Ziel. Am Horizont leuchten bereits die Lichter der nächsten Stadt, auf die der Dampfer zufährt und auf die die Gäste und die Besatzung mit freudigen Gesichtern blicken. Dort können die Kreuzfahrtgäste ihren nächsten Landaufenthalt genießen. Alles läuft nach Plan. Der Kapitän sorgt dafür, und das Umfeld, die ruhige See und die klare Sicht, kommen ihm dabei zugute.

Die zweite Darstellung der Metapher lässt uns fast schwindelig werden. Das große Schiff scheint in Seenot, ein Sturm schmeißt es in den Wellen hin und her und bestimmt die Richtung. Die Besatzung ist in heller Aufregung. Der Kapitän diskutiert offenkundig mit seinen Offizieren, was zu tun ist. Am Horizont können wir, in blassen Farben schemenhaft angedeutet, Landzungen und verschiedene Inseln erkennen. – Wir dürfen vermuten, dass Kapitän und Offiziere sich darauf einigen, worauf es ankommen sollte: Wollen sie die Zielregion, die sie bei ihrem Aufbruch hatten erreichen wollen, weiterhin ungeachtet des Sturms verfolgen oder wollen sie sich eher als Navigatoren in unkartiertem Meer begreifen und unbekannte beziehungsweise nichtanvisierte Territorien »entdecken« und dort an Land gehen, um von dort aus zu entscheiden, wohin es weitergehen soll? Hier hat der Kapitän nicht alles im Griff, er diktiert nicht allein, er akzeptiert das Wissen und Können seiner Offiziere und lässt sich auf deren Einschätzungen und Empfehlungen ein.

Der Kapitän als autoritatives Crewmitglied

Schließlich streifen wir noch die Metapher, die das Unternehmen als Orchester abbildet. Auch hier blicken wir auf zwei unterschiedliche Varianten: das Sinfonieorchester und das Orchester, das sich als improvisierter Free Jazz versteht. Diese Metapher genießt seit circa zwei bis drei Jahren große Beliebtheit und wird insbesondere von Dirigenten und Berufsmusikern in Vorträgen und Artikeln ausgedeutet. Fündig werden Sie beispielsweise in dem Klassikmagazin »Crescendo«.

Metapher: Unternehmen als Orchester

Sinfonie und äußerer Dirigent

Beim Sinfonieorchester hilft unter anderem eine hierarchische Struktur. Hier sehen wir den Dirigenten, der dafür sorgt, dass alle Spezialisten mit ihren Instrumenten in gewünschter Weise spielen und ihren Einsatz zu dem Zeitpunkt bringen, den der Dirigent signalisiert. Auf das Unternehmen bezogen rückt damit auch in den Vordergrund, dass die Spezialisten ihre Instrumente beherrschen, Experten auf ihren Gebieten sind und gleichzeitig die gesamte Sinfonie mental-musikalisch präsent haben, um selbst wissen zu können, wann welcher Einsatz gefordert ist und auf welche Einsätze der Mitspieler sie sich wie einstimmen müssen. Der Dirigent sichert Koordination und Synchronisation – und neben Tempi weitere Dimensionen des hörbaren Spiels, die seine (!) persönliche Note charakterisieren.

Beim improvisierten Jazz sind die Spieler ohne externen Dirigenten; stattdessen haben sie ihn in ihrem inneren Ohr. Es gibt »keine festen Solistenrollen, keine Hierarchie und nur wenige Regeln: Bevor sie loslegen, einigen sich Jazzmusiker lediglich auf das gleiche Thema und Tempo.« (Scheer 2009, S. 10). Die Musiker, zwischen Solisten- und Begleiterrolle wechselnd, wissen im Vorhinein nicht, was schlussendlich als Melodie hörbar werden wird, weil sie während des Spiels »aus dem Stegreif immer wieder neue Melodien« improvisieren. (Scheer 2009). Die Mitglieder des Jazzband agieren als Persönlichkeiten mit ihren Partikularitäten. Um allerdings ein optimales Spiel zu inszenieren, bedarf es besonderer Anforderungen an Wissen, etwa über Harmonien, an Erfahrung und Übung sowie an intrapersoneller Selbstorganisation und schöpferisch-synchronisierender Kommunikation. Jeder folgt – im Mit- und Hinhören auf den anderen – spontanen Einfällen im eigenen Spielen, stets in Abstimmung mit dem Spiel der anderen: »Die Musiker achten während des Spiels sehr genau aufeinander. Sie hören gut zu und beobachten, in welche Richtung sich die anderen während des Stücks beziehungsweise mit ihrem jeweiligen Solo entwickeln. Dann greifen sie diese Entwicklung auf und gehen darauf ein. Eine Jazzband ist durch ein hohes Maß an Kommunikation bei einer gleichzeitig niedrigen Regelintensität geprägt. Sie agiert am Rande des Chaos. Sie driftet aber nicht ins Chaos ab, weil die Kommunikation der Musiker so stark ist.«

Improvisierter Jazz und innerer Dirigent

(Scheer 2009). Der die Spieler vereinigende Ehrgeiz strebt an, in der Improvisation für Spieler und Publikum eine Grundmelodie oder ein Grundthema zu vertonen und das individuelle und zusammengeführte Spiel als ein Teil eines vom Publikum zu konstruierenden Ganzen hörbar zu machen. Bezogen auf Organisationen bedeutet dies: die Mitglieder einer Gruppe stehen vor der Aufgabe, permanent aufmerksam für die Leistungen der anderen zu sein, die Einzelbeiträge zusammenzuführen und einander im Prozess zu unterstützen. Erst in der Konvergenz von wechselseitiger Aufmerksamkeit und der Koordination von Einzelkompetenzen kann Synergie entstehen.

Familie

Wenn Sie möchten, suchen Sie sich bitte einen Sitzplatz und machen Sie es sich bequem; denn jetzt werden wir bei einigen Metaphern verweilen und sie vertieft betrachten. Als Erstes nehmen wir die Darstellung, die insbesondere in Unternehmen des Mittelstands weitreichende Bekanntheit und Beliebtheit genießt: das Unternehmen als Familie. Wieder finden wir zwei Darstellungen vor uns.

Metapher: Unternehmen als Familie

In dem einen Rahmen sehen wir ein großes Haus, das von einem gepflegten Garten umsäumt wird. Es ist sommerliches Wetter, die Hausbewohner sind im Garten aktiv. Wir erkennen eine ältere Frau und einen älteren Mann, beide mit Gartengeräten hantierend, zwei Repräsentanten der »Generation 60+«, wahrscheinlich die Großeltern, die sich offenkundig darum kümmern, Blumen- und Kräuterbeete zu kultivieren. Zwei weitere Erwachsene, vermutlich (Schwieger-)Sohn und (Schwieger-)Tochter, haben es sich dagegen am Tisch gemütlich gemacht und genießen ein nachmittägliches Mahl bei freudiger Konversation. In Gebüschen und auf dem Rasen wuseln Kinder herum, die mit strahlenden Gesichtern den Großeltern und Eltern Ausgegrabenes zeigen und miteinander spielen. Kurz: Wir deuten die Szenerie so, dass sie die klassische oder traditionelle Familie als Idylle zeigt beziehungsweise – fachlich formuliert – das Konzept der traditionellen Familie.

Wird ein Unternehmen als ein solcher Verbund konzeptualisiert, schieben sich diese Aspekte als bestimmende und handlungsanleitende in den Lichtkegel. Der Familienverbund in der Form der traditionellen Familie (auch: das

Unternehmen) zeichnet sich durch zweierlei aus: Blutsverwandtschaft und eine daraus abgeleitete besondere Verpflichtung im Verhalten, besonders in der Art, Loyalität handelnd umzusetzen. Und eine »prästabilierte Harmonie«: ein Kanon von Regeln, der unabhängig ist von der konkreten Familie, weil er für alle Familien dieses Typs gilt. Die Familie ist Repräsentant eines bestimmten, traditionell oder klassisch zu nennenden Typus.

Traditionelle Familie: ihre Implikationen und Imperative

Diese »Familie« ist hierarchisch organisiert. Es gibt eine für sich selbst verständliche Rollenverteilung; als Regularien wirken implizite und explizite Regeln und Rituale. Das hierarchische Moment wird als patriarchalische oder patronale Führungsorganisation bemerkbar. Weitere ordnende Komponenten sind Rollentypologie und ihre Konkretisierungen in den praktizierten Verhaltensweisen, Erwartungen und Verpflichtungen sowie Regularien, die das Zusammenleben lenken.

Die Pointe in diesem Konzept liegt darin, dass die Metapher etwas mittransportiert, das wirkt, sobald diese Metapher der Familie gewählt wird und das in diesem Sinn bereits vorher besteht: Dieses Implizite, die Ordnung dieser Familie wird nicht erst hergestellt, sondern existiert in der Form eines Kodexes immer schon und gilt für alle diese Familienform lebenden Familien. Dieser Kodex betrifft Organisation und Struktur, Abläufe und Zuständigkeiten, Kommunikationscodes und Verhaltensnormen. Dieses Präexistierende bewirkt vorgefasste Meinungen: Es liefert die Informationen dazu, was erlaubt und verboten, was erwünscht und was nicht erwünscht ist. Dieses »immer schon Vorhandene und Wirkende« können wir als eine Folie oder Matrize beschreiben, die diktiert, wie sich die Familie als System oder Verbund und wie sich einzelne Mitglieder zueinander zu verhalten haben. Diese Schablonen und Normen sind selten explizit, sondern färben und prägen das Leben in(!) der Metapher »automatisch«, in einer selbstverständlichen und daher nicht erklärungsbedürftigen Art und Weise.

Traditionelle Familie: Normen und Handlungsanweisungen

Normen und Leben sind sozusagen nicht einmal analytisch trennbar. Anders gesagt: Sobald wir diese Metapher als Orientierung wählen, verfügen wir, ohne dass es uns bewusst sein muss, über Normen und Handlungsanweisungen. Unsere Freiräume und Rollen sind ebenso vorgegeben wie Erlaubtes und Unerlaubtes. Führung kann per Anweisung Bezug nehmen auf bereits existente Rollenschemata und Regeln, Rechte und Pflichten, die praktiziert werden. Selbst Strukturen, Prozesse und wesentliche Inhalte der Kommunikation sind vorgeprägt. Es gibt – wenn sich alle an die Metapher und an die ihr immanenten Anforderungen halten – keine Überraschungen in der Führung oder in der Weise, wie Familienleben gestaltet wird und zu funktionieren hat. Korrekturen als Beseitigung von Störung erfolgen über Rückgriff auf metaphorisch definierte Autoritäten wie beispielsweise Rollen und deren Beziehungen, Routinen und Rituale.

Um diese abstrakten Ausführungen zu konkretisieren, nenne ich Ihnen einige Beispiele, die zudem verdeutlichen sollen, dass bewusst oder unbewusst gewählte, jedenfalls wirkende Metaphern auch die Sprache prägen:

> Stellen Sie sich vor, Sie sind das *Oberhaupt* der Familie. Angenommen, Sie tragen sich langsam mit dem Gedanken, das Unternehmen in die Hände Ihres *Nachwuchses*(!) zu geben und mit mir als Nachwuchs darüber zu sprechen.
> *Ich:* »Ich würde es in der Tat sehr gern übernehmen. Mir ist dabei wichtig, dass du mir wirklich die gesamte Führungsverantwortung übergibst.«
> *Sie als Vaterfigur:* »Na ja, also natürlich bin ich bereit, dir die Verantwortung zu übergeben, aber doch nicht auf einmal! Schließlich musst du erst in die Schuhe, die ich dir hinstelle, hineinwachsen.«
> *Ich:* »Du glaubst also, ich bin noch so klein, dass ich noch in Kinderschuhen herumlaufe, ja?« …

Ein weiteres Beispiel: Wieder sind Sie in der Rolle des *Patrons* (Firmenchef). In dieser Position, Funktion und Verantwortung erwarten Sie qua Metapher von Ihren *Kindern* (Mitarbeitenden) und damit von mir als Ihrer *Tochter* (Mitarbeiterin) eine bestimmte Art und Weise, wie ich mit Ihnen kommuniziere. Unternehmensväter nennen in diesem Zusammenhang oft den Wunsch, dass ihnen respektvoll begegnet werden soll. Nun könnten wir trefflich darüber streiten, was dieses »respektvoll« genau und im Detail meint. Nur: In dieser Familienmetapher ist bereits maßgeblich festgelegt, welche Art von Kommunikation von der Tochter oder von dem Sohn erwünscht und welche untersagt ist. Und das gilt für Inhalte ebenso wie für die Form, einschließlich der Tonalität.

Traditionelle Familie als Code für Kommunikation und Interaktion

Ich – Ihre Tochter – sollte Ihnen also keinesfalls »frech« kommen, weder im Ton, noch in der Sache. Ich muss den angemessenen Ton treffen und darf nur solche Inhalte thematisieren, die sich für ein Patron-Tochter-Verhältnis eignen – und das legen weder Sie noch ich fest, sondern das liefert der Typus dieser Beziehung von Patron und Tochter, der metaphorisch immer schon mittransportiert wird.

Folgende Regung sollte ich eher unterdrücken beziehungsweise konstruktiv kanalisieren: »Ich bin stinkwütend auf dich, weil du über meinen Kopf hinweg in meinem Verantwortungsbereich Entscheidungen getroffen hast! Ich verbitte mir das!«

Eher wird die Äußerung so lauten: »Ich verstehe ja gut, dass du dich als Kopf des Unternehmens besonders verantwortlich fühlst, und mir ist durchaus bewusst, dass ich von dem Gesamten weniger weiß als du. Und ich glaube, dass du Gründe hattest, die Entscheidungen in meinem Bereich zu treffen. Trotzdem meine Bitte: Könnten wir uns darauf einigen, dass du immer zuerst auf mich zukommst, wenn du meinst, es müsse eine bestimmte Entscheidung getroffen werden?«

Analog zu den eben skizzierten Typologien und Ordnungen verhält sich die Interaktion in Form, Prozess und Inhalt von Chef und Mitarbeiter.

Dazu ein passendes Zitat aus der »Zeit«, vom 30.7.2009 (Nr. 32). Die Autorin des Artikels »Der Aufschwung in Person«, Karin Finkenzeller, fragt: »Was bewegt Patrick Devedjian?«, Frankreichs Antikrisenminister. In diesem Artikel führt sie unter anderem aus:

»Der Posten scheint wie für ihn gemacht. ›Defedjian ist es wichtig, seine Argumente platzieren zu können. Er diskutiert zwar gerne, aber nur, wenn er sicher ist, dass er als Sieger aus der Debatte geht. Wenn er das Gefühl hat, dass sein Gegenüber stärker sein könnte, vermeidet er die Diskussion lieber‹, sagt Jean-Louis Levet vom gewerkschaftsnahen Forschungsinstitut Ines. Fühlt er sich angegriffen, kann Devedjian schneidend werden. […] Als er eine Politikerin der Opposition in einem Gespräch mit Parteifreunden als ›Schlampe‹ bezeichnet und dabei gefilmt wird, muss er sich zwar öffentlich entschuldigen. Als viel größere Unverschämtheit betrachtet er aber die Tatsache, dass das Fernsehteam ihn in einem Moment aufnahm, als er sich unbeobachtet fühlte.

Derzeit aber braucht Devedjian nicht viel Widerspruch zu fürchten. […] Wenig überraschend ist es da auch, dass seine etwa 40 Mitarbeiter im Schnitt Anfang 30 sind und Devedjian sie wie ein Vater behandelt. ›Er hat gerne junge Leute um sich. Wir sind wie eine große Familie‹, sagt seine Bürochefin. […] ›Er wirkt manchmal nach außen etwas unzugänglich und kühl, aber das täuscht. Er merkt sofort, wenn es einem von uns nicht gut geht, und kümmert sich.‹«

Traditionelle Familie: Sie begrenzt und behindert Abweichung und Innovation

Da die familiale Codierung Freiräume markiert, ist für eine Flexibilität über diese Markierungen hinaus nicht gesorgt. Die mehr oder weniger verborgene Botschaft der Metapher lautet folglich: Alles, was dem Konzept der Metapher nicht entspricht, von ihm nicht vorgesehen ist, von ihm abweicht, wird als Störung bewertet, und diese wird beseitigt, indem Regeln und Rituale geltend gemacht werden, die innerhalb der Metapher stecken! Damit ist – auf Unternehmen bezogen – immer schon klar, wer wem gegenüber sich wie zu verhalten hat und was die Aufgaben, Rechte und Pflichten, Verantwortlichkeiten und Befugnisse der Mitglieder des familiären Verbundes sind. Wo dies nicht der Fall ist, werden die impliziten Vorschriften explizit gemacht, etwa in Leitlinien oder Anweisungen für Prozesse, Strukturen, Abläufe, also in organisatorischen Reglements.

Problematisch wird die Metapher für Unternehmen, wenn dem Patron – metaphorisch konsequent – nicht nur die Verantwortung für das Wohl und Wehe der Familie obliegt, die viel zitierte unternehmerische Fürsorgepflicht, sondern ihm ebenfalls die Rolle desjenigen zugeschanzt wird, der »alles am besten weiß«. In dieser Position des Alleswissers, des Trägers an Wissen, versorgt und nährt er das Unternehmen. Mitarbeitende stellen sich darauf ein. Ich verweise hier auf die Theorie X und Theorie Y von Douglas McGregor. Anhand der Grundhaltung »Mitarbeiter sind von Natur aus träge« beziehungsweise »Mitarbeiter sind von Natur aus neugierig« zeigt McGregor einen sich jeweils verstärkenden Kreislauf nach der Logik der Self Fulfilling Prophecy auf. Im Fall »träger Mitarbeiter«: Da der Mitarbeiter träge ist, muss der Chef ständig anweisen, kontrollieren, korrigieren, anweisen. Irgendwann stellt sich der Mitarbeiter darauf ein – arbeitet weniger sorgsam (»Ich werde ja eh kontrolliert und korrigiert!«). Er macht mehr Fehler – die ihrerseits vom Chef verbessert werden und so fort. Ein Kreislauf, in dem der Chef seine Meinung durch sein eigenes Verhalten bestätigt findet.

Dieser Misstrauenskultur setzt die »Theory Y« eine Vertrauenskultur entgegen, die der Überzeugung folgt: Der Mitarbeiter ist grundsätzlich neu- und wissbegierig.« Dieser Attitüde folgt ein Vorgesetztenverhalten, das dem Mitarbeiter Leistung zutraut und darauf vertraut, dass dieser die Arbeit sorgsam macht. Gemeinsam mit dem Mitarbeiter werden Kontrollintervalle festgelegt und vereinbart, welche nächsten Schritte zu mehr Verantwortung der Mitarbeiter gehen möchte. Kurz: Zu- und Vertrauen der Führungsperson mündet in ein Verhalten, das Eigeninitiative und Eigenverantwortung stärkt und Kompetenzen ausbauen hilft, weil es darauf setzt, dass Menschen intrinsisch motiviert sind, gute Leistung zu bringen und zu lernen (vgl. McGregor in: Kennedy 1998, S. 138–142).

Schließlich gilt es noch, die in der Metapher verborgene Verführung zu benennen, das familiale Wir absolut zu begreifen: Wir sind im Innen, die anderen befinden sich im Außen, und im Zweifel gilt das Motto »Wir gegen den Rest der Welt«.

Lassen wir es bei diesen Bemerkungen bewenden. Die Metapher gänzlich auszumalen in ihrem Bezug auf das Verständnis eines Unternehmens wird sinnvoll, wenn Sie mit einem Unternehmen beziehungsweise dessen Repräsentanten konkret arbeiten, weil in dieser Arbeit Schwerpunkte und Ausrichtung definiert werden.

Jede Metapher hat einen »Bedeutungsüberschuss« und eine »Bedeutungsvielfalt«. Keine Metapher bleibt über unterschiedliche Kontexte hinweg mit sich selbst identisch. Die Metapher »Unternehmen als traditionelle Familie« mag in dem einen Zusammenhang als Zielmetapher beschrieben werden, die den Akzent auf Wir-Gefühl und Loyalität legt. In einem anderen Unternehmen zieht Ihr Kunde die gleiche Metapher heran, um das Verantwortungsgefühl zu stärken und eine vor allem emotional fundierte Ethik als »Kitt« zu begründen. Die Metapher wandelt sich inhaltlich, obwohl ihre Form »Unternehmen als traditionelle Familie« gleichbleibt. Der Ausdeutung sprachlicher Bilder werden wir in Station 3 nachgehen. Diejenigen, die es eilig haben, können selbstverständlich schon vorausreisen (s. S. 183 ff.).

Kontextabhängigkeit von Metaphern: eine Metapher – diverse Bedeutungen

Darf ich Ihre Aufmerksamkeit nun auf die zweite metaphorische Darstellung lenken, die das Unternehmen als Familie präsentiert, allerdings in einer völlig veränderten Weise?

Wir sehen ein Mehrgenerationenhaus, in dessen Garten unter leicht bewölktem Himmel Erwachsene unterschiedlichen Alters und beiderlei Geschlechts an einem Biergartentisch sitzen. An den Spielgeräten turnen Kinder etwa zwischen zwei und sieben Jahren an Geräten und im Sandkasten; eine Gruppe 14- oder 15-Jähriger hockt um ein Notebook herum, einige Heranwachsende sitzen und liegen sternförmig und diskutierend auf dem Rasen, abseits der anderen. Kurz: Wir deuten das Bild als Darstellung einer Patchworkfamilie.

Familie als Patchwork Die Metapher der Patchworkfamilie entwirft ein Familienkonzept in einem fast gegenteiligen Sinn zur traditionellen Familie. Ähnlich einer Wohngemeinschaft versteht sich grundsätzlich nichts von selbst, sondern wird Gegenstand von Aus- und Verhandlungsprozessen, die in Vereinbarungen münden. Das ist ein ungeschriebenes Gesetz. Es gilt für diesen Typus allgemein! Zwar können wir einräumen, dass ein gewisses Maß an Hoffnungen, Sehnsüchten und Erwartungen existiert, das das Leben der Patchworkfamilie eint und als tragendes Fundament in den Köpfen und Herzen lebt: die Grundmotivation, die zu dieser Lebensform bewegt. Ihre charakteristische Logik lautet: »Vereinigen von auch einander widersprechenden Wünschen!«

Als besonderes Kennzeichen gilt: Der Anspruch, individuell grundsätzlich frei zu sein, im Sinn von nicht gebunden sein: nicht gebunden an und nicht primär bezogen auf die Erwartungen anderer. Dementsprechend gilt: Jeder ist König seiner/Königin ihrer selbst. Gleichzeitig(!) gilt: Jeder muss bereit sein, auf den oder die anderen so zuzugehen, dass ein gemeinsames Leben möglich ist. Provokant also: Freiheit und Gebundenheit aus (unterschiedlich gefasster) Notwendigkeit. Das Zusammenleben wird konsequent durch einen verhandelten und verhandelbaren Kodex geregelt. Freiheit und Gebundenheit, Regelkontingenz und Regelverpflichtung, Verhandelbarkeit von allem. Diese und damit verwandte, scheinbar paradoxe Anforderungen laufen historisch einher mit emanzipatorischen Bestrebungen sowie dem Bedürfnis, etablierten (klein-)bürgerlichen Obligationen zu entkommen. Diese vermutlich am ehesten emotional eingebettete Bedürftigkeit und Wunschvorstellung nach einer sozusagen harmonischen WG mit allen Freiheiten, die dem Einzelnen möglich sind, ist – metaphorisch gesprochen – zunächst die erste Energie, die Einzelne dazu bringt, sich für diese Lebensart zu entscheiden. Diese Primärenergie konkretisiert sich jedoch nicht von selbst in Regeln, die das Zusammenleben gestalten. Erst in der Auseinandersetzung, im Gespräch, in Verhandlungsprozessen formieren sich die Regeln in der familialen Lebenspraxis.

Daher können wir sagen: Sämtliche Fragen, die das Zusammenleben betreffen, sind klärungsbedürftig. Sicherheit, Zuverlässigkeit, Geborgenheit, vertrauensvolles Miteinander und andere Hoffnungen, Wünsche und Erwartungen an das Gemeinsame sind zu thematisieren, zu sortieren und aufeinander abzustimmen. Das beginnt ganz am Anfang: Was darf ich in diesem Verbund erwarten? Diese quasi selbstreflexive Fragerichtung legt die Basis für alle weiteren Fragen und Verabredungen. Die Patchworkfamilie ist ein sozialer Verbund, der durch das praktische Leben, durch das lebendige Gestalten des Zusammenlebens erst erschaffen wird, und dieser Prozess wird als unendlich verstanden. Jedes Mitglied bietet Bereitschaften (xy tun oder lassen zu wollen) an; offeriert zudem Rollen, die es übernehmen möchte. Diese Klärung wiederum fungiert als eine Verabredung: Rolleninhaber werden Adressaten für ebenfalls vereinbarte Rechte und Pflichten, Empfänger für Erwartungen, die ihrerseits verabredet wurden. Rollen sind hier nicht inhaltlich bereits mit bestimmten Dingen gefüllte, sondern erst noch zu füllende Gefäße. Der Unterschied zur traditionellen Familie besteht also nicht in der Struktur, sondern im Inhalt: Eine Person, die (vielleicht sogar nur an bestimmten Tagen oder zu bestimmten Zeiten) die Mutterrolle für den Rest der Familie übernimmt, muss nicht als Selbstverständlichkeit dieser Rollendefinition auch für alle kochen. Soll das mit der Rolleneinnahme verbunden sein, muss es verabredet werden.

Patchworkfamilie: Alles steht zur Disposition

Diese grundsätzlich geltende Aus- und Verhandlungsbedürftigkeit betrifft – wie erwähnt – sämtliche Bereiche des Zusammenlebens, von prinzipiellen über organisatorische Fragen bis hin zu Leitideen, die angeben, was wie kommuniziert werden darf.

Michel Foucault spricht in diesem Kontext von »Diskurs« (s. auch S. 38): ein sprachliches Thematisieren, das Anleitung dafür gibt, was wie sowie wer und wer wem gegenüber in welchen Kontexten in Worte gekleidet wird. Niklas Luhmann spricht von einem Code, der festlegt, was wie zwischen wem Gegenstand von Kommunikationen werden darf (vgl. zum Beispiel Luhmann 1984, Mahlmann 1992).

Diese internen, meist impliziten Codierungen, diese Freiheiten und Begrenzungen in dem, was in der Kommunikation erwünscht und nicht erwünscht ist, und auch: wie es kommunikativ eingekleidet werden sollte – diese Codierungen finden wir in jeder Gemeinschaft, in jedem System. Wieder ist es nicht die Struktur oder Form, die die Patchworkfamilie von der traditionellen abhebt, sondern die Aushandlungsnotwendigkeit. Prozesse, Inhalte und all das, was das Zusammenleben berührt, sind in der Debatte zu präzisieren und zu vereinbaren. Beispielsweise: Wie soll wer mit wem über Intimes sprechen dürfen oder gar sollen? Welche Themen gelten als tabu zwischen wem?

Patchworkfamilie: Zusammenleben als permanente Verhandlung

Die Mitglieder dieser Familienform konstruieren die Regeln ihrer kommunikativen und sozialen Welt. Während des Erschaffungsprozesses sind die Freiräume am größten. Die Ordnung, die gelten soll, begrenzen sie – qua Vereinbarung. Gleichzeitig gilt das Regelwerk nie als »fertig«. Denn die Mitglieder der Patchworkfamilie sind prinzipiell frei, den Verbund wieder verlassen zu können beziehungsweise weitere Personen einzugemeinden. Außerdem versteht sich die Patchworkfamilie so, dass sie sich Veränderungen in den persönlichen Entwicklungen, Bedürfnissen und anderes mehr elastisch anpasst – und ist somit permanent im Wandel. Also gelten auch während der gelebten Praxis Freiheiten, die das erlauben, was wir gegenwärtig häufig lesen können: Jeder darf jederzeit alles auf den Prüfstand stellen und neu erfinden.

Die typischen Komponenten vermitteln einen Eindruck davon, dass der Aufwand an Kommunikation extrem hoch ausfällt. Und genau hierin liegt eine zentrale Komponente, die das Leben in diesem Verbund labil macht. Ein verunsicherndes Moment verbirgt sich – sozusagen proportional zu den grundsätzlichen Freiräumen – in der Notwendigkeit, alles als verhandelbar zu begreifen. Ganz im Sinn der Kontingenz: Alles kann auch ganz anders sein. Dass dies im Alltag zuweilen wie ein Programm wirkt, das Überforderung, Krisen, Therapiefälle produziert, können wir täglich in Zeitungen, Internetforen und Televisionssendungen mitverfolgen.

Orientiert sich die Metapher der Familie für Organisationen an der privaten Lebensform von Menschen, entnimmt die Metapher des Organismus ihre Inspiration der natürlichen Lebenswelt allgemein: den Organismen.

Organismus

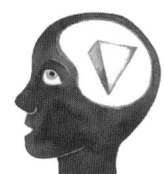

> ### Übung: Spontanreflexion
>
> Wenn ich Sie nach diesem langen Lesen bitten dürfte, zu notieren, was Ihnen spontan einfällt, wenn Sie sich das Unternehmen als Lebewesen vorstellen? Achten Sie dabei auf das, was Ihnen wirklich spontan, also unwillkürlich einfällt, und welche Ideen erst nach einigem Nachdenken durch Ihr Gehirn spazieren. – Lassen Sie sich Zeit.

Metapher: Unternehmen als Organismus

Peer Steinbrück, von 2005 bis 2009 deutscher Finanzminister, wird in der WirtschaftsWoche folgendermaßen zitiert: »Banken seien in der Pflicht, ›das Arteriensystem der deutschen Volkswirtschaft mit Kapital zu versorgen‹« (WirtschaftsWoche 28, 2009, S. 24).

Mit der Metapher »Unternehmen als Organismus« betreten wir ein biologisches Metaphernfeld. Sprachlich äußert sich dies etwa darin, von Zellen, Zellverbänden oder von Organen zu sprechen, die zusammenspielen müssen, und Personen beziehungsweise Gruppen damit zu meinen. Oder es ist die Rede davon, eine Entwicklung im Keim zu ersticken oder – im Gegenteil – eine Idee oder Zusammenarbeit wachsen und reifen zu lassen.

Vielleicht haben sich einige der folgenden Hinweise bei Ihnen assoziativ in den Vordergrund geschoben. Um Wiederholungen zu vermeiden, werde ich in der Kommentierung der Logik des Sowohl-als-auch folgen und naheliegende Chancen sowie Risiken skizzieren: Das Unternehmen als Lebewesen ist in ein ökologisches Umfeld eingebettet, mit dem es in einem permanenten Austausch steht. Idealerweise strebt es ein Gleichgewicht an zwischen Geben und Nehmen. Es durchlebt die Phasen von der Geburt über Wachstum und Entwicklung bis hin zum Tod. Der letztgenannte Aspekt wird meist verdrängt und zu vermeiden versucht.

Das biologische Metaphernfeld als mentales Konzept stellt das Lebewesen in einen Rahmen von Naturprozessen, deren Charakteristikum determinierte und prinzipiell unabänderliche Naturgesetze sind. Sie machen die innere Logik aus, der der Organismus in seiner Entwicklung folgen muss. Es gibt diesbezüglich keine Freiheitsgrade. Flexibilität erfährt der Organismus allerdings in seiner Wechselwirkung mit seiner Umwelt, denn eine permanente Anpassungsleistung ist von ihm gefordert; allerdings erbringt er keine Innovationen, die die Umwelt gestalten.

Gesundheit meint Funktionieren

»Funktionieren« – damit ist die Gesundheit des Organismus beziehungsweise des Unternehmens gemeint. Und dies erfordert und äußert sich in Abgestimmtheit, Koordination und Synchronisation. Inhalte müssen in der Sache (Koordination) und in der Zeit (Synchronisation) transportiert und organisiert werden, und zwar sowohl bezogen auf interne Zustände des Organismus (Selbstorganisation) als auch über den Austausch, die Korrelation, mit der Umwelt (Anpassung, Kontextflexibilität). Es geht um An- und Einpassungsleistungen, die der Organismus vollbringt. Tut er dies, »funktioniert« er »richtig«. Gelingt es ihm nicht, eine interne Homöostase zu schaffen, das heißt: kommt es zu Störungen in einzelnen Abläufen (zum Beispiel arbeitet die Niere nicht mehr, wie sie soll – analog: ein Projektteam ist in Zeitverzug) oder in der Gesamtkondition (wie etwa beim Burnout – analog: das Unternehmen kollabiert, zum Beispiel kommt es zur Insolvenz), wird davon gesprochen, dass der Organismus erkrankt ist. Und eine Erkrankung muss behandelt werden.

Krankheit meint Störung

Bei den Maßnahmen, die das Unternehmen gesunden lassen sollen, ist in der Regel folgerichtig von »Sanierung« die Rede. Die Interventionen in »heilender«

Absicht können kleine therapeutische Eingriffe sein wie etwa einem Projektteam ein Teamcoaching zu genehmigen, damit es sich wieder korrekt einfügen kann. Allerdings können prinzipiell »verdauliche Einschnitte« drastisch ausfallen. »Verdaulich« meint: zwar radikal, aber gleichzeitig mindestens nicht schädigend. Insbesondere die Rede vom »Gesundschrumpfen« kann einzelne »Operationen« meinen, oder die »Amputation« von Abteilungen bedeuten. Diese Sanierungsmaßnahmen verlangen von den Sanierenden ein fundiertes Wissen von dem, was der Organismus notwendigerweise benötigt, um überleben zu können; damit keinesfalls passiert, was häufig ironisch formuliert wird: »Operation gelungen, Patient tot«.

Sanierungsmaßnahmen erfordern ein fundiertes Wissen vom Organismus

Die Organismusmetapher betrachtet das Unternehmen als Lebewesen, in dem jede Einheit (jedes Organ) für sich autonom ist: Das Funktionieren wird jeweils selbst organisiert. Gleichzeitig gilt das Ganze: Es wird so kommuniziert und interagiert, dass das Zusammenspiel mit allen anderen Organen klappt. Der Organismus wird in Begriffen von Selbstorganisation und Selbstregulation verstanden, und dieselbe Logik wird auf seine Elemente, Elementcluster und Beziehungen zwischen ihnen sowie auf Zellen wie Organe transferiert.

Fast jede Einheit ist spezialisiert, es gibt kaum Redundanzen (ein Herz, immerhin zwei Nieren). Nebenbei: Redewendungen wie »auf Herz und Nieren prüfen« oder »auf den Magen schlagen« sind in unseren konventionellen Sprachgebrauch eingegangen. Wir können auch sagen: Die Organismus-Metapher spiegelt sich in unserer sprachlichen Praxis wider.

Die Differenzierung in einzelne Funktionen geht einher mit dem Bewusstsein, dass sich jede Einheit als notwendiger Teil eines Ganzen oder Gesamten begreift und sich in seiner Funktionsweise, kommunikativ und interaktionell, darauf einstellt und seine Leistung dementsprechend erbringt. Was in der Natur wie von selbst funktioniert, gelingt Unternehmen nicht so einfach. Es muss mühsam hergestellt werden. Dieses (Selbst-)Verständnis trägt schweres Gepäck, denn jeder hat seinen Beitrag sowohl zur eigenen »Gesundheit« zu leisten als auch zu der des Gesamten. Das bedeutet, dass jeder auch das Ganze kennen und damit wissen muss, was andere in welcher Weise, in welchem Ausmaß und zu welchem Zeitpunkt brauchen. Es ist wie mit dem Körper: Wenn beispielsweise Wut aufbrandet, reagiert der Körper anders als in Situationen der Freude. Atmungstiefe und Atemfrequenz, Hormonproduktion, Regelung des Blutdrucks, Reaktion der Organe und vieles mehr passen sich der Situation (Wahrnehmung, Deutung) an.

Wird der Metapher »Unternehmen als Organismus« zugestanden, Vorgaben zu machen, wie das Funktionieren (Gesundheit) und das Überleben gesichert

Unternehmen als Organismus: eine anspruchsvolle Metapher

werden sollen, liegen weitere Überlegungen nahe: Alles, was das Unternehmen braucht für seine Gesundheit und Harmonie (via Selbstheilungskräften des Immunsystems oder Abwesenheit gravierender Störungen) sind Führungspersonen, die Träger von Wissen und kompetente Praktiker sind. Naturgesetze (die den Organismus erhalten) und Marktgesetze (Wirtschaft als Facette des gesamten ökologischen Milieus) müssen bekannt sein. Ebenso werden Kenntnisse erwartet über die Befindlichkeit der Mitglieder und Gruppen sowie Maßnahmen, wie diese Mitglieder und Gruppen des Unternehmens (Organe, Organkooperation) gesund und leistungsfähig bleiben. Letzteres verweist zwar primär auf Ernährung in Form von Lebensmitteln. In gegenwärtiger Zeit erweitert sich das Spektrum jedoch auf fachliche und persönliche Weiterbildung, auf seelisch-geistig-körperliches Wohlbefinden, das mittels »Ruheoasen« und anderer Einrichtungen, die der »Wellness« dienen, bis hin zu Interaktions- und Kommunikationsformen »guter Führung«.

Die Metapher »Unternehmen als Organismus« konzipiert das Unternehmen zudem quasi naturwissenschaftlich, indem so getan wird, als ob Gesetzeskenntnis Steuerung ermöglicht. Das Paradigma folgt der Logik: Wir können wissen, was der Organismus für sich und in der Interaktion benötigt, und daher können wir vorsorgen, Sorge tragen und nachsorgen, und wenn trotzdem ein Unfall passiert, dann wissen wir genau, was wir tun müssen.

Oft dient die Metapher dazu, das Unternehmen als Vertrauensorganisation darzustellen, ob faktisch oder normativ. Vertrauen realisiert sich innerhalb dieser Metapher in Zuverlässigkeit: in dem verlässlichen Zusammenspiel aller individuellen und kleinkollektiven Einheiten. Es gibt keine Hierarchie, weil kein Organ oder Verband auf Dauer auf die Zuarbeit der anderen verzichten kann, und es gibt nur wenig Redundanz. Ferner werden Egoismen, sobald sie auf Kosten anderer praktiziert werden, im Keim erstickt, weil – im Sinn der Metaphorik – kein Organ daran interessiert ist, sich hervorzutun oder andere zu dominieren – andernfalls erkrankt der Organismus, das Unternehmen beginnt zu schwanken, es erhält »Schlagseite«.

Schuldzuweisungen werden ebenso unterlassen, weil der Organismus ein Beziehungsphänomen ist: Dominant finden wir ein Denken und Handeln in Wechselbeziehungen, in Regelkreisen, in dezentralen Strukturen und Selbstorganisation sowie in Begriffen von Koordination. Denn nur so kann das Überleben gewährleistet werden. Es geht bei Fehlern, um ein Beispiel der Folgewirkung zu nennen, nicht um Schuldzuweisungen, sondern um die Suche nach gestörten Abläufen innerhalb und zwischen Einheiten. Diese Suche steht im Zeichen der Rekonstruktion, die ihrerseits von dem Anliegen geleitet wird, verstehen, nachvollziehen und daher erklären und also therapeutische Eingriffe entwerfen zu können, die eine Gesundung beziehungsweise das Überleben befördern.

Wird das Überleben des Unternehmens von Umwelt(veränderungen) bedroht, könnte es sein, dass die Kraft seiner Selbstheilungskräfte nicht ausreicht. Das Unternehmen kann vorzugsweise dann in seinen adaptierenden oder assimilierenden Anstrengungen scheitern, wenn keine besonderen Vorkehrungen getroffen wurden, beispielsweise in Form von präventiven Maßnahmen oder von besonderen Eingriffen (»heilende Maßnahmen«), die im Fall der Krise helfen sollen. In dieser Situation werden spezielle Einheiten des Immunsystems gestärkt und losgeschickt: Change Agents, Task Forces und ähnliche Teams werden installiert und mobilisiert.

Zweifellos sensibilisiert die Metapher des Organismus für Erfordernisse in Führung, Kommunikation und Kooperation, die maßgeblich dazu beitragen, das Unternehmen erfolgreich am Markt zu halten. Eher in den Tiefen zellulären Geschehens – und damit nicht direkt sichtbar – sind die massiven Begrenzungen von Freiräumen, Kreativität und Innovation. Wo Naturgesetze walten, bestimmen diese, was möglich ist – und nicht das Lebewesen.

Wenn es Sie interessiert, tiefer in diese Metapher einzusteigen, dann empfehle ich Ihnen das Buch »Metapher, Allegorie, Symbol« (2009) von Gerhard Kurz, besonders ab Seite 28, wo er die Organismus-Metapher politisch deutet und auf die Fabel von Menenius Agrippa verweist.

»Wenn wir über innere Bilder reden, [...] geht [es] um die Selbstbilder, um die Menschenbilder und um die Weltbilder, die wir in unseren Köpfen umhertragen und die unser Denken, Fühlen und Handeln bestimmen ... Von der Beschaffenheit dieser einmal entstandenen inneren Bilder hängt es ab, wie und wofür ein Mensch sein Gehirn benutzt und welche neuronalen und synaptischen Verschaltungen deshalb in seinem Gehirn gebahnt und gefestigt werden.« (Hüther 2009, S. 9)

Gehirn

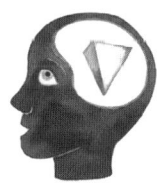

Übung: Kurzreflexion

Notieren Sie bitte, welche Metaphern Ihnen einfallen, die für Sie das darstellen, was Gehirn ist oder bedeutet.

Notieren Sie bitte anschließend, was Sie vom menschlichen Gehirn wissen: Wie ist es aufgebaut? Nach welchen Prinzipien funktioniert es? Was ist besonders typisch?

Schließlich notieren Sie bitte Ihre Geistesblitze zur Metapher »Unternehmen als Gehirn«.

Sie haben sich hoffentlich bereits mit der Übung mental auf die Metapher »Unternehmen als Gehirn« eingestimmt. Diese metaphorische Einkleidung ist zwar bisher noch nicht so geläufig wie die vom Unternehmen als Familie, als Orchester oder als Organismus. Mit zunehmender Rede von Neuroleadership allerdings erobert die Metapher »Unternehmen als Gehirn« im Laufschritt die Bühne des Führungsdiskurses – und der Führung von Unternehmen.

Wenn ich Sie jetzt bitten darf, mir in den einzigen runden Raum der Galerie zu folgen: Er ist mit »Neurowirklichkeiten« bezeichnet. Stück für Stück kommen wir der Metapher »Unternehmen als Gehirn« auf die Spur.

Metapher: Unternehmen als Gehirn

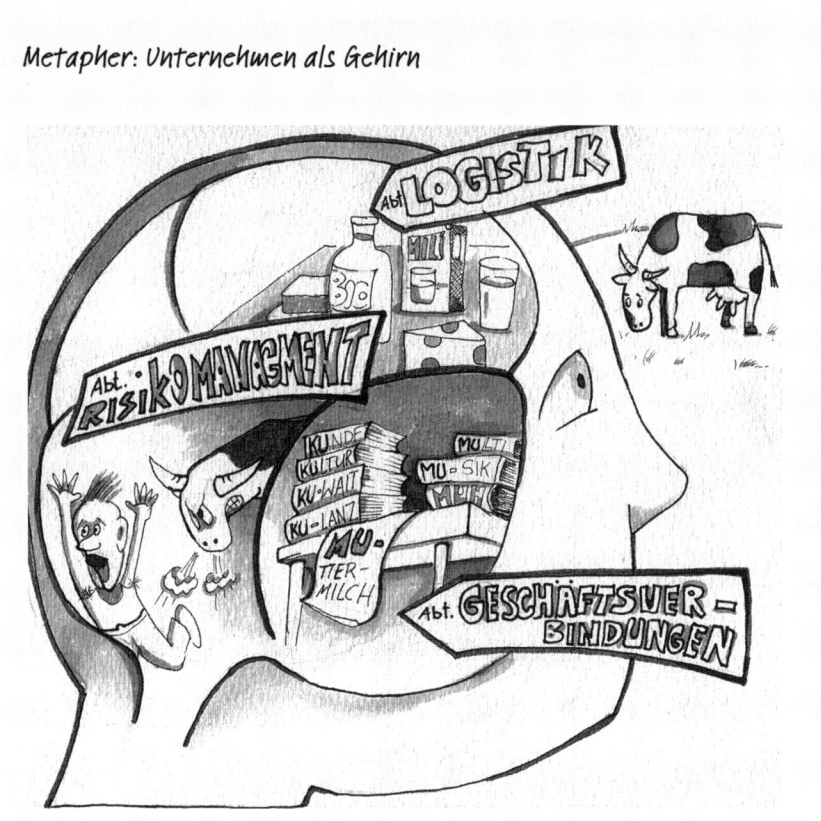

Vielleicht haben Sie als Metapher für das Gehirn notiert: Telegraph, Festplatte, Thesaurus, Computer, Schatztruhe, Blackbox, Netzwerk. Nun, diese Vorstellungen kursieren tatsächlich, wobei die ersten beiden inzwischen einen gewissen antiquarischen Wert genießen, die anderen durchaus populär sind und als Beschreibungen dienen. Die Popularität erklärt sich vor allem aus dem, was die Metaphern spontan oder intuitiv herausstellen.

Die Metapher der Schatztruhe drückt insbesondere Bewunderung und das Rätselhafte oder Geheimnisvolle aus: Wir wissen nicht exakt, was alles drinnen ist. Wir können immer wieder überrascht werden. Die Blackbox stellt inhaltlich das gleiche Moment ins Licht, allerdings in Verbindung mit Ratlosigkeit. Das Netzwerk erweckt die Vorstellung von Verbindungen und beeindruckt durch deren Vielzahl.

Wie sehen Ihre Notizen zu den beiden anderen Punkten aus? Was haben Sie notiert? Lassen Sie uns Ihre Gedanken für alle sichtbar machen. Die Wände in diesem Galerieraum sind magnetisch; Sie finden die Magnetknöpfe verteilt auf den kleinen Tischchen. Vielen Dank. Was also haben wir? Beginnen wir mit dem »Unternehmen als Gehirn«.

Wenn ich meinen Blick so schweifen lasse, erhalte ich die Information, dass Schlüsselbegriffe uns als Anhaltspunkt dafür dienen, was die Metapher »Unternehmen als Gehirn« besonders attraktiv macht:

- dezentrale Struktur, keine Hierarchie,
- Selbstorganisation, Selbstreparatur,
- Lernfähigkeit, Abhängigkeit der Entwicklung (anatomisch, neuropsychologisch, funktional),
- Neuroplastizität, Flexibilität,
- Kommunikation und Kooperation,
- Spiegelneurone,
- das Gehirn kommuniziert chemisch, physikalisch, elektrisch (fachlich: operational geschlossen) und nimmt Anregungen aus der Umwelt auf (fachlich: informationell offen); es steht im wechselseitigen Austausch mit der Außenwelt.
- Informationen verarbeitendes Organ,
- Kommandozentrale im Menschen, Steuerungsinstanz,
- Zusammenspiel von Rationalität und Emotionalität.

Charakteristika des Unternehmens als Gehirn

Angesichts der Fragezeichen, die ich in einigen Gesichtern sehe, scheint es opportun, die nicht selbsterklärenden Schlüsselbegriffe in nachvollziehbare Gedanken zu übersetzen und in den metaphorischen Kontext zu stellen. Dabei deklinieren wir nicht sämtliche Aspekte durch, sondern beschränken uns wieder auf das Offensichtliche. – Andernfalls müssten wir die Metaphorik bis in naturwissenschaftliche Tiefen der Molekularbiologie verfolgen und weiteren wissenschaftlichen Zugängen folgen, etwa Neurobiologie (Neuroanatomie, Neurogenetik und Epigenetik, einschließlich Chunk-DNA); Neurochemie und Neurophysik, Stichwort Transmitter (hormonelle und nichthormonelle Botenstoffe); elektrische und chemische Kommunikationsmodi; Gedächtnis, Lernen und Neuroplastizität, inklusiv Neuropsychologie. – Die Metapher ließe sich in jedem dieser Gebiete bis ins Kleinste ausbuchstabieren.

Gehirn und Organisationen werden verstanden als Systeme, die Informationen generieren, verarbeiten, aufnehmen und weitergeben. Das bestimmende Moment ist die Kommunikation: Das Gehirn wird als kommunikatives Organ bezeichnet (vgl. Welzer 2002; Ratey 2001) – Organisationen ebenfalls. Sie verändern sich. Sie lernen in der permanenten Auseinandersetzung und Wechselwirkung mit der Umwelt, deren Entwicklungen Anpassungsleistungen provozieren, um das Überleben zu sichern (als Mindestanforderung).

Das Funktionieren eines Gehirns (Unternehmens) ist unter bestimmten Bedingungen selbst dann gewährleistet, wenn einzelne Funktionen (Mitglieder) erkranken, ausscheiden, versetzt werden. Das Gehirn leistet dies dadurch, dass es wegfallende Kompetenzen von Zeitfenstern und speziellen Rahmenbedingungen mehr oder weniger kompensiert; ferner dadurch, dass es ein relationales Organ ist. Das bedeutet: Es operiert in Beziehungen, in neuronalen Verknüpfungen und erzeugt auf diese Weise Muster und Strukturen. Diese dienen als Speicher von Erfahrungen und überleben auch dann, wenn einige neuronale Verbindungen gekappt oder lädiert sind. Allerdings darf es sich dabei nicht um für die Funktion wesentliche oder notwendige handeln. Für die Funktion bedeutsame Zellen (Personen) beziehungsweise neuronale Verbindungen oder Netzwerke (Gruppen) müssen vorhanden sein. Ebenso gilt, dass nicht zu viele weniger wichtige Leistungsträger fehlen dürfen.

Gehirn und Unternehmen als soziale Systeme mit Selbstreparaturen und Redundanzen

Neuroplastizität, funktionelle Reorganisation und Modellierung gelingen nicht immer perfekt, aber immerhin so, dass Schlüsselpersonen und deren Leistung im besten Fall kompensiert werden, im Mindestfall in essentiellen Zügen gewährleistet sind. Das Gehirn arbeitet also mit Redundanz! Organisationen benötigen folglich sowohl eine Haltung, die Kontinuitäten einrichtet, als auch Rahmenbedingungen und Ausstattungen, die es ihr ermöglichen, auf unvorhergesehene interne und externe Veränderungen so zu reagieren, dass sie überleben.

In Organisationen finden wir als reorganisierende, flexibilisierende und stabilisierende Momente der Metapher analog flexible Strukturen, institutionalisierte Routinen, Regeln, Abläufe, Projektorganisation, wechselnde personale Zusammensetzungen in Gruppen (Abteilungen oder Teams), Qualifikationsmaßnahmen und neben den Spezialisten auch Generalisten, denen es leicht fällt, sich in ein zwar benachbartes, aber fremdes Gebiet einzuarbeiten. Redundanz wird idealerweise auch dadurch gewährt, dass Abteilungen quantitativ so besetzt sind, dass genügend Personen die anstehenden Aufgaben bearbeiten, um gewünschte Ergebnisse zu erzielen.

Das Gehirn ist ein autopoietisches, ein selbstregulierendes und selbstorganisierendes System, das operationell geschlossen, informationell offen ist. Es schafft sich durch die Operationen und Elemente, aus denen es besteht, immer wieder selbst, indem es diese nutzt. Auf der materiellen Ebene braucht und produziert es neuronale Verknüpfungen, auf der immateriellen Ebene Gedanken, Gefühle, Handlungen. Es lernt ständig in seiner korrelativen Beziehung zu seinem Körper und zu externen Umwelten. Es passt und gleicht sich an, bildet Routinen aus und bringt Innovationen hervor. Das Gehirn kann nicht nicht lernen. Es verändert sich ständig, in jedem Augenblick, ob im Wachen oder im Träumen – vor allem durch Rückkopplungen.

Im Gehirn herrscht ständiges »Geschwätz«. Kommunikative und kooperative Kompetenzen sind weitläufig verteilt und dezentral organisiert. Bisher wurde keine Zentrale, kein Homunkulus entdeckt, wo alles zusammenläuft und von wo aus alles wieder hinausgeschickt wird. Vielmehr sind assoziative Netzwerke über fast alle Areale des Gehirns verteilt, zwar nicht gleichermaßen, sondern mit ihren Einzel-, Teilleistungen, für die Areale speziell kompetent und funktional sind. Bildlich gesprochen: Die selbstorganisierte Koordination und Synchronisation der einzelnen Instrumente (Teilleistungen) erzeugen im Konzert die einzelnen Sinfonien. Die Spezialisierung äußert sich beispielsweise darin, dass einzelne Areale, vor allem in der Großhirnrinde, aktiv sind bei bewussten Vorgängen wie Denken und Sprechen. Gleichzeitig spielen sie zusammen mit anderen, älteren Hirnbereichen, etwa den Basalganglien des Kleinhirns, wo vor allem verinnerlichte Bewegungsabläufe gespeichert sind. Sprechen ist – wie wir später noch feststellen werden – mit motorischen Zentren eng verwoben: Sprechen ist Bewegung. Mit anderen Worten: Für einen Zielakt arbeiten quer über das Gehirn verteilt Einheiten zusammen – und ebenso geschieht dies in Unternehmen.

Dezentralität und Zusammenspiel ermöglichen optimale Leistungen

Insgesamt gilt: Für die »Performance« eines »gesunden« Gehirns ist es unerlässlich, dass das Zusammenspiel neuronaler Netzwerke über Hirnarten (Stamm-, Zwischen-, Kleinhirn, limbisches System, Neocortex) und über weite Entfernungen hinweg funktioniert. Das ist ein sich selbst regulierender Prozess über Rückkopplungen und sich wiederholende Prozesse. Neuronen beziehungsweise Neuronenverbände kommunizieren unaufhörlich miteinander und stimmen ab, was in welchen Beziehungen und Kontexten und zu welchem Zweck sinnvoll ist. Die kommunikative Dichte ist zwangsläufig hochgradig ausgebildet, auch voneinander entfernt liegende Areale oder erregte Assoziationsnetzwerke kommunizieren miteinander, je nach Maßgabe des Ziels. Wenn beispielsweise Menschen Gesichter erkennen, dann kommunizieren Netzwerke miteinander, die in weit auseinanderliegenden Arealen der Großhirnrinde (innerhalb eines Unternehmensbereichs) oder gar über verschiedene Hirnarten (Unternehmensbereiche und Hierarchien hinaus) beheimatet und aktiv sind. Diese breit angelegte Mobilisierung stellt jene Kompetenzen zur Verfügung, die nötig sind, um das Ergebnis – etwa ein Gesicht erkennen – herstellen zu können. Oder: Beim Lesen dieses Textes verarbeiten einige Areale nur Schwarz-Weiß-Kontraste, während andere daraus Buchstaben kombinieren, während wieder andere damit beschäftigt sind, diese Buchstabenkombinationen in Wörter zu übersetzen und deren Sinn oder Bedeutung zu entschlüsseln, die sie mit gespeicherten vergleichen. Denktätigkeit, kognitive Aktivität verteilt sich über das gesamte Gehirn.

Dabei erzeugt jede Kognition ein charakteristisches Muster: das neuronales Korrelat. Das bedeutet: Dem Gedanken wird ein typisches neuronales Feuerwerk, ein Muster zugeordnet, und vice versa: beides korreliert. Was sich in bildgebenden Verfahren (Neuroimaging) zeigen lässt, sind je nach Aufgabe unterschiedlich lebendige, aber doch verteilte Aktivitäten im Gehirn. Mit dieser Korrelatthese lässt sich demonstrieren, dass sich neue Gedanken bilden, indem sie altes Material verwenden. Gedanken oder Gefühle, die einem vorhandenen ähnlich sind, docken an alte, an vorhandene neuronale Verbindungen an, die dieses Muster bereits formen. Es werden also »alte« Netzwerke aktiviert, die den ähnlichen Kern betreffen, und benachbarte oder weitere assoziative Netzwerke, die andernorts lokalisiert sind, –zum Feuern anregen. Um das zu verstehen, hilft es, zu vergegenwärtigen, dass jede Nervenzelle mit bis zu 10.000 anderen verbindbar ist. Jeder Impuls löst komplexe Wechselwirkungen im gesamten Gehirn aus. Axone sind die weiterleitenden »Leitungen«, Dendriten die Reize aufnehmenden »Äderchen« an der Nervenzelle, und Synapsen die verbindenden Elemente, die Schaltstellen. Somit ist es einleuchtend, dass jeder Gedanke, jedes Gefühl mit Vorwissen und Bewertungen verbunden ist, und vieles von dem nutzt, was bereits existiert – auch, um Neues zu generieren.

Die Metaphorik des Gehirns imponiert vor allem durch das, was sie einem an Zumutungen, an Forderungen auferlegt. Mitglieder der Organisation können keinesfalls darauf verzichten, Bereitschaften und Grundhaltungen, Fähigkeiten und Fertigkeiten zu beleuchten, die von ihnen gebraucht werden, um die Stärken der Metapher realisieren zu können. Das betrifft insbesondere das Prozessieren und Kommunizieren in Netzwerken.

Buchtipp: Sehr kompetente Ausführungen zu diesem Themenkomplex finden Sie in dem Buch von Ian Robertson »Das Universum in unserem Gehirn« (2002); eine eher launische, die Gehirn-Metapher offenkundig primär als Vehikel für eigene Botschaften nutzend, können Sie bei Robert Rust »Geist« (2007) nachlesen.

Lassen Sie uns abschließend die Rahmen der Bilder umdrehen und schauen, welche Aspekte sie sichtbar machen, die eher dem weniger Expliziten, dem Weggedrängten, dem Verborgenen, und damit den wenig beziehungsweise nicht bewussten Aspekten der Metapher »Unternehmen als Gehirn« zugehören.

Meistens höre ich die Metapher in euphorischer Tonlage vorgetragen. Es wird geradezu geschwärmt. Insbesondere jene begeistern sich für die Metapher, die sich mehr Spiel- und Freiraum, mehr Selbstbestimmung und elastische Strukturen wünschen. Die Organisation müsse permanente Wandlungsbereitschaft begrüßen und Möglichkeiten anbieten, diese handelnd zeigen zu können. Die viel zitierten Change-Prozesse auf informeller wie auf formeller Ebene, strukturell wie prozedural, sollten beinahe »normal« sein. In diesem Sinn wäre Wandel an der Tagesordnung.

Das Unternehmen als Gehirn und seine Anforderungen an alle Mitglieder

Ein weiterer Gesichtspunkt ist die Abwesenheit eines Kommandozentrums. Diese Abwesenheit stellt allerdings an Wissen und Können, an ethische Ausrichtung, Haltungen und Bereitschaften spezielle Anforderungen, um Selbstorganisation erlauben und gelingen lassen zu können und das zu praktizieren, was gern Vertrauensorganisation genannt wird. Zutrauen und Vertrauen ist in diesem Fall die Basis für die Autonomie von Einzelnen und Kleingruppen. Das bedeutet: Jeder vertraut darauf, dass das Ganze und dessen Wohl in jeder Einzeltätigkeit als leitendes Moment, als Leitstern mitläuft und als Referenz gilt. Das Selbstverständnis als Funktionsträger und Mitglied des Ganzen konfrontiert persönliche Eitelkeit und Eigennützigkeit mit dem Fokus der Verträglichkeit von Eitelkeit, Eigennutz und Uneigennützigkeit im Sinne der Vereinbarkeit von Egoismen (individuelle, der Abteilung, des Bereichs) und Organisationsinteresse. Der Einzelne als Einzelkämpfer (Gleiches gilt für die Gruppe) korrigiert seine Ambitionen zugunsten des Wirkens als integrierter und integrierender Teil innerhalb des Ganzen.

Der nächste Aspekt lautet: Lernen ermöglicht Überleben und Erfolg, ist Bedingung dafür. Lernen benötigt die Erlaubnis und Gelegenheit, sich auf den Lerninhalt konzentrieren zu können. Das erfordert Zeit, Wiederholungen und Austausch beziehungsweise Bewährungsproben. Wenn zudem das Lernen-Lernen als Metafähigkeit gelehrt und eingeübt wird, gewinnt die Organisation eine entscheidende selbstorganisierende Fertigkeit. Lernen-Lernen erzeugt Strategien des Lernens, die das Gehirn im Verlauf von Sozialisation und Kulturisation ausbildet. Unternehmen sollten dementsprechend diese Metakompetenz kultivieren. In diesem Fall bieten sie nicht nur entlang des operativen Geschehens und seiner Notwendigkeiten Lehr- und Lernoptionen, sondern darüber hinaus bezogen auf die Frage, welche Muster und Strategien benötigt werden, um etwas wahrscheinlicher zu machen als etwas anderes. Auch der

*Lernkultur,
Selbstorganisation
und Ethos*

Buchtipps: Literatur
zur Problematik dieses
Aspektes der Netzwerkor-
ganisation finden
Sie zum Beispiel bei:
Flämig 1998, Grotlüschen
2004, Kadritzke 1999 so-
wie Wolf 2000 und 2003.

Begriff Lernkultur ist ein viel zitierter. Doch statt blühender Lernlandschaften betreten wir häufig bestenfalls eine Steppe.

Redundanz, Kompensation, Plastizität in Bezug auf Reorganisation sind für das Gehirn wesentliche Fähigkeiten, um sein Funktionieren, Lernen und Entwickeln zu gewährleisten. Organisationen tun sich in der Regel schwer, Generalismus zu fördern, mehr Personen zu beschäftigen als unbedingt nötig, um das Geschäft am Laufen zu halten. Und wenn Personen oder Projektteams parallel (meist: ohne es zu wissen) an ein und derselben Aufgabe arbeiten, dann ist das eher selektionsorientiert motiviert.

Schließlich sei die Dezentralität der kommunizierenden Netzwerke erwähnt. Sie hebt die Absenz von Hierarchie im Sinn fester Strukturen und Abläufe in der Kommunikation hervor. Entscheidend ist das Zusammenspiel, nicht der Auftritt von Einzelnen. Wollten Führungspersonen von Unternehmen Ernst machen mit der Metapher des Gehirns, müssten sie unter anderem Freiräume in bis dato außergewöhnlicher Weise gewähren. Die Leitenden bräuchten den Mut, grundsätzlich allen kompetenten Mitarbeitenden aller Ebenen zu erlauben, nach eigener Einschätzung des Kontextes und des Ziels zu handeln: selbst Ressourcen aller Art zu organisieren, Prozesse zu regulieren und zu synchronisieren.

In besonderer Weise wird die Logik des Netzwerks, nämlich die Abwesenheit strukturell verankerter Hierarchie und Prozessstandardisierungen, problematisiert. Das Momentum der Selbstorganisation und Selbstregulation sowie distribuierter Macht(ausübung) steht im Widerspruch zu formaler Rangfolge und damit zentralisierter Macht(ausübung). Vereinfacht lautet eine der leitenden Fragen: Wie können Menschen die Netzwerkorganisation so praktizieren, dass Verantwortlichkeiten zuschreibbar und Ziele innerhalb definierter Rahmenbedingungen erreichbar sind? Insbesondere Metaphern aus Mannschaftssportarten wie beispielsweise Fußball, Handball und Volleyball werden für diesen Aspekt der Dezentralität, der eigenständigen Koordination und Synchronisation angeführt – und haben mit ähnlichen Schwierigkeiten in der Übersetzung zu ringen wie die Metapher Gehirn.

Nach diesen Überlegungen gönnen Sie sich eine Pause. Lassen Sie uns einen Spaziergang machen. Auf dem Weg zu Station 2 können Sie sich inspirieren lassen von Ihren eigenen Gedanken und Bildern. Und vielleicht möchten Sie mit anderen die eine oder andere Assoziation der bisher behandelten Metaphern vertieft diskutieren. – Falls einige unter Ihnen im Anschluss an die Einstimmung sofort praktische Beispiele deklinieren möchten, können Sie gern wahlweise den Heißluftballon oder den Helikopter nehmen und gleich dorthin fliegen (s. S. 183 ff.).

Station 2: Einsichten

Verständnisweisen, Funktionen und theoretische Konzepte

Willkommen bei Station 2

Die Veranstalter hatten gehofft, dass die Wettergottheiten es gut mit uns meinen. Ihre Hoffnung ist erfüllt, und so können wir die Vorträge zu den einzelnen Themen draußen hören. Sie finden an verschiedenen Orten statt, etwa am Flüsschen, dem wir gerade entgegengehen; andere finden unter einer Baumgruppe in etwa 300 Meter Entfernung statt; wieder andere sind an den See und an den Schilfrohrgürtel verlegt. Wenn Sie gern Ihre persönliche Reihenfolge wählen möchten, dann orientieren Sie sich am besten an den auf den Rasenflächen stehenden Tafeln. Dort können Sie sich darüber informieren, wann wo welcher Vortrag gehalten wird. Ich wünsche Ihnen viele Entdeckungen und viel Vergnügen!

Folgen Sie Ihrer Neugier

Diejenigen, die mit mir den Parcours beginnen, darf ich bitten, mir zu folgen. Wir lauschen dem Vortrag, der am See gehalten wird. Dort können wir uns auf unterschiedlichen Sitz- und Liegemöbeln niederlassen.

Forschungsfelder: sprachliche Bilder – bildliche Sprache

Welcher Referent, der einen Impulsvortrag gehalten hat, würde nicht gern in der Pressemitteilung lesen, was von Popgruppen nach Konzerten geschrieben steht: »Das Publikum tobte und der Beifall toste«? Oder aber gegenteilig: Denken Sie doch bitte einmal kurz nach: Welche Worte, Sätze, Wendungen formulieren Sie, wenn Sie bildlich beschreiben, wie Sie sich fühlen oder was Sie am liebsten in einer Situation tun, wenn Sie sich langweilen?

> Sind Sie schon einmal in Gedanken »mit den Wolken auf Reise« gegangen?
> Kennen Sie Situationen, in denen Sie schon einmal »wutentbrannt davonstürmen wollten«?
> Sagen Sie, wenn Sie im Internet arbeiten, Sie »surfen gerade im Netz«, sogar, wie in der Werbung, »in der großen weiten Welt« herum?
> Und heißen Sie Gäste nicht gern »herzlich willkommen«?

Mit Worten Bilder oder Bildhaftes zu erzeugen wird sprachwissenschaftlich der bildlichen Sprache oder den sprachlichen Bildern zugeordnet. Das visuelle Moment wird hervorgehoben. Dies gilt seit der Antike. Bildsprache veranschaulicht die metaphorische Ausdrucksweise im Sinn des »vor Augen führen« oder »zur Anschauung bringen«. Metaphern und andere Tropen (s. Infokasten auf der nächsten Seite) werden dem Überbegriff der sprachlichen Bilder zugeschrieben.

Der Begriff der sprachlichen Bilder betont die mentale Wirkung tropischer Redeweisen. In ihnen wird ein Ausdruck mit der »eigentlichen Bedeutung« in einen anderen Zusammenhang, an einen anderen Ort transportiert. Dort wird er »uneigentlich«, da er metaphorisch gemeint ist. Diese Wandlung von eigentlich zu uneigentlich erfolgt aufgrund eines Vorgangs, der als »Übertragung« bezeichnet wird. Sie sehen, metaphorisches Reden und Schreiben zu erklären, bedient sich selbst metaphorischer Sprechweise. Denn selbstverständlich tragen wir ein Wort oder einen Sachverhalt nicht physisch mit den Händen oder in einer Tasche herum.

Metaphern kreieren neue Bedeutungen durch Übertragung

Tropen

Eine Trope oder ein Tropus (griechisch: trópos: Wendung) ist ein sprachlicher Ausdruck, der die tradierte, konventionelle, übliche Bedeutung eines Wortes oder Sachverhalts in einen anderen, unvertrauten, fremden Vorstellungsbereich und Zusammenhang überträgt. Tropen werden vor allem auf dem Terrain der Rhetorik gefunden, da sie vornehmlich dazu eingesetzt werden, das Publikum zu beeindrucken, von etwas zu überzeugen, etwas verständlich, nachvollziehbar darzustellen.

Der Überbegriff »sprachliche Bilder« beziehungsweise »bildliche Rede« beherbergt Spezialitäten wie die Metapher, Allegorie und Personifikation, Vergleich und Analogie, Metonymie und Synekdoche, Gleichnisse und Parabeln. Manche Autoren zählen auch das Emblem und das Symbol hinzu, obwohl sie im Unterschied zu den anderen sozusagen materialisierte Metaphern sind.

Weitläufig wird die Metapher als Synonym für bildliche Sprache genommen. Daher verweilen wir auf unserer Reise bei ihr am längsten. Zusätzlich, aufgrund der engen Verwandtschaft, werden wir Kurzvorträge hören zu Allegorie und Personifikation und nutzen für das nähere Verständnis prägnante Inputs zu Vergleich und Analogie.

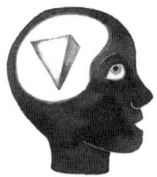

Übung: Spontanreflexion

Stellen Sie sich vor, Sie benutzten den Begriff Metapher in einem Training und ein Teilnehmer würde Sie fragen, was das genau sei. Was würden Sie antworten? Was würden Sie als Charakteristikum einer Metapher bezeichnen? Machen Sie sich gern einige Notizen.

Sprachliche Bilder veranschaulichen

Der Terminus »Bild« beleuchtet unsere kognitive Fähigkeit, imaginieren, uns etwas vorstellen, etwas zur Anschauung bringen zu können. Es unterstreicht unseren visuellen Sinn und die visuelle Wahrnehmung. Gleichzeitig besteht Einigkeit darüber, dass auch die anderen Sinne beim Imaginieren eine Rolle spielen und in beraterischen Interventionen ein besonderes Gewicht erhalten und außerordentliche Wirkmacht entfalten können. Imaginieren meint nämlich nicht nur Sehen, sondern geht über das Sehen hinaus und aktiviert durchaus auditive, kinästhetische, olfaktorische Empfindungen. Das bedeutet: Sie färben die Imagination mit, verleihen ihr Atmosphäre, Stimmung, Melodie bis hin zu Düften. Denken Sie beispielsweise an das Konzept des Neurolinguistischen Programmierens, das vielfach eingesetzt wird, sei es in beraterisch-therapeutischen Kontexten, sei es in Marketing und Verkauf (etwa Reiter 2008).

Noch bevor Neurowissenschaftler diese Erkenntnis von der Interaktion verschiedener Sinne zu einer Wahrnehmung und Imagination sowie ihrer Auswirkungen auf unser Befinden bis hin zum Handeln bekannt gemacht haben, ermuntert das Konzept die Anwender dazu, mit Imaginationen so zu arbeiten, dass das Vorgestellte lebendig wird – erzeugt mit allen Sinnen und erfassbar. Diese vielsinnige Lebendigkeit gaukelt unserem Gehirn im Übrigen ein Als-Ob vor: Imaginieren wir multisensorisch, erleben wir das, was wir uns vorstellen, und unser Gehirn nimmt es für Realität. Daraus bezieht die Imagination den Hauptanteil ihrer Wirkmacht.

Metaphern entstehen aus Interaktion

Ein Beispiel dafür ist die Hypnotherapie, klassischerweise nach Milton Erickson, der Imaginationen auch in Form von Geschichten einsetzte. Er trat als Erzähler eines Handlungszusammenhangs auf, der dem Klienten sehr vertraut war, sodass sich dieser in die Erzählung hineinbegeben konnte. Auf diese Weise eignete er sich die allegorische Erzählung an.

Doch so einleuchtend und unbestreitbar diese Effekte für Praktiker sind – Wissenschaft und Forschung wollen es präziser wissen. Und wir ebenfalls. Denn: Sprachbilder und Metaphern sind keine Erzählungen oder Geschichten (ein Missverständnis, dem beispielsweise Alexa Mohl aufsitzt (2007), deren »Metaphern« Geschichten, Anekdoten, kleine Erzählungen oder Märchen sind). Sie sind auch keine Imaginationen, wie ich sie eben beschrieben habe. Übereinstimmung besteht darin, dass sprachliche Bilder veranschaulichen und nicht auf Denken und Sprache beschränkt sind. Tropen, vor allem die Metapher – so die Auffassung – entstehen vielmehr aus oder in der Interaktion von Sprache und Denken. Damit es dazu kommt, bedarf es weiterer Bedingungen und Faktoren. Zu ihnen werden gezählt: Leiblichkeit beziehungsweise unsere Körperwahrnehmung, materielle, soziale und kulturelle Umwelten sowie der Austausch zwischen diesen Dimensionen.

Kurz, was Ihnen, werte dem Vortrag Lauschende, vielleicht trivial vorkommen mag, ist unter Metaphernforschern das vorläufige Resultat, dem noch viel Rätselhaftes anhaftet, nämlich: Dank unserer anthropologischen Grundausstattung, Leib und Emotion, Geist oder Intellekt, Sprache und Denken, prägen wir und werden wir geprägt im ständigen wechselseitigen Austauschprozess mit unseren Umwelten. Wir schaffen unsere Wirklichkeit, mit der wir – reflexiv – auf die Wirklichkeit einwirken. Wortsprache allgemein, bildliche Ausdrucksweisen im Besonderen, helfen uns dabei, uns zu orientieren, weil sie eine für Menschen entscheidende Weise darstellen, Bedeutung und Sinn zu verleihen, zu erkennen, zu leben. George Lakoff und Mark Johnson, die Pioniere in der Forschung um Alltagsmetaphern, haben deshalb ihr Buch »Metaphors we live by« (Ersterscheinung 1980; in deutscher Übersetzung: »Leben in Metaphern«) genannt, also Metaphern, nach und in denen wir leben. Darauf werde ich im Verlauf der folgenden Ausführungen immer wieder zurückkommen.

Wer sich für theoretische Dimensionen der Metapher eingehender interessiert und neugierig ist, was es denn bei diesem Sprachbild alles zu erforschen gibt, sei herzlich zu dem folgenden Streifzug eingeladen.

Exkurs: Streifzug für Neugierige

Diejenigen unter Ihnen, die sich von den Strudeln beeindrucken lassen möchten, die unterhalb der glatten Oberfläche des Seewassers einen beachtlichen Sog entfalten, biete ich gerne einen Abstecher zu der Stelle im See an, wo die meisten Strudel sind. Wenn Sie mir dorthin folgen, dann, weil es Sie nach mehr Theorie, nach vertiefenden und differenzierenden Gedankengängen dürstet.

Zu meiner Freude haben wir die Gelegenheit, uns ein Boot auszuleihen, um zu den Strudeln zu paddeln. Diejenigen, die keine Lust haben mitzukommen, können gerne hierbleiben – ein Kollege führt den Hauptstrang des Vortrags in wenigen Minuten weiter (s. S. 83).

Die Sogwirkung des Strudels nimmt uns mit in die Tiefen der Metapher. Lassen Sie uns einige Erkenntnisse und weiterführende Fragen formulieren – als intellektuelles Vergnügen, das sowohl Wissen vermittelt als auch Assoziationen entzündet, das Wissenschaftliches mit Spekulativem verbindet und einen Faden weiterspinnt, der die Wirkmacht von bildlicher Sprache fokussiert.

Die Metapher, das haben Sie bereits erfahren, gilt als prototypische, als paradigmatische Figur, der ein spezifischer Prozess, nämlich der der Übertragung, zu eigen ist. Übertragen werden Worte, Begriffe und Bedeutungsfelder. Seit der griechischen Antike gehören Metaphern zu den Tropen. Ein Tropus (s. auch S. 78) bezeichnet eine Kategorie für eine sprachliche Einkleidung, die Bildliches transportiert beziehungsweise erzeugt. Tropisches Reden nimmt einen Begriff aus seinem üblichen Bedeutungskontext heraus und trägt ihn an einen anderen Ort, in einen neuen Zusammenhang. Die »eigentliche« Bedeutung des Begriffs wandelt sich so zu einer »uneigentlichen«, der metaphorischen Bedeutung, die sich in einem konkreten Ausdruck offenbart.

An diesen Vorgang (sic!) der Übertragung stellen Sprachwissenschaftler die Frage: In welchen Stadien des Prozesses wird diese »Uneigentlichkeit«, also das durch Übertragung erzeugte metaphorische Moment, vorbereitet und schließlich geboren?

Lassen Sie mich das am Beispiel »freudestrahlend« verdeutlichen. Folgende Stadien der Übertragung werden diskutiert:

- *Die rein kognitive Verarbeitung:* Wir stellen uns vorsprachlich, ohne Sprache im Denken zu benutzen, das Gefühl Freude als Strahlen (der Sonne) vor. – Kritisch sei angemerkt: Ein Gefühl fühlen wir, wir stellen es uns in der Regel nicht vor.
- *Die kognitiv-sprachliche Verarbeitung von Vorstellungen:* Wir stellen uns das Gefühl Freude als Strahlen mithilfe sprachlicher Strukturen vor. Angemerkt sei hier: Gefühle fühlen wir – und in dem Moment, in dem wir das Fühlen bemerken, erkennen und sprachlich formulieren, wird das Gefühl existent. Es wird verknüpft mit der Vorstellung der Strahlen.
- *Die Geburt des »Uneigentlichen«:* Damit erscheint der Ausdruck »freude-strahlend« als Resultat kognitiv-sprachlicher Verarbeitung. Wir stellen uns das Gefühl vor (fühlen Freude), bezeichnen es als Freude oder freudig und ersetzen es dann durch das Wort freudestrahlend.

Zwar sind weitere Stadien denkbar, aber wir belassen es bei den genannten, weil diese Analyse bereits offenbart, worin Metapherntheorien und das wissenschaftliche Einkreisen bildlicher Sprache ein bis dato ungelöstes Rätsel sehen. Es wird interdisziplinär weiter daran geknobelt. Wenn Übertragung als ein kognitiv-sprachlicher Prozess konzipiert ist – und viele Indizien sprechen dafür –, wird damit ein enger, ein notwendiger Zusammenhang hergestellt zwischen Denken und Erkennen und sprachlichem Ausdruck.

Das lädt uns ein zu Spekulationen, die auch in wissenschaftlichen Kreisen häufig angeboten werden: Ist dieser Zusammenhang notwendig? Besteht ein Junktim zwischen Denken, Erkennen, sprachlichem Ausdruck? Können Menschen auch unabhängig von Wortsprache denken? Und wenn ja: Wodurch verwandelt sich dann diese wortsprachunabhängige »mentale« Sprache in verbale? Können wir Bilder, Töne, Zahlen im Geist generieren und deuten, ohne dass wir auf sprachliche Strukturen zurückgreifen? Oder setzt das Deuten und Verstehen von Bildern sprachliche Strukturen voraus, weil Denken und Deuten Sprache voraussetzt? Dies mit der Folge, dass wir überhaupt sehen, erkennen können, dass wir Bilder vor uns haben? Was befähigt uns, konkret Vorstellungen als solche zu erkennen? Genügen die Grundkategorien oder prinzipiellen Fähigkeiten eines Aristoteles, eines Immanuel Kant oder der Gestalttheorie und die Beiträge zu erkenntnistheoretischen Fragen aus anderen Disziplinen? Benötigen wir Sprache als Medium oder Mittel (Ver-Mittler), das uns erlaubt, basale Kategorien wie Form/Materie/Inhalt, Form/Hintergrund/Kontrast, Bewegung anwenden zu können? Es gibt – aus den Neurowissenschaften kommend – Hinweise darauf, dass Menschen mit mentalen Modellen, räumlichem, aber nichtvisuellem Denken Abstraktes erfassen. Diese mentalen Modelle wirken nonsprachlich und nonvisuell und ermöglichen es uns beispielsweise, Schlüsse zu ziehen.

Diese Fragen scheinen ähnlich wie die Vorträge zu Metapherntheorien von rein akademischem Interesse. Doch werden Sie in ihnen wahre Schätze erkennen, wenn wir mit Metaphern arbeiten. Erste Hinweise gibt es, wenn wir der Frage nach der Nützlichkeit für die Praxis am Ende dieser Vortragsreihe nachgehen.

Sehen Sie das Gekräusel, diese feinen, rillenartigen Wellen da hinten? Nun, das wird erzeugt von der Frage nach den kognitiven Implikationen des Bildbegriffs: Wie wird bildliche Sprache produziert und verarbeitet? Auch wenn Sie in den Vorträgen zu Metapher-Theorien dazu noch mehr hören werden, lassen Sie uns hinpaddeln und nachschauen, welche Hinweise auf Antworten wir finden.

Grundsätzlich wird angenommen, dass ein visuelles Denken beteiligt ist. Das ist, werden Sie müde abwinken, nicht eben überraschend. Vielleicht können Sie ein wenig staunen, wenn wir etwas tiefer blicken.

Etwas differenzierter wird diskutiert, dass unterschiedliche, einander ergänzende Denkformen realisiert werden: Metaphorische Sprache aktiviert unter anderem verbalassoziative und imaginative Prozesse im Gehirn. Neurowissenschaftliche Erkenntnisse stützen diese Annahme. Bildgebende Verfahren, Studien, Experimente, Arbeit mit Patienten zeigen, dass Metaphern in zahlreichen Arealen in beiden Hemisphären der Großhirnrinde Teilareale aktivieren. Aber es gibt bestimmte Metaphern, die vornehmlich in der linken Hirnhälfte verarbeitet werden. Die breite Verteilung der Aktivierung in sensomotorischen Feldern wird damit erklärt, dass Sprache sowohl eine motorische Handlung (Sprechen) als auch eine auditive Handlung (Hören) und zudem eine visuelle Handlung ist (Lesen). Sprachregionen sind über beide Hemisphären des Neocortex verteilt. Linke und rechte Hirnhälfte mit ihren verschiedenen Schwerpunkten in Sprachverstehen und Sprachproduktion sind durch ein Nervenfaserbündel, den Balken, verbunden und kommunizieren miteinander, sodass Assoziationsfelder in den sensomotorischen Arealen zusammenwirken. Entdeckt wurde zudem, dass die seitliche Rinde des Kleinhirns eine große Rolle für Semantik und Bedeutung spielt. Bezogen auf die bildliche Sprache bedeutet dies: Hirnforscher können zeigen, dass die beiden Hirnhälften unterschiedlich beansprucht werden, wenn es darum geht, Metaphern zu erkennen und zu produzieren – je nach Bekanntheit und Art der Metapher. Metaphern, die in unser alltägliches Lexikon eingegangen sind, wie zum Beispiel »Motorhaube«, und Metaphern, die als konventionell bezeichnet werden, zum Beispiel »auf den Weg bringen«, sind so vertraut, dass sie oft in ihrer Metaphorik nicht mehr bewusst registriert werden. Sie aktivieren vornehmlich die linke Hemisphäre, während neuartige, kreative, innovative, poetische Metaphern eine komplexere Verarbeitung in Gang setzen. Sie sind nicht vertraut, stimulieren daher mehr Areale in beiden Hemisphären. Es ist aufwendiger, sie zu produzieren und zu verstehen, weil sie ein Überraschungsmoment in sich tragen: Wir müssen überlegen oder benötigen Zeit, uns das Bild vor Augen zu führen.

Durch die notwendige Kooperation der zwei Hirnhälften ist erwiesen, dass Metaphern kein rein kognitives Phänomen sind, sondern eines, das in der Kommunikation, in der Interaktion zwischen sprachlichem und bildlichem Denken hergestellt wird. Daher kann eine Metapher, wie Karin Kohl (2007, S. 59) es nennt, als »Erscheinung des Übergangs« konzipiert werden. Auch wenn Fragen offenbleiben: Die Bedeutung einer Metapher erschließen wir als ein Zusammenspiel von Bild und Wort. Und angesichts des Umstandes, dass in jedem Denken auch emotionale Zentren mitwirken, können wir hinzufügen: Wir erschließen Metaphern rational und emotional. Das betonten übrigens bereits George Lakoff und Mark Johnson in der ersten Auflage ihres Grundlagenwerks »Leben in Metaphern: Konstruktion und Gebrauch von Sprachbildern« (1998, 6. Auflage 2008), ganz ohne Hinweis auf neurowissenschaftliche Erkenntnisse.

George Lakoff und Mark Johnson führen in ihrem erfahrungsbasierten Ansatz anhand zahlreicher Beispiele aus, inwiefern Metaphern unmittelbar im Menschen wurzeln und ihm entspringen. Der Tenor ihrer Erörterung ist nach wie vor gültig, auch wenn es inzwischen weiterführende theoretische Überlegungen und Kontroversen im Hinblick auf Metaphern gibt.

- Metaphern nehmen ihren Ausgang in unserem leiblichen Erleben, in der Körperwahrnehmung. Das offenbaren Redewendungen wie: »Ich bin oben auf« in der Bedeutung von: »Ich fühle mich gut«. Denn wer sich gut fühlt, steht, geht und hält den Körper gerade. Entsprechend gilt das Gleiche für das Gegenteil: »Ich fühle mich niedergedrückt« oder »Ich bin total am Boden zerstört« in der Bedeutung des Sich-schlecht-Fühlens. Wer sich niedergedrückt, schlecht, traurig, gar krank fühlt, liegt gekrümmt oder hält den Körper gebeugt.
- Zahlreiche Metaphern sind Übergänge vom Physischen beziehungsweise Konkreten zum Abstrakten und vom Bekannten zum Unbekannten. Bei-

spielsweise können wir Komplexität metaphorisch konkretisieren, indem wir auf ein Fußballspiel verweisen. Die Dynamik, Wechselwirkungen und Unvorhersehbarkeiten der Spielzüge und des Ergebnisses eignen sich dazu, wesentliche Kategorien, die Komplexität beschreiben, anhand des Fußballspiels zu illustrieren.

Buchtipp: Helmut Fuchs und Andreas Huber haben ihr Buch »Metaphoring« (2002) diesem Thema gewidmet: inwiefern und wodurch Metaphern dabei helfen, Komplexität besser zu verstehen und mit ihr umzugehen.

Metaphern versorgen ungreifbare(!), unvertraute Zusammenhänge mit bekannten Strukturen, Inhalten und haben – wegen ihrer Anschaulichkeit – eine konkretisierende, Bekanntheit herstellende und Verstehen ermöglichende Funktion.

Metaphern spielen in der Wissenschaft eine ebenso bedeutende wie kontrovers diskutierte Rolle. Sie wirken dort theoriekonstitutiv, das heißt, sie spielen eine entscheidende Rolle dabei, welche Theorie wie gedacht, konzipiert und formuliert wird. Ähnlich wie Paradigmen bahnen Metaphern hier die Möglichkeiten und Begrenzungen dessen, was theoretisch eingefangen und wie gedacht werden kann. Und genau diese Stärke der »blitzschnellen« Veranschaulichung ist es, die das praktische Arbeiten mit Metaphern in Kontexten, in denen eine Veränderung angestrebt wird, so wertvoll macht. (Deshalb wird auch im Abschlussvortrag dieser Station die Frage nach der Nützlichkeit gestellt, s. S. 167 ff.)

Literaturtipps: In seinem Buch »Schiffbruch mit Zuschauer« (1993) nimmt uns der Philosoph Hans Blumenberg mit auf eine Reise. Diese Reise ist die Seereise oder Seefahrt und metaphorisiert den Lebensweg. In der Abhandlung malt der Autor die Metapher aus und zeigt uns so (unter anderem), welche Implikationen mit der Metapher »Leben als Seefahrt« verflochten sind. Seine 2005 erschienene Schrift »Paradigmen zu einer Metaphorologie« ist eine genuin philosophische in dem Sinn, als sie versucht, eine für die Selbstvergewisserung der Philosophie relevanate Typologie von Metapherngeschichten anhand exemplarischer Metaphern zu erarbeiten, etwa der der »Wahrscheinlichkeit«.

Katrin Kohl erkundet in ihrem Buch »Metapher« (2007), was wir unter Metapher verstehen. Sie skizziert bedeutsame Theorieströmungen von Metapherntheorien, und zwar anhand von Prozessen zwischen Kognition und Sprache, die metaphorisches Reden erst ermöglichen. Zudem zeichnet sie erste Säulen einer ganzheitlichen Metapherntheorie.

Gerhard Kurz widmet sich in seinem Buch »Metapher, Allegorie, Symbol« (2009) eben diesen Formen der sprachlichen und dinglichen Bilder. Seine Ausführungen faszinieren insbesondere durch die zahlreichen Beispiele, die vor allem anderen der Literatur entnommen sind.

George Lakoff und Mark Johnson gelten als Pioniere der aktuellen Metaphernforschung. In ihrem 2008 in sechster Auflage erschienenen Buch »Leben in Metaphern« legen sie den Grundstein für die vorzugsweise sprach- und kognitionswissenschaftliche Auseinandersetzung um die Metapher. Ihre Leistung besteht unter anderem darin zu demonstrieren, wie alltagssprachliche Metaphern unser gesamtes Sein, unser Leben und Zusammenleben durchziehen und die Art zu denken, zu fühlen, zu reden, zu handeln und zu interagieren, prägen oder gar bestimmen.

Im 1998 erschienenen »Wörterbuch der philosophischen Begriffe«, herausgegeben von Arnim Regenbogen und Uwe Meyer, werden philosophisch interessierte Leser fündig.

Sprachbilder: Metapher, Allegorie, Personifikation und Verwandtes

Vielen Dank jenen, die den Exkurs begleitet haben. Der folgende Abschnitt mag nun wieder alle Mitreisenden interessieren. Denn in diesem Teil des Vortrags mache ich Sie bekannt mit unterschiedlichen sprachlichen Bildern. Wie Sie wissen, behandeln wir die Metapher als Prototyp für die bildliche Rede (das Schreiben ist stets mitgedacht), sodass die Begegnung mit ihr am längsten ausfällt. Eher mit flotten Schritten als in Form eines gemächlichen Spaziergangs können Sie sich Kurzvorträge zu Allegorie, Personifikation, Vergleich und Analogie aussuchen und anhören. Vergessen Sie aber die Pausen nicht! Setzen Sie sich zwischendurch auf eine Parkbank oder an das Ufer des Sees und denken Sie in Ruhe über die Ausführungen nach. Vielleicht können Sie sich auch überlegen, wie und was Sie in Ihrem Beruf einsetzen können. Am besten machen Sie sich Notizen in Ihr Reisetagebuch.

Metaphern: Arten, Verständnisweisen und Funktionen

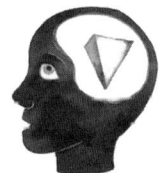

Übung: Alltagsgegenwart von Metaphern

Gleich werden Kolleginnen und Kollegen Zeitungen, Illustrierte, Fachmagazine, politische Hefte, Bücher, Lifestylezeitschriften auf dem Rasen verteilen. Meine Bitte an Sie lautet: Nehmen Sie Texte aus diesen Quellen und »scannen« Sie sie so, dass Sie möglichst viele Metaphern entdecken.

Wenn Sie um sich schauen, sehen Sie, dass wir kleine Inseln installiert haben, auf denen Sie die Möglichkeit haben, Hörbüchern zu lauschen. Sie finden Fachliches und Literarisches. Wählen Sie einfach das aus, was Sie gerade interessiert: Achten Sie beim Gehörten bitte auf metaphorische Sprache.
Falls Sie ein fotografisches Gedächtnis haben und Ihr Bücherregal vor sich sehen können, lassen Sie Ihren Blick darüberschweifen – Sie werden sicherlich einige metaphorische Titel entdecken.

Sie können sich natürlich auch Ihre eigenen Texte vornehmen und in diesen nach Sprachbildern suchen.

Einige kleine Kostproben zur Allgegenwärtigkeit von Metaphern finden Sie in den folgenden Beispielen. Einige der Metaphern sind konventionell, andere kreativ:

Einige Alltags-
metaphern

Politik und Wirtschaft

»Die Zwerglöwen« – lautete eine Überschrift auf der Titelseite der »Zeit« vom 16.07.2009; gemeint ist damit die CSU; aus derselben Ausgabe, ebenfalls auf der Titelseite, heißt es: »Blackbox des Bundestages« – gemeint ist in diesem Fall der Vermittlungsausschuss; zudem in dieser Ausgabe: »EU-Fresser« – gemeint ist Vàclav Havel; im Text des Artikels »Am Tag danach« heißt es: »Pulsmesser der deutschen Wirtschaft« – gemeint ist die Arbeitslosenquote.
In der Süddeutschen Zeitung vom 22.07.2009 ist von »dünnhäutigen Dickschädeln« die Rede, gemeint sind damit die Hauptakteure von Porsche und VW.

Alltagskommunikation

»Ich sehe, worauf du hinauswillst«, »Er inszeniert sich als Hauptdarsteller in einem Drama«, »Jetzt komm mal wieder runter vom Podest!«, »Es ist zum Aus-der-Haut-fahren!«

Konflikte

»Aus ihren Augen schossen Feuerpfeile«, »Wir befinden uns bereits in der Spirale der Eskalation«, »Ihr Geduldsfaden riss«, »Die beiden rasten aufeinander zu, als hätte man ein straff gespanntes Gummiband plötzlich losgelassen«.

Glücksgefühl

»Ich fühle mich blendend«, »Ich fühle mich pudelwohl«, »Er machte Luftsprünge«, »Ich bin ein Glückspilz!«, »Sie wandelt auf watteweichen Wolken«, »Er ist ganz aus dem Häuschen«, »Er hat Schmetterlinge im Bauch«.

Eingangs habe ich Ihnen erläutert, dass der Terminus Metapher auf einen Prozess verweist, auf den des Hinübertragens (griechisch: metaphérein). Hinübergetragen wird die bekannte Bedeutung eines Wortes oder Sachverhalts in einen eher unbekannten oder neuen Zusammenhang. Es gibt unterschiedliche Metaphernarten, die Sie dem folgenden Schaukasten auf der gegenüberliegenden Seite entnehmen können.

Arten von Metaphern

Folgende Metaphernarten können voneinander unterschieden werden:

- Ein sinnlicher Ausdruck wird durch einen anderen sinnlichen Ausdruck ersetzt.
  Beispiel: ein Wald von Sendemasten.
- Sinnliches wird durch Personifikation vergeistigt, abstrahiert.
  Beispiel: Der Himmel weint.
- Geistiges wird versinnlicht.
  Beispiel: die Säulen der Wirtschaft.
- Abstraktes wird ersetzt durch andere abstrakte Begriffe.
  Beispiel: Vernunft ist das Licht des Menschen und die Erlöserin von Fesseln.

Verständnisweisen von Metaphern

Beim Bemühen, den Begriff der Metapher zu definieren, ergeht es Wissenschaftlerinnen und Wissenschaftlern ähnlich wie glücklich beziehungsweise unglücklich Verliebten: Die glücklich Verliebten tanzen durch die Welt, sehen diese durch rosarot getönte Gläser und richten ihre Wahrnehmung auf die lichten und leichten Seiten. Die unglücklich Verliebten dagegen humpeln gebeugten Hauptes durch die Welt, schauen diese durch graugetönte Gläser und nehmen vor allem die tristen und schweren Seiten ihrer Umgebung wahr. Sozusagen: Mozart versus Wagner, Dur versus Moll.

Je nachdem, welche theoretische Perspektive eine Wissenschaft einnimmt, werden Aufmerksamkeit und Denken strukturiert. So geraten verschiedene Facetten des Metaphernbegriffs in den Blick. Unser Hauptblick war bisher, wie der Begriff Metapher sprachwissenschaftlich eingekreist wird. Das wird auf unserer Reise auch weiterhin so sein, deshalb finden Sie Bemerkungen aus diesem Gebiet über alle Reisestationen verstreut. An dieser Stelle sei nur betont, dass Sprachwissenschaftler die Interaktion von Sprechen und Kognition hervorheben und damit Funktionen wie die des Verstehens und Orientierens herausstellen.

Je nach theoretischem Blick entdecken wir unterschiedliche Facetten der Metapher

Zwei weitere inspirative Quellen, Metaphern zu beschreiben, möchte ich unbedingt erwähnen, weil sie teilweise diese Sichtweise verstärken und teilweise erweiternde Betrachtungsweisen öffnen.

Neurowissenschaftler konzipieren die Metapher als eine memoriale Technik, als eine eigene Form der Gedächtnispraxis und der kulturellen Tradierung. Die metaphorische Übertragung erfüllt insofern eine gedächtnisbildende und gedächtnisstrukturierende Funktion. Dies gelingt ihr durch den Übertragungsprozess, in dem sie zwei Vorstellungsbereiche miteinander verbindet, die zeitlich auseinanderliegen, und in dem der eigentliche, ursprüngliche Ausdruck und seine Bedeutung erhalten bleiben.

Metaphern und
Gedächtnis

Ein Beispiel ist der Ausdruck »Netz«: Er beschreibt die globalen digitalen Datenströme und das Internet und erinnert zugleich an das netztypische Verknüpftsein von Fäden. Eine das Wachsen und damit den Zyklus von Geburt-Werden-Vergehen zentrierende biologische Metapher aus dem Pflanzenbereich, die des Rhizoms, konzeptualisiert und kanalisiert unser Denken über Kommunikation, auch im Internet, in andere Richtungen. Das rhizomatische Denken wurde von Gilles Deleuze und Félix Guattari (1976) erörtert.

Während ich im Verlauf des Jahres 2009 drei Vorlesungen des Literatur- und Medienwissenschaftlers Jochen Hörisch lauschte, die als Hörbuch erschienen sind, wurde mein Gehirn kreativ und assoziierte Bezüge zu Metaphern. Deshalb erlauben Sie mir einige Spekulationen, medientheoretische Überlegungen zum Zuge kommen lassen. Medientheorie stellt zwar primär materiale Medien in den Mittelpunkt (Menschen, Maschinen, digitale Technik), Metaphern sind jedoch immateriell. Dennoch lohnt es sich, medientheoretischen Kategorien nachzugehen und sie auf Metaphern zu beziehen.

Metaphern als
Medium

Medien speichern, übertragen, verarbeiten Daten und generieren neue Informationen (neue Formationen aus Bekanntem und innovative Kreationen). Medien vermitteln. In ihrer Speicherfunktion überbrücken sie Zeitdifferenzen: Das, was in der Vergangenheit gesagt, geschrieben, vertont, gemalt wurde, wird aufbewahrt in – vom Menschen her gedacht – externen Medien wie Bild, Schrift oder USB-Stick. Aber auch im Menschen selbst wird gespeichert: im Gedächtnis. Auf diese Weise stehen uns Informationen aus vergangenen Zeiten in Gegenwart und Zukunft zur Verfügung, wenn auch mit signifikant verschiedenen Graden an Authentizität, Originalität, Genauigkeit oder Übereinstimmung mit dem, was wirklich war. Medien vermitteln über Raumdifferenzen: Sie tragen Informationen von einem Ort zu einem anderen, etwa in Form des Briefes, des Telefonats oder der E-Mail. Und sie verarbeiten Daten, indem sie ihnen über verschiedene Operationen – wie beispielsweise Kombinieren – Bedeutung verleihen und in Kontexte stellen. Auf diese Weise können sie ursprüngliche Informationen oder Bedeutungen sowohl beibehalten als auch verändern. All dies können wir auch der Metapher zuschreiben.

Medientheoretisch wird ferner differenziert nach Primär-, Sekundär- und Tertiärmedien. Primärmedien sind Lebewesen, also auch Menschen. Sie benötigen keine Technik, um zu kommunizieren: Wir sprechen, malen, singen, ohne dass wir im Normalfall technische Geräte dafür benötigen. Sekundärmedien dagegen nutzen auf der Seite der Produktion oder Rezeption Technik. Wenn wir ein Buch lesen, bedarf es vorgängig technischer Herstellung; aber wenn wir keiner Brille, Kontaktlinsen oder Lupe bedürfen, um es zu lesen, können wir auf Technik verzichten. Bei den Tertiärmedien ist auf beiden Seiten – Produktion und Rezeption – technische Infrastruktur vonnöten. Um per E-Mail zu kommunizieren, braucht es Computer und Leitungen auf beiden Seiten.

Bezogen auf das metaphorische Reden sind Metaphern gebunden an uns Menschen als Primärmedien. Selbstverständlich können sie über Sekundär- und Tertiärmedien vermittelt werden. Und zum Teil gewinnen wir Metaphern aus ihnen. In diesem Zusammenhang treffen wir auf einige interessante Definitionen von Medien. Die erste stammt von Marshall McLuhan aus den 1960er-Jahren: Medien sind Körperextensionen. Das Fernrohr, beispielsweise, verlängert das Sehen, die Phonographie ermöglicht das Sprechen und Hören auf weite Distanzen. Die Gruppe der »Tele«, was Ferne, Entfernung bedeutet, kündigt das sprachlich sogar an: Telegrafie, Television, Telefax, Telefon. Wir haben insbesondere von George Lakoff und Mark Johnson gelernt, dass metaphorische Sprache körperbasiert ist! Und in der Tat können wir hier ebenfalls analoge Prozesse und Leistungen erkennen.

Metaphern und das Primärmedium Mensch

Die Bestimmung von Medien als Interaktionskoordinatoren löst folgende Assoziationen aus: Medien können Interaktionen koordinieren (befördern, ermöglichen und auch be- oder verhindern). Sie ermöglichen Interaktion. Nehmen wir an, Sie möchten sich mit einigen Kollegen und Kolleginnen, die verstreut in der Bundesrepublik wohnen, zu einem Workshop verabreden. Also greifen Sie zurück auf Medien wie Telefon und E-Mail. Übertragen wir diese koordinierende Funktion auf Metaphern, leisten sie dies in zweierlei Hinsicht. Gemäß dem sprachwissenschaftlichen Ansatz erfolgt dies innerlich, intrapsychisch, indem die Metapher Kognition, Denken und sprachlichen Ausdruck koppelt. Insbesondere dann, wenn uns eine Metapher dabei helfen soll, eine Veränderungsabsicht zu realisieren, koordiniert sie das Jetzt mit der Zukunft und veranlasst uns, in die metaphorisch angestrebte Richtung zu gehen. Sie koordiniert also internale Vorgänge und verbindet diese mit praktischen Auswirkungen, indem sie sich auf Handlungen auswirkt. Auf diese Weise koordinieren Metaphern erstens innere Prozesse, um Handlungen zu stimulieren, die von einem »Jetzt« und »So ist es momentan« aus- und zu einem »später« und »So soll es zukünftig sein« hingehen. Metaphern koordinieren zweitens interpersonal und kollektiv: Wenn eine Gruppe von Menschen sich als »Familie« oder als »Besatzung eines Kreuzfahrtschiffes« begreift, dann konzeptualisiert die Metapher ein Lebensumfeld, das es erleichtert, dem Zielzustand nahezukommen. Sie strukturiert das Denken, Fühlen, Handeln der Beteiligten im Rahmen der gewählten Metaphorik und erhält damit eine organisierende und koordinierende Funktion.

Metaphern rücken das, was zunächst für unwahrscheinlich gehalten wird, in den Raum des Wahrscheinlichen

Folgende weitere Elemente spielen bei der Definition von Medien eine Rolle. Medien sind Unwahrscheinlichkeitsverstärker: Sie machen das Unwahrscheinliche unwahrscheinlich, verhelfen dem Unwahrscheinlichen also zum Durchbruch. Aktuelle Beispiele liefert das Internet: Indem über weite Räume und unterschiedliche Zeiten auf digitalem Weg kommuniziert werden kann, wird es möglich, dass sich Menschen, die über die Erde verteilt leben, zu einem virtuellen oder realen Treffen verabreden. Oder: Je öfter Nachrichten, deren Inhalt wir als unwahrscheinlich einstufen, gesendet werden, reduziert sich das Unwahrscheinlichkeitsmoment. Das Unwahrscheinliche erscheint uns zunehmend wahrscheinlicher, weil glaubwürdiger. Denken Sie an die biblische Geschichte von Jesus Christus! Das zunächst völlig unwahrscheinliche Ereignis von einem Mann, dessen Vater Gott und dessen Mutter Jungfrau ist, wurde mit permanenter Präsenz in der Öffentlichkeit glaubwürdiger und damit wahrscheinlicher, so sehr, dass es Menschen gibt, die nicht nur von der Wahrscheinlichkeit, sondern von dem Ereignis als Faktum ausgehen.

Diese Leistung, Unwahrscheinliches unwahrscheinlich, also wahrscheinlich zu machen, können Metaphern leisten, deren Potenzial darin liegt, Zukunftsentwürfe zu zeichnen und die Beteiligten dadurch zu mobilisieren, sich auf den Weg zu machen. Das können Veränderungsvorhaben auf individueller, intersubjektiver oder kollektiver Ebene sein. Die beschriebene Funktion kann auch Innovationen fördern, beispielsweise bei der Begründung eines neues Paradigmas oder einer bahnbrechenden Theorie in den Wissenschaften.

Metaphern transportieren Paradigmen

Das hat Thomas Kuhn in seiner Schrift »Struktur wissenschaftlicher Revolutionen« nachgewiesen (Kuhn 1962, 2007). Dort demonstriert er, wie sich wissenschaftliche Paradigmen dadurch verändern, dass grundlegend neue Erkenntnisse nicht mehr in das alte Paradigma integriert werden können, etwa der Wandel im Weltbild, den wir mit dem Ausdruck »kopernikanische Wende« bezeichnen. Thomas Kuhn zeigt in seiner historischen Rekonstruktion, dass sich auch Wissenschaftler nicht leichttun, Paradigmen zu wechseln. Vielmehr versuchen sie so lange, wie es möglich ist, die neuen Erkenntnisse in das alte Paradigma hineinzupressen – bis dies gleichsam platzt. Die Revolution, also die grundlegende Veränderung, findet in diesem Augenblick statt: in dem Moment, in dem die neuen Erkenntnisse mit dem alten Denken vollkommen unvereinbar werden.

Eine zusätzliche Definition bezeichnet Medien als Absenzüberbrücker: Abwesenheit als Abwesenheit wird abwesend. Wir setzen Medien ein, weil etwas abwesend ist, das anwesend sein sollte. Präsenz wird möglich durch Mediennutzung. Wir greifen zum Telefon, um die Stimme eines Menschen zu hören; wir schreiben E-Mails, um mit anderen in Kontakt zu sein; wir »beamen« uns per Webcam »in Echtzeit« einen Menschen ins Zimmer. Bezogen auf die Metapher bedeutet das: Wir können Metaphern wählen, die die Abwesenheit eines Zustandes intrapsychisch heranholen. Also: Wir imaginieren etwas, das noch nicht der Fall ist, aber der Fall sein sollte, das nicht präsent ist, es aber sein sollte. Diese Imagination, zu der uns eine Metapher inspirieren kann, führt eine Art Eigenleben in uns, sodass das Abwesende innerpsychisch, mental, visuell, sprachlich, emotional präsent ist! Je höher der Grad an internalem Ausmalen, desto lebendiger die Metapher, desto stärker die Anziehung (sozusagen die magnetische Wirkung) und desto vitaler der initiierende, katalysierende Schub und Elan, das Abwesende zum Anwesenden zu machen. Genau das können Sie in Ihrer Arbeit nutzen.

Ein weiterer zu nennender Zugang stellt in den Mittelpunkt, dass Medien Zugangsmöglichkeiten zu Sinnressourcen eröffnen. Etwa indem wir ein Buch lesen, das uns hilft, mit einem bestimmten Problem förderlicher umgehen zu können als ohne diese Hilfe (das können sein: Ratgeber, Lehrgedichte oder Businessromane). Wir können auch Filme nutzen, um uns anregen zu lassen, wohin unsere Lebensreise uns führen könnte, also als Assistenz auf dem Weg, einen Entwurf unserer zukünftigen Lebensgestaltung zu skizzieren. Diese Leistung erbringen auch Metaphern, vor allem kreative. Sie entfalten gerade im Rahmen von Veränderungsanliegen ihre sinnstiftende oder sinnübertragende Wirkung.

Metaphern können also auch teilweise in medientheoretischen Begriffen thematisiert und als Medien konzipiert werden.

Wie erwähnt, gelten der Linguist George Lakoff und der Philosoph Mark Johnson als »Eltern« einer besonderen Geburt: einer Metapherntheorie aus den Beigaben des alltagssprachlichen Gebrauchs von Metaphern und den intrapsychischen Voraussetzungen. Das Autorentandem nährt das Kind der »erfahrungsbasierten« oder interaktiven Metapherntheorie mit kognitiv-linguistischen, philosophischen und – andeutungsweise – sozialwissenschaftlichen Überlegungen. Dank des Materialreichtums an Redeweisen und der Vielfalt der Beispiele ermöglichen sie dem Leser, das Heranwachsen des Kindes mitzuvollziehen.

Zwei damalige Besonderheiten ihrer Erläuterungen möchte ich für Sie herausstellen. Zuerst widmen wir uns der These von der Geburt der Metapher

*Metaphern über-
brücken Abwesenheit*

*Metaphern erzeugen
und vermitteln Sinn*

Metaphern sind körperbezogen, ermöglichen Verstehen und wirken handlungsleitend

aus der Erfahrung, begonnen bei der eigenen Körpererfahrung über kognitiv-sprachliche und emotional-wertende Prozesse bis hin zur Einbettung in situative Kontexte und kulturelle Spezifika, wo sie handlungsleitend werden. Metaphern haben in der Erfahrung liegende, grundlegende Wurzeln und wirken auf Erfahrungen zurück, die ihrerseits weitere Erfahrungsräume eröffnen. Anhand von Orientierungs-, Raum- sowie Struktur- und ontologischen (das Sein betreffende) Metaphern machen die Autoren diese Prozesse nachvollziehbar.

Diese empirische Verwurzelung metaphorischen Redens lädt ein, einige Bemerkungen zu grundlegenden Strukturen und Prozessen zu formulieren. Die beiden Autoren unterstreichen immer wieder, dass Metaphern eine herausragende Bedeutung für Verstehensprozesse haben. Diese Fähigkeit realisieren Metaphern vorzugsweise dann, wenn sie Abstraktes durch Konkretes nahebringen. Bei der Untersuchung dieses Vorgangs fiel den Wissenschaftlern auf, dass als besonders ergiebiger basaler Herkunftsbereich metaphorischer Ausdrücke das Physische, die eigene Körperlichkeit, und diese im Austausch mit der Umwelt angezapft werden.

Dazu ein konkretes Beispiel aus dem Beginn meiner Beraterlaufbahn:

> Zusammen mit einem Kollegen bereitete ich eine Fusion zweier Unternehmen vor. Am Schluss dieser recherchereichen Vorarbeit nahmen die beiden Geschäftsführer der Unternehmen von dem Vorhaben Abstand. (!) Abstand nehmen ist eine körperliche Erfahrung. Von Vertretern beider Unternehmen hörten wir Formulierungen wie, die Fusion wäre »ein Fehlgriff«; man wolle mit einer Fusion nicht »auf die Nase fallen«. Ein Hauptgrund für das Abstandnehmen lag in den grundverschiedenen Kulturen, und man wolle ja nicht »gegen eine Wand rennen«. Und auf einen »Wettlauf mit der Zeit, die angeblich alle Wunden heilt«, wolle man sich nicht einlassen.

Weitere Beispiele für solche Metaphern sind:

> Eine Klientin fühlte sich gemobbt und empörte sich: »Meine Mitarbeiter zerreißen sich die Mäuler über jede Kleinigkeit!«
> Berater rühmen gern die »Ressourcen« in Menschen und Unternehmen, also Vorratsräume, wie etwa der Magen einer ist.
> Ein Klient klagte: »Ich habe ihn jahrelang aufgepäppelt und als Ziehsohn genährt und gefördert – und jetzt nabelt er sich einfach ab und wechselt in eine andere Firma!«

Diese Beispiele illustrieren den Ausgang metaphorischer Rede aus Leiberfahrungen (diese als Herkunftsbereich). Die Ausdrücke erzeugen bestimmte fundamentale Strukturen in Denken und Sprache, werden behavioral, also im Handeln und Verhalten, wirksam. Sie fungieren zudem als Sprungbrett, Ableitungen vorzunehmen und sie auf nichtphysische Sachverhalte zu übertragen.

Einige exemplarische Nennungen genügen sicherlich, um Ihnen die paradigmatische und weitreichende Leistung der genannten These zu verdeutlichen.

Körper, Erfahrung und Kognition sind basal für konzeptuelle Metaphern

- *Behälter:* Mutterleib, eigener Körper, der uns Innen- und Außendimensionen erfahren lässt und uns diese Raumdimensionen liefert, um Wirklichkeit(serfahrungen) zu konzipieren und zu strukturieren. Die Metaphorik »Behälter« schließt alle Arten von Phänomenen ein, deren Charakteristikum das Innen und Außen als zuverlässige, stabile Trennung ist. Gefäße, Gebäude und auch unser Erleben als Individuum: »Ich bin in mir selbst gefangen«, »Ich bin aus mir rausgegangen«, »Etwas in mir ist einfach ausgebrochen«.
- *Bewegung, Weg:* Fortbewegungsvarianten und damit die Dimensionen Zeit und Geschwindigkeit, auch Vergangenheit, Gegenwart und Zukunft. Wir sprechen von Lernreisen, Lebensreisen, von inneren Reisen und Reisen in die Zeitdimensionen; wir sprechen von Fort- und Rückschritt, auf der Stelle stehen, Stillstand oder davon, schnell oder langsam zu denken.
- *Vertikalität und Horizontalität:* Positionierungen von Körpern im Raum und damit die Möglichkeit, sie kognitiv zu nutzen. Etwa: hierarchische oder flache Strukturen in Organisationen; steigende/fallende Stimmung; gleichbleibende Ruhe; Rückblick, Voraus- oder Ausblick (retrospektiv, prospektiv).
- *Verbindung:* Nabelschnur, Verbindung mit der Mutter beim Stillen; das Lernen von Fortbewegung auf den zwei Beinchen dadurch, dass das Händchen immer in Kontakt ist mit einer führenden, Sicherheit spendenden Hand eines Erwachsenen. Verbindung mit Rückkopplung, beispielweise Denken und Agieren in sozialen Kontexten;das Reden von sozialen Netzwerken veranschaulicht dies. Wir sprechen davon, »auf der Leitung zu stehen«, wenn wir etwas nicht verstehen; davon, einem Menschen »tief verbunden« oder mit ihm nur »oberflächlich« vernetzt zu sein.

Sollten Sie an diesem Aspekt besonders interessiert sein, empfehle ich Ihnen, das Werk von George Lakoff und Mark Johnson »Leben in Metaphern« (2008) zu konsultieren, insbesondere die Ausführungen zu Struktur-, Orientierungs-, ontologischen Metaphern sowie zu Emergenz, Konsistenz und Kohärenz.

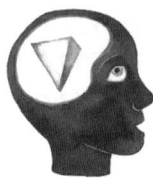

> ### Übung: Assoziationen zu Metaphern und Körpererfahrungen
>
> Nehmen Sie sich einen Augenblick Zeit und kramen in Ihrem Gedächtnis. Lassen Sie Gesprächssequenzen, Trainingsszenen und ähnliche Erfahrungen Revue passieren und notieren Sie metaphorische Ausdrücke, die aus dem Körperlichen stammen.
>
> Um sich dies zu erleichtern, erinnern Sie sich daran, dass Raum und Zeit, Sein und Handeln richtige Fundgruben sind. Zahlreiche Redewendungen entspringen diesen Kategorien beziehungsweise Erfahrungsbereichen.
>
> Wenn Sie möchten, können Sie sich wieder Notizen machen.

Metaphern sind allgegenwärtig

Das zweite Momentum, das George Lakoff und Mark Johnson hervorheben, betrifft den Einfluss, die Tragweite metaphorischer Sprache. Die Autoren unterstreichen die Allgegenwart von Metaphern: Metapher als Konzept oder Konzeptsystem durchdringt und strukturiert unser Denken, Fühlen und Handeln. Metaphern fungieren als Vorzeichen und Filter, die bestimmen, was wir wie wahrnehmen, wie wir uns in der Welt orientieren, wohinein wir Sinn und Werte legen, was wir reflektieren und was nicht. Metaphern bauen das Fundament, färben den Grundton für alle Wahrnehmungen und Lebensäußerungen, einschließlich unseres sozialen Handelns. »Der größte Teil unseres alltäglichen wirksamen Konzeptsystems (ist) im Kern metaphorisch« (Lakoff/Johnson 2008, S. 12). Der Terminus des Konzepts verweist darauf, dass die Metaphern, die wir wählen, nicht willkürlich sind, sondern einer Systematik folgen, die wir anhand sprachlicher Ausdrücke zurückverfolgen können. Sie geben damit Auskunft über die mentale Grundausrichtung, die Denk- und Fühltradition und in der Folge der motivationalen und normativen Welt eines Menschen. Die auf Seite 91 aufgeführten Beispiele demonstrieren diesen Aspekt.

Beide Thesen, die von der empirischen Wurzel und die der Allgegenwart, gehören heute zum Grundkanon des metapherntheoretischen Diskurses.

Woran erkennen wir Metaphern?

Diese Frage leitet uns zu weiteren Charakteristika, die sozusagen die Persönlichkeit, Fähigkeiten und Leistungen dieses »Kindes« profilieren.

Michael B. Bucholz veranschaulicht im Vorwort zu dem Werk von Lakoff und Johnson die Metapher als »das zentrale Sinnesorgan für unsere soziale kognitive Welt« (2008, S. 8); und die Autoren formulieren: »Metaphern sind grundsätzliche Schlüssel zum Verstehen« (S. 211) und: »Aus dem Blick menschlicher Erfahrung ist die Metapher eine Sache der auf Imagination beruhenden Rationalität« (S. 269), und sie fahren fort und unterstreichen: Die Metapher sei »ein Medium, das neue Realitäten schafft«. Metaphern sind Trägermedien oder »Hilfsmittel« bei dem Versuch, etwas partiell zu verstehen, das »wir in seiner Totalität nicht verstehen können« (S. 221).

Metaphern transformieren Bedeutungen

In dieser Leistung verbirgt sich der Hauptgrund dafür, dass Metaphern Komplexität reduzieren beziehungsweise grob erfassen helfen, etwa in Kontexten, in denen eine Veränderung zu etwas Neuem und Fremden angestrebt ist, oder in Wissenschaften.

Metaphern erkennen wir – daran möchte ich erinnern – an einer Eigentümlichkeit, die mit der Verwandlung von Eigentlichem in Uneigentliches verflochten ist. Das folgende Beispiel macht diese Transformation nachvollziehbar.

> In Zeiten der aktuellen Finanzkrise hören und lesen wir, Banken seien dazu verpflichtet, den Blutkreislauf des Finanzsystems mit Kapital zu versorgen, um das gesamte Wirtschaftssystem am Leben zu erhalten.

Das Beispiel zeigt: Das Finanzsystem ist kein Blutkreislauf, und folglich versorgen Banken keinen Blutkreislauf. Die eigentliche Bedeutung von »Blutkreislauf« entstammt dem Herkunftsbereich eines biologischen Systems, eines Lebewesens oder Organismus. Die eigentliche Bedeutung und Verortung von Blutkreislauf wird verändert, indem der Ausdruck in einen neuen Kontext, dem Zielbereich, transportiert und dort platziert wird. Dort hat sich der Ausdruck Blutkreislauf in eine uneigentliche Bedeutung gewandelt. – Deshalb sprechen wir von dem »übertragenen« Sinn einer Metapher. Wir verstehen, was ausgesagt werden soll, dadurch dass wir diesen Übertragungsprozess vom Eigentlichen zum Uneigentlichen mitvollziehen. Die Metapher »Blutkreislauf« fokussiert auf Versorgung und lässt uns beispielsweise die Komplexität dieser Versorgungstätigkeit und die überlebenswichtige Relevanz erkennen, die Banken verpflichten soll, das zu tun, was den Kreislauf und damit das System, dem er angehört, am Laufen hält.

Dieses Metaphernbeispiel bringt neben den Aspekten eigentlich/uneigentlich und Herkunftsbereich/Zielbereich zusätzlich nahe, wozu Metaphern vorzüglich nützlich sind: Sie helfen uns, einen komplexen Zusammenhang im Großen und Ganzen zu überblicken und zu verstehen, ohne komplett identisch mit dem zu verstehenden Sachverhalt zu sein. Zweierlei ist wichtig: Eine Metapher lässt uns einen Zusammenhang partiell erfassen, grob im Ganzen,

Metaphern reduzieren Komplexität

keinesfalls erschöpfend und in allen Details. Sie lässt uns das Neue und Fremde teilweise, in wesentlichen Strukturen erschließen. Und: Eine Metapher ist nicht identisch mit dem Sachverhalt, den sie beschreibt oder andeutet.

Metaphern sind
selektiv

Eine Metapher veranlasst uns zu einem selektiven Blick: Sie rückt bestimmte, ausgewählte Aspekte ins Zentrum der Aufmerksamkeit und verweist andere auf die hinteren Plätze der Bühne oder gar hinter die Kulissen. Und das kann mit jedem Gebrauch variieren! Das Uneigentliche ist es, das Bedeutungsüberschuss garantiert, das – mit anderen Worten – imaginative und interpretative Freiheiten einräumt und Denken und Vorstellen stimuliert.

> Stellen Sie sich beispielsweise vor, Sie kommen aus den Ferien zurück, fühlen sich großartig, erholt, heiter. In einem Gespräch fragt Sie ein Bekannter, wie es denn so gewesen sei in Ihren Ferien. In der gelösten Stimmung antworten Sie: »Es war wundervoll. Eine richtige Ruheinsel!« und eloquent malen Sie diese Ruhe aus: kaum Menschen, kaum Kneipen, kein Partygedöns …«
> Und jetzt versetzen Sie sich bitte in folgende Vorstellung: Wieder haben Sie Ihre Ferien kurze Zeit hinter sich. Sie fühlen sich allerdings nicht (mehr) erholt und lebensfreudig, sondern sind unzufrieden mit sich und dem Leben und überhaupt mit allem und jedem. Sie haben das Gefühl stillzustehen und werden dominiert von Gefühlen und Gedanken wie: »Meine Güte, irgendwie passiert gar nichts mehr, ich bin in einer Tretmühle und komme überhaupt nicht mehr voran …«. Zufällig treffen Sie einen Bekannten, der Sie fragt: »Wie war es eigentlich in deinen Ferien?« Diesmal lautet Ihre Antwort: »Tja, was soll ich sagen: eine echte, richtige Ruheinsel« – und Sie schildern weiter: »Nix los in dem Kaff, kaum Leute, kaum Kneipen, von Party gar nicht zu reden …«

Legen wir nonverbale Unterschiede wie Prosodie, also Sprachmelodie, Betonungen, Tonfall einmal beiseite und konzentrieren uns auf die Verwandlung, die die Bedeutung der Metapher erfahren hat: Wir erkennen, dass die gleiche Metapher in unterschiedlichen Kontexten Unterschiedliches aussagt und die Aufmerksamkeit unterschiedlich ausrichtet und strukturiert. Ein und dieselbe

Metaphern verwan-
deln Bedeutung

Metapher hat weder eine einzige feststehende Bedeutung, noch hebt sie, different eingebettet, die gleichen Aspekte hervor. Im Grunde überrascht dieser Befund nicht, denn wir wissen aus kommunikationspsychologischen Disziplinen, dass Wahrnehmungs-, Interpretations- und Bewertungsprozesse von zahlreichen Kontextfaktoren abhängen beziehungsweise mit diesen korrelieren, beispielsweise mit emotionaler und körperlicher Befindlichkeit und Gestimmtheit und zahlreichen anderen situativen und kontextuellen Variablen. (Übrigens ist in der sprachwissenschaftlichen Metapherntheorie keinesfalls ausgemacht, was zu den metaphernrelevanten Kontextfaktoren zählt (Kohl 2007, 50 ff. Da wir den Ansatz von Katrin Kohl später ausführen, möge an dieser Stelle der kurze Hinweis genügen).

Wodurch, könnten Schlaumeier fragen, können wir denn dann erkennen, dass es sich um ein und dieselbe Metapher, also etwa die Ruheinsel, handelt? Antwort: Dank der bildlichen Gleichheit und semantischen Überlappungen, dank der Kern- oder Basisassoziationen, die die Metapher provoziert. Bezogen auf die Ruheinsel: allein auf weiter Flur oder im Meer; abgeschottet gegen Störungen; umgeben von Natur, die emotional meist mit Ruhe und Entspannung verwoben wird; Absonderung und Kontaktarmut zu anderen Menschen und dem Lärm, den sie verursachen, und vieles mehr. Es sind – in diesem Fall konträre – Blickwinkel mitsamt den diese hervorbringenden Kontextfaktoren, die die Verschiedenheit in der Deutung einer Metapher erzeugen.

Funktionen von Metaphern

Zu den Funktionen von Metaphern können wir – keinesfalls abschließend – folgende hinzufügen: Metaphern erfüllen, wie wir inzwischen wissen, intrapsychisch eine strukturierende Rolle in der Vermittlung von Kognition und Sprache – eine Funktion, die sich in sozialem Austausch bemerkbar macht, indem wir reden, wie wir reden, und handeln, wie wir handeln. Sie formieren gewissermaßen die innere Welt und folglich die Art und Weise, wie wir mit dem Außen kommunizieren. Metaphern »verkörpern« sich vor allem wortsprachlich, können aber auch, dank ihrer bildhaften Erscheinung, als Bilder sichtbar werden. Sie helfen uns, Realitäten zu erfassen und neue Erkenntnisbereiche zu erschließen, zu neuen Territorien aufzubrechen. Fehlen uns noch die Worte für etwas Neues, füllen Metaphern »Lücken« im Wortschatz, so war dies etwa bei »Motorhaube« (die Haube als das Bekannte: die Kopfbedeckung, die Verbindung mit Motor aufgrund der Neuerung in der Technik), oder beim »virtuellen Marktplatz« oder »globalen Dorf«.

Insbesondere im Zusammenhang mit Veränderung assistieren Metaphern als Motivatoren und Attraktoren: Sie inspirieren uns, das Neue zu visionieren, sozusagen zumindest mit Bleistift zu stricheln, um eine Idee von dem Wohin zu erhalten, und sorgen dafür, dass wir uns auf den Weg machen. In diesem Sinn stimulieren sie unsere imaginativen Fähigkeiten und bahnen Innovationen. Insofern sind sie nicht nur Vehikel zum Verstehen, sondern bewirken, dass

Metaphern helfen, zu erkennen, Neues zu bezeichnen, Veränderungen einzuleiten

*Metaphern struktu-
rieren Gefühle und
Verhalten*

wir unsere Aufmerksamkeit fokussieren, um Kreativität entfalten, Orientierung erhalten und Aktivität starten zu können. Schlussendlich fungieren Metaphern als Handlungsstimulans.

Bisher haben wir von Emotionen kaum gesprochen. Es sind vor allem Metaphern, die wir heranziehen, um emotionale Zustände oder Stimmungen zu beschreiben. Ähnlich einer Backform, die wir über feuchten Sand stülpen, strukturieren Metaphern das, was wir meinen zu fühlen, wie wir uns emotional selbst erleben. Metaphern geben vor, was und wie wir unser Fühlen erkennen, strukturieren und kommunizieren und folglich, wie wir uns als Akteure begreifen. Dass hier auch Kognition und Sprache im Spiel sind, versteht sich von selbst.

Als Beispiel soll uns das optimistische Lebensgefühl und Selbstverständnis dienen.

> Optimisten haben immer festen Boden unter den Füßen. Ihr Lebensgefühl ist genährt durch die Erfahrung hoher Selbstwirksamkeit, sie haben außerordentliches Vertrauen in die eigenen Kompetenzen. Außerdem sind Optimisten überzeugt davon, die Dinge in der Hand und deshalb im Griff und unter Kontrolle zu haben.

Optimisten werden in der Regel so beschrieben: Der Optimist baut immer selbst und auf solidem Grund – und wenn er sich doch, wider Erwarten, verhebt, verfügt er – so sein Glaube an sich selbst – über Möglichkeiten, Strategien, sich wieder aufzurichten und zu Kräften zu kommen. Ein Optimist lässt sich nicht entmutigen und verfolgt beharrlich, auch gegen Widerstände, seinen Weg. Er ist davon überzeugt, alles, was er sich vornimmt, meistern, bewerkstelligen zu können. Astrid Schütz und Lasse Hoge meinen in ihrem Buch »Positives Denken« (2007): »Der Optimist erfindet das Flugzeug, der Pessimist den Fallschirm dazu« (S.15).

Bei all dem wirken das wortsprachliche Bezeichnen und das bildlich-anschauliche Darstellen komplementär oder wechselseitig stützend bis hin zu verstärkend: Je konkreter die Metapher ist, je mehr Sinne und Gefühle sie aktivieren kann, desto anziehender und bewegender, katalysierender und motivierender wirkt sie. Und zwar ganzheitlich, was bedeutet: physisch, kognitiv, affektiv und behavioral.

Ein weiterer bedeutsamer Aspekt, der die Wirksamkeit von Metaphern herleitet, liegt in der »Grammatik der Metapher«. Die Grammatik erhält einen hohen funktionalen Stellenwert.

Buchtipps: Wer die Ausführungen zur »Grammatik« der Metapher noch vertieft studieren möchte, lese nach bei Lakoff/ Johnson 2008, S. 155 ff; Kohl 2008, S. 46 ff.

Lassen Sie uns also flott an bemerkenswerten Inhalten der Grammatik entlanglaufen: Was ist mit »Grammatik der Metapher« gemeint? Wieso ist sie interessant? Grammatik zielt auf die syntaktische Struktur, auf den Satzbau des sprachlichen Ausdrucks, der die Metapher »zur Sprache bringt«. Grammatik ist ein Teil der Sprachwissenschaft, der untersucht, welche sprachlichen Formen welche Funktion im Satz ausüben. Sie beschäftigt sich mit den Gesetzmäßigkeiten, dem Bau, der Struktur einer Sprache und integriert neben Phonetik und Morphologie besonders die Syntax. Vereinfacht gewendet, lautet die These: Je nachdem, in welcher grammatischen Form eine Metapher erscheint, rückt ein ihr entsprechender Aspekt in den Vordergrund, der das Erleben und demzufolge die Wirkung der Metapher beeinflusst.

Die Grammatik der Metapher beeinflusst Erleben und Handeln

- *Nominal- oder Substantiv-Metaphern* folgen der Figur: A ist gleich B. Dem entspricht, dass zwei Substantive ontologisch miteinander verknüpft werden (durch »sein«) und als austauschbar behandelt werden können. Etwa: Das Leben ist eine Reise/ein Theater/ein Gefängnis; die Liebe ist der Himmel/die Hölle auf Erden; der Betrüger ist eine Schlange; das Internet ist das globale Dorf.
- *Adjektiv-Metaphern* betten Adjektive in Nominalphrasen ein. Dadurch wird das jeweils Bezeichnete näher bestimmt und ermöglicht, dass Vorstellungen konkreter, lebendiger werden. Etwa: Dem Weinen nahe sein: »vibrierende Mundwinkel kündigen die Tränen an«; Glücksgefühle: »die hell leuchtenden Augen sprühen glitzernde Lichtfunken«; Zorn: »die wild zuckenden Nasenflügel verkündeten drohendes Unheil«.
- *Verb-Metaphern* wirken dynamisierend, regen Imaginationen an und ziehen uns affektiv in den Bann des Geschehens, lassen uns zumindest mental, emotional »mitgehen«. Etwa: »Grollender Donnerlärm jagt durch die Luft, grelle Blitze erblinden die Augen, herrische Windhosen entreißen alles, was sie fassen können, dem Boden, und die kleine Gruppe kämpft mit allen Kräften gegen die Sturmböen – jeder schlägt Schneisen durch die dicken, schweren Wasserfälle des Regens.«

Dieser kurzweilige Blick auf die Grammatik der Metapher lässt zumindest ahnen, dass die Form der Metapher für den kognitiven, emotionalen Prozess, für Verarbeitung und Erleben und für die Wirkkraft des metaphorischen Ausdrucks von maßgeblicher Bedeutung ist.

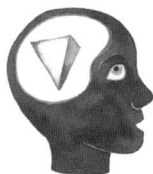

> ## Übung: Grammatik der Metapher
>
> Suchen Sie sich eine Metapher aus und formulieren Sie sie in den drei grammatischen Formen. Danach lesen Sie Ihre Metaphern in einem Tempo und einer Melodie, dass Sie sie auf sich wirken lassen können. Was klingt nach? Welche Gefühle und Eindrücke sind mit welcher grammatischen Form mehr verbunden als mit den anderen?
>
> > Beispiel: Der Sonnenstrahl ist ein Laserschwert (Substantiv-Metapher) und teilt die Welt in zwei Hälften. Der Sonnenstrahl, grell und messerscharf, gezielt und stechend ähnlich einem Laserschwert, durchschnitt die Welt und teilte sie entzwei (Adjektiv-Metapher). Der Sonnenstrahl blitzt grell auf, zielt, sticht zu und durchschneidet die Welt, teilt sie auf in zwei Welten (Verb-Metapher).

Metapherntypen

Obgleich heftig debattiert, tauchen in Abhandlungen zu Metaphern immer wieder Vorschläge auf, sie typologisch zu sortieren. Als wesentliche Referenz fungiert der Grad der Konventionalisierung, also die Einschätzung, wie vertraut und gewöhnlich oder eben nicht Metaphern sind – und welche Funktionen sie jeweils hauptsächlich erfüllen. Die Typologie hat heuristischen, keinen absoluten Wert. Ihr Stellenwert erlaubt das differenzierende Analysieren und einen gezielteren Einsatz von Metaphern als ohne Typologie. Die Grenzen zwischen den Typen sind elastisch bis osmotisch.

Nützlich können solche Differenzierungen dann werden, wenn die Qualität von Metaphern im Rahmen ihrer konstitutiven Funktion wichtig wird. Eine hübsche Kontroverse entzündet sich an der Frage, ob und wenn ja, was Metaphern in der Wissenschaft zu suchen haben und welche Qualität (welcher Typus) von Metaphern theoriekonstitutiv wirken kann und sollte und inwiefern sie helfen, neues Terrain nicht nur zu entdecken, sondern auch zu verstehen und zu vermitteln.

Metaphern in der Wissenschaft

Erfrischend streitsam ist zum Beispiel Peter Finke in seinem Buch »Misteln, Wälder, Frösche: Über Metaphern in der Wissenschaft« (2003). Der Autor unterscheidet »gute« und »schlechte« Metaphern in der Wissenschaft. Gute, so seine Auffassung, »haben eine kreative Funktion für unser Denken und eröffnen dem Verstehen oder der Forschung neue Pfade«. »Schlechte Metaphern behindern unser Verstehen mit schiefen oder falschen Bildern, doch reichen sie Wissenschaftler gleichwohl oft von Generation zu Generation weiter« (2003, S. 45). Zur Illustration dieser Unterscheidung diskutiert Peter Finke Metaphern aus der evolutionären Kulturökologie: »Metaphern für Kultur, die Bedeutung von Batesons Redeweise von einer ›Ökologie des Geistes‹ und die Ideen, die wir mit unseren Konzepten von einer Grenze verbinden« (2003, S. 45).

Metaphertypen

Ich gruppiere die einzelnen Typen in »vertraut« und »unvertraut«.
Auf dem Feld »vertraute Metaphern« tummeln sich:

- lexikalisierte,
- konventionelle und
- tote Metaphern.

Diese Metaphernarten sind in den allgemeinen Wortschatz eingeflossen und zuweilen so weit nach unten gesunken (internalisiert, lexikalisiert), dass sie als Metaphern kaum oder gar nicht mehr (tot) registriert werden. In diesem Sinne vertraute, bekannte und verbreitete Metaphern aus der Unternehmenswelt sind: »Das Unternehmen ist gut aufgestellt«; »Die Digital Natives auf ihrem Marsch durch die Hierarchien«; »Die Federführung bei diesem Projekt haben die Projektleiter«; »Die Sitzung glich einem Kriegsschauplatz«; »Wir haben den Plan auf den Weg gebracht«; »Das Projekt läuft prima«.

Auf dem Feld der »unvertrauten Metaphern« drängen sich:

- kreative, innovative,
- lebendige und
- kühne Metaphern.

Diese Metaphern bergen Überraschungsmomente. Sie erstaunen oder amüsieren durch ihre Originalität oder zumindest Fremdheit. Ihre Metaphorik ist offenkundig und wird wahrgenommen. Einige Beispiele dazu: »Meine Gedanken stolzieren mit frechem Blick an meinem geistigen Auge vorbei«; »Migräne – ein Bergwerk, in dem unzählige Teufelchen mit Schlaghammer und Pressluftbohrer herumwerkeln«; »Vernunft – eine stolze Dame, die mit einem Auge kontrollierend auf das Gefühl blickt und darüber wacht, dass es sich brav verhält, während das andere Auge den Blick voller Neugier in der Welt umherschweifen lässt«.

Für die Praktiker unter Ihnen: Unkonventionelle Metaphern können unter anderem in der persönlichen Veränderungsarbeit eine besondere Zugkraft entfalten (s. S. 128 ff. und 186 ff.).

Im folgenden Exkurs finden Sie einige nähere Hinweise darauf, was Metaphern und die Erforschung von Metaphern so komplex macht.

Exkurs für Neugierige

Sie haben bereits in den Kurzvorträgen gehört, dass die wissenschaftliche Beschreibung dessen, was Metaphern »darstellen« und wie der metaphorische Prozess zu beschreiben ist, von der Herkunftsperspektive abhängig ist. Die Vielfalt der theoretischen Zugänge verdankt sich einer Pluralität von Komponenten, Einflüssen, inneren Aktivitäten, die eine Metapher erst hervorbringen können: Metaphern bewegen sich zwischen Kognition, Emotion und sprachlichem Ausdruck, und diese sind immer schon eingebettet in soziale und kulturelle Lebens- und daher Erfahrungswelten. Insofern sind die Beschreibungen von Metaphern zusätzlich gebunden an den konkreten Gebrauch metaphorischen Redens (Pragmatik und Semantik).

Verstehen wir beispielsweise Metaphern rein begrifflich, reduzieren wir sie in ihrer Funktion auf eine sprachliche Redeweise, die Metaphern als Schmuckwerk behandelt und ihnen einen ornamentalen, dekorativen Charakter zuschreibt. Die Pointe ist, dass dieses Verständnis unterstellt, eine Metapher könne weggelassen werden, ohne den Sinn zu entstellen. Sie könne ganz einfach ersetzt werden durch nüchterne Worte. Eine Metapher könne stets durch nichtmetaphorische Worte ersetzt werden, ohne dass die Bedeutung der Botschaft litte. Diese Tradition wird seit Aristoteles die rhetorische genannt. Pikanterweise stammt das definitorische Moment der »Übertragung« – eindeutig eine Metapher – von Aristoteles. Gelingt es Ihnen, diese Metapher zu ersetzen durch einen nichtmetaphorischen Begriff, um die Metapher zu erklären?

Nehmen wir hingegen an, dass Metaphern nicht nur sprachlich-ästhetische Veredelung im obigen Sinn sind, sondern dass wir vornehmlich über Sprache unsere Wirklichkeit erschaffen und erschließen, erhält die Metapher eine konstitutive kognitive Funktion, die unser Leben in all seinen Facetten leitet und prägt. Mit anderen Worten: Die Metapher ist dann Geburtshelferin, wenn nicht gar Geburtermöglicherin, von Denken und Fühlen, von sprachlichen Ausdrücken und Handlungen. Sie entscheidet auf einer grundlegenden Ebene mit darüber, was überhaupt in den Lichtkegel unseres Scheinwerfers der Aufmerksamkeit geraten kann. (Nebenbemerkung: Eine starke These, die sich, bezogen auf Sprache, popularitätswirksam in der feministischen Theorietradition und Öffentlichkeitsarbeit als durchschlagend erwiesen und immerhin dazu geführt hat, dass wir brav männliche und weibliche Formen nennen beziehungsweise neutrale Formulierungen suchen. Eines wertenden Kommentars darf ich mich an dieser Stelle enthalten und diese Nebennotiz mit einem Schmunzeln beenden.)

Einig sind sich Forscher darin, dass Metaphern zumindest folgende Aspekte aufweisen: Kognition (Erkennen, Wissen, Denken), Projektion (Übertragungsmoment und -prozess), Artikulation als bildliche Rede (sprachlicher Ausdruck). Diese drei Aspekte spielen zusammen und gelten als notwendige Bedingung für metaphorische Ausdrücke.

Wenn Sie die Kurzvorträge zu Metapherntheorien besuchen, dann erhalten Sie die Möglichkeit, den bisherigen Einblicken weitere hinzuzufügen und somit ein breiter gefächertes Verständnis von der Mannigfaltigkeit möglicher Betrachtungsweisen zu gewinnen.

Widmen wir uns abschließend den Grundoperationen metaphorischer Prozesse, die für die metaphorische Rede typisch sind und die die partikularen Leistungen von Metaphern ermöglichen. Sie können die knappe Darstellung auch als Zusammenfassung der wesentlichen Komponenten metaphorischen Redens verstehen.

Grundoperationen und mit ihnen verwobene Leistungen metaphorischer Prozesse und Sprache

Als Kategorien, die die Grundoperationen beschreiben und daher konkretisieren, werden die folgenden definiert:

- *Substitution:* Eine Metapher nimmt den Platz des »eigentlichen« Wortes ein, ohne den kognitiven oder semantischen Inhalt zu verändern. Zum Beispiel: »Das Morgenlicht färbte den Horizont gleich Himbeermarmelade« statt: »Das Morgenrot war von dunklem Pink«.
- *Übertragung:* In der Metapher überträgt der Erfinder die Farbe von Himbeermarmelade auf den morgendlichen Himmel am Horizont. Wie bereits ausgeführt, können wir nicht beurteilen, auf welcher Ebene der Transfer erfolgt: rein kognitiv, als Kombination von Kognition und Sprache und – so fügen wir beharrlich hinzu – Emotionalität oder auf der des Ausdrucks.
- *Interaktion:* Hier ist die Interaktion zwischen zwei Vorstellungen beziehungsweise zwischen metaphorischem Ausdruck und dem Kontext gemeint. Die Metapher weckt in uns Kontinentaleuropäern die Vorstellung eines Frühstückstisches, auf dem ein Gefäß mit Himbeermarmelade steht. Dabei fokussiert die Metapher die Farbe und stellt den Bezug zu Sonnenaufgangsfarben und deren Erleben her. Anders gesagt: Die Metapher verbindet Morgenrot mit Himbeermarmelade und weckt die Assoziation zu einem (romantischen) himbeerfarbenen Morgenlicht. Die Grundlage dieser Beziehung ist die Farbe, und wenn das emotionale Moment der Stimmung (romantisch, idyllisch, lebensfroh) miteinbezogen wird, gelingt die atmosphärische Übertragung durch die Kombination von Farbe, Morgenlicht und Erfahrungen, die der Adressat der Metapher in einer solchen Szenerie gemacht hat.

- *Projektion (auch Mapping genannt):* Die Metapher setzt zwei konzeptuelle Bereiche in Beziehung zueinander: den des Morgenlichts und den der Himbeermarmelade. Dieser Bezug ermöglicht erst, dass wir Empfänger eine konkretere (durch die Konzeptbereiche strukturell vorgegebene) Vorstellung von dem gewinnen, was es mit dem Morgenlicht auf sich hat. Die Metapher verfährt dabei selektiv und schildert uns nicht den gesamten Himmel, sondern einen Ausschnitt: den Horizont.
- *A mittels B oder A als B verstehen, imaginieren, darstellen:* Die Metapher vermittelt die Färbung des Morgenlichts am Horizont mithilfe von Himbeermarmelade. In der Version »A als B verstehen«, lautete die Deutung: Die Färbung des Morgenlichts am Horizont ist Himbeermarmelade. (Zur Erklärung: Dies wäre eine ontologische Metapher und folgte der Architektur der Aussage, die ein Klient machte: »Der Kollege K. ist eine Schlange!«).

Diese Begrifflichkeit ist nicht absolut zu setzen, sondern offeriert Termini, kognitive Konzepte, um Metaphern systematisch analysieren und anwenden zu können.

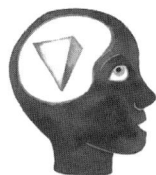

> ### Übung: Metaphernanalyse
>
> Wenn Sie mögen, probieren Sie es einmal aus und untersuchen Metaphern mit dem »geistigen Auge« des Analysierenden und mithilfe der vorher genannten Kategorien.
>
> Nehmen Sie Metaphern, die Ihnen gerade einfallen, notieren Sie sie und wählen Sie anschließend aus, welche Sie sezieren möchten.
>
> > Einige Beispiele, die Sie sich ebenfalls anschauen können: »Die Streithammel kämpften mal wieder in der Arena vor Publikum«, »Da haben zwei frohe Herzen zueinander gefunden«, »Ich bin eine Möbiusschleife«, »Er wütet orkanartig in der Abteilung«, »Er hält sich für Don Juan«, »Auch wenn die Zeiten unsicher sind – wie kann man sich nur so schleimend verhalten?«, »Wie Wölfe aus verschiedenen Rudeln setzen die neuen Kollegen erst einmal Duftmarken, um klarzumachen, wo wessen Revier beginnt und wo es endet«, »Sie saust herum wie ein Wirbelwind«.

Und nun, werte Mitreisende, lade ich Sie zu einer Erfrischung ein, bevor wir uns zu den Orten der nächsten Vorträge aufmachen. Sie können einige Metaphern sammeln, die Sie beflügeln, die Sie freudig erregen und beleben und die Sie auf die nächste Teilstation unserer Reise neugierig machen.

Allegorie, Personifikation, Vergleich und Analogie

Nach unserer Verschnaufpause spazieren wir zum Schilfrohrgürtel, den Sie von hier aus erkennen können. Dort warten Referenten auf uns, die uns in einem kursorischen Lauf nahe Verwandte der Metapher – vielleicht würden einige Forscher von nahen Bekannten sprechen – vorstellen. Die vergleichsweise kurzen Vorträge können wir damit rechtfertigen, dass wir die Metapher als Paradigma, als Prototyp sprachlicher Bilder beziehungsweise bildlicher Rede behandeln. Am ausführlichsten fällt der Vortrag zur Allegorie aus.

Allegorie und Personifikation

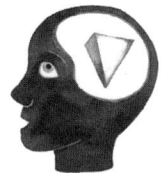

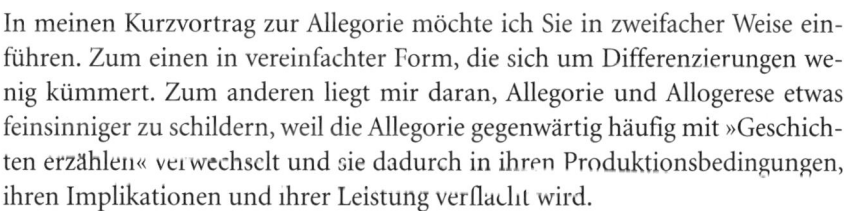

Übung: Spontanreflexion über Allegorie und Personifikation

Überlegen Sie für einen Moment, was Sie unter einer Allegorie verstehen. Vielleicht erinnern Sie sich an Ihren Deutschunterricht in der Schule, wo Sie vermutlich Texte erhalten haben mit der Aufforderung, allegorische Deutungen zu formulieren.
Mit dem Terminus Personifikation können Sie vermutlich unwillkürlich mehr anfangen. Welche fallen Ihnen ein?

Machen Sie sich, wenn Sie möchten, wieder Notizen.

In meinen Kurzvortrag zur Allegorie möchte ich Sie in zweifacher Weise einführen. Zum einen in vereinfachter Form, die sich um Differenzierungen wenig kümmert. Zum anderen liegt mir daran, Allegorie und Allogerese etwas feinsinniger zu schildern, weil die Allegorie gegenwärtig häufig mit »Geschichten erzählen« verwechselt und sie dadurch in ihren Produktionsbedingungen, ihren Implikationen und ihrer Leistung verflacht wird.

Am 28. Juli 2009 sah ich den österreichischen Fernsehfilm »Brüder III« (2006). In dem Film macht sich einer der Brüder, Adrian, auf, um den Jakobsweg zu absolvieren. Aus jeweils unterschiedlichen Gründen gesellen sich – ohne dass Adrian vorher davon gewusst hat – seine Brüder im weiteren Verlauf zu ihm, sodass sie schließlich zu dritt auf dem Weg sind.

> Auf einer einsamen Straße sehen sie einen alten Mann am Straßenrand, den Adrian fragt, ob sie ihm helfen können. Das Fazit dieses lustigen Dialogs ist, dass der alte Mann, ein 75-jähriger Holländer namens Ari, mit ihnen weiterzieht. Während die zwei Brüder einige Meter vor ihnen laufen, unterhalten sich Adrian und Ari. Es regnet stark. Während dieser Un-

Beispiel einer allegorischen Deutung: Leben als Pilgerreise

terhaltung hadert Adrian mit sich und seiner Pilgerreise, und Ari erzählt sinngemäß: »Ja, so eine Reise fordert den Reisenden, und er, der Reisende, muss gut gepackt haben. Es ist schon in Ordnung, wenn es regnet, aber es soll doch nicht immer regnen, auch wenn man Regenkleidung dabeihat. Sonne und Regen sollten einander abwechseln. Beschwerlich ist es manchmal, aber es kommt darauf an, die Hindernisse zu akzeptieren, an denen man sich bewähren kann.«

Diese kurze Dialogszene können wir allegorisch deuten: Ari spricht vordergründig und durchaus erwartbar im Kontext der Pilgerreise. Seine Worte entzünden sich vermutlich sowohl am starken Regen und den damit verbundenen Unannehmlichkeiten als auch an der Grübelei von Adrian. Wir können Aris Einwurf zusätzlich auf einer weiteren Ebene deuten, die man den Subtext oder Metatext nennen kann: Er spricht vom menschlichen Leben als einer abwechslungsreichen, zuweilen sonnigen und zuweilen regnerischen Reise, während derer der Reisende unterschiedliche Hindernisse und Widrigkeiten zu überwinden hat und dabei lernt, innerlich »wächst« und immer auch bedenken möge, dass es »gute Zeiten« gebe. Mit diesen zwei Interpretationsebenen haben wir ein Charakteristikum allegorischer Rede: Zwei Bedeutungen oder Deutungsweisen werden durch einen einzigen Text ermöglicht und existieren unabhängig voneinander.

Allegorie und Allogerese

Sobald wir einen Text allegorisch hören oder lesen, deuten wir ihn auf mindestens zwei Ebenen. Diesen interpretativen Prozess meint der Begriff der Allegorese. Wenn wir allegorisch interpretieren, verstehen wir einen Text sozusagen doppelt, indem wir zum einen den unmittelbaren Ausführungen folgen und sie als das nehmen, was sie sind, und zum anderen, indem wir von diesem direkten, unmittelbar einleuchtenden und verständlichen Wortsinn auf eine andere, oft als tiefer bezeichnete Bedeutung schließen.

Dabei nutzt die Allegorie bildliche Ausdrucksmöglichkeiten. Allegorie ist im Griechischen zusammengesetzt aus »anderswie« und »sprechen«: Die Allegorie sagt durch eine implizite Analogie etwas durch etwas anderes, sie stellt einen Begriff, einen Sachverhalt, eine Szenerie mehrdeutig und in Bildern oder Verkörperungen dar.

Kurzdefinitionen bestimmen eine Allegorie als ein Gleichnis, ein Sinnbild, häufig in personifizierter Form. Sie entstammt der bildenden Dichtung und Kunst, und oft wird sie in Mythen, in Fabeln und Parabeln verarbeitet.

Die Darstellungsform der Allegorie erwächst aus der Vorstellungswelt der griechischen Mythologie, dem antiken Griechenland. Dort nahm man an, dass sich Götter und höhere Mächte in Mysterien und Orakeln äußern und man, um den »eigentlichen Sinn« zu erfassen, zwischen den Zeilen lesen, hinter die Worte hören musste.

Zwischenfazit: Die Allegorie sagt: »Etwas ist dies und nicht dies beziehungsweise auch dies«, und sie nutzt dafür bildreiche Sprache. Damit ist klar, dass sich die Allegorie aus (mindestens) zwei konzeptuellen Bereichen speist. Zumeist ist der bildliche Herkunftsbereich narrativ ausgestaltet, und – via Analogie – verhält sich kohärent zur Sinnfolge im abstrakteren Zielbereich, sozusagen dem virtuellen Text, der auf die »tiefere« Bedeutung verweist. Um eine Allegorie zu konstruieren, kann man ebenso umgekehrt verfahren: Man hat eine Idee und ersinnt um diese Idee herum den allegorischen Text. In der Literatur ist beispielsweise beliebt, innere Stimmungen in Begriffen und Bildern von Wetterszenarien zu beschreiben. Dann haben wir einen Text, der uns die Wetterlage schildert und gleichzeitig einen Text, der uns Auskunft gibt über intrapsychische, vor allem emotionale Bewegtheit.

> Beispielsweise deutet ein »Blitzschlag« in einem Szenarium, das ein Gewitter ausmalt, gleichzeitig eben diesen Blitzschlag an und eine »Wahrheit«, die uns plötzlich »überkommt«.

Ein allegorischer Text erlaubt mindestens zwei Deutungen. Die mit der Lektüre oder dem Hören verflochtene Unterstellung, dass es sich um einen allegorischen Text handelt, ist freilich nicht willkürlich. Vielmehr bedarf es einer »methodischen Vermutung« (vgl. Kurz 2009, S. 33), die den Text systematisch untersucht auf Textelemente, die für die allegorische Bedeutung nötig und relevant sind.

Allegorischen Lesen bedarf der methodischen Vermutung

Dieser Entschlüsselungsvorgang arbeitet mit zwei Erkenntniskategorien: »wörtlich« und »allegorisch«. Die Analyse hangelt sich zunächst entlang der wörtlichen Bedeutung, dem unmittelbar Verständlichen. Dies entspricht unserer »Verstehenserwartung« (Kurz 2009, S. 33) insofern, als wir mit dem Text ohne (bewusste) Deutungsanstrengung und ohne Nachdenken, unmittelbar etwas anfangen, ihm Sinn verleihen können.

Die zweite Ebene ist die der allegorischen Bedeutung: Hier müssen wir interpretative (hermeneutische) Akte explizit durchführen. Das bedeutet: Um die Allegorie erfassen zu können, bedürfen wir des Bewusstseins, dass wir deuten müssen, und wir tun dies, indem wir die wörtliche Bedeutung und ausgewählte

Textelemente in andere Sphären oder Zusammenhänge tragen. Die Architektur der Analyse dieser hermeneutischen Beziehung der zwei Textebenen formulieren wir mit den Formeln: »X ist« oder »X bedeutet«, alltagssprachlich verstärkt durch »an der Oberfläche ist das X ein X«, aber/und »eigentlich bedeutet X nämlich/auch Y«. Beide Texte sind unabhängig voneinander insofern, als sie eigenständig aufgebaut und nachvollziehbar sind. Wie bei einem Vexierbild sieht der eine dies, der andere das und andere erkennen beides. Im visuellen Bereich verwenden Berater und Trainer häufig das Bild der alten/jungen Frau: Eine einzige Darstellung lässt zwei unterschiedliche Deutungen unabhängig voneinander zu.

Sodann: Was sind »relevante Textelemente«, die auf einen allegorischen Text schließen lassen? Auch hier können wir strukturell auf die visuelle Darstellung und das Erfassen des Vexierbildes der alten/jungen Frau verweisen (analogisieren). Der Zeichner muss bestimmte Zeichen strukturell in einer Weise strichen oder malen, die funktional das jeweils andere Bild »triggern«, also auslösen können. Die entsprechenden Linien, Punkte, Striche müssen erlauben, sowohl die junge als auch die alte Frau zu erkennen. Diese funktional wirksamen Strukturmerkmale erfüllen eine Scharnierfunktion, fungieren als Transmissionsriemen, als diejenigen Begriffe oder Sachverhalte, die eine »Übersetzung« ermöglichen.

Allegorische Texte benötigen Deutungsscharniere

Die Analyse eines allegorischen Textes konzentriert sich entsprechend darauf, nach Worten beziehungsweise Schilderungen zu fahnden, die diese Scharnierfunktion ausüben, die die besagten Übergänge von einer zur anderen Bedeutungsebene initiieren können. Die erste, wörtliche und explizite Ebene wird als individuelle bezeichnet. Sie ist unproblematisch: Wir verstehen, was wir verstehen, weil wir in die Worte und Sätze spontan erwarteten Sinn hineinlegen.

Die zweite Ebene ist komplizierter. Wenn wir annehmen, dass der Autor eines Textes einen bestimmten Sub- oder Metatext, eine bestimmte allegorische Deutung nahelegen möchte, dann setzt die allegorische Entschlüsselung voraus, dass die Leser oder Hörer dies grundsätzlich erfassen können. Sie benötigen ein Wissen, zum Beispiel über gesellschaftliche Verhältnisse, wissenschaftliche Entwicklungen, Moden und anderes mehr, das zunächst unabhängig von dem Text ist, eine Art Bildung, die die Grundlage und die Bedingung dafür ist, eine Allegorie als eine solche möglichst interpretieren zu können. Um die zweite, implizite Bedeutungsebene und deren Inhalte oder Botschaften überhaupt erkennen zu können, bedarf es also eines Vorwissens.

> Wenn wir zum Beispiel keine Vorstellung davon haben, in welcher Zeit Goethe lebte, wie er die Morgendämmerung der Moderne mit ihren enormen technischen Fortschritten und Erfindungen, mit ihren tradierte Paradigmen zerstörenden und neue schöpfenden Entdeckungen empfand und beurteilte, dann können wir bestimmte allegorische Szenen im »Faust« nicht als allegorische verstehen.
>
> In diesem Fall verharren wir bei dem Genuss der unmittelbaren Darstellung und verbleiben in der »Geschichte«, in der Tragödie von Faust. In diesem Fall registrieren wir nur einen Text. Uns entgeht die Polysemie, die Vieldeutigkeit des Textes, die den Text zu einem allegorischen erst im Erkenntnisakt macht.

Dies weist darauf hin, dass eine Allegorie erst durch den Leser beziehungsweise Hörer realisiert wird: Die semantische Mehrdeutigkeit wird hergestellt, indem Leser/Hörer einen Text als allegorischen vermuten oder erwarten, und der Text wird zum allegorischen Text im Akt der Interpretation.

Dass wir ein (mit dem Autor idealerweise geteiltes) Vorverständnis benötigen, um einen Text als allegorischen dechiffrieren zu können, macht nachvollziehbar, dass sowohl beim Schaffen als auch beim Deuten einer Allegorie das Gedächtnis eine unabdingbare Rolle spielt. So erstaunt es nicht, dass die Allegorie auch memorial gedacht ist, nämlich im Sinn des Abrufs von Gespeichertem. Beispielsweise setzen Allegorien in Renaissance und Barock ein umfangreiches Gedächtnis für Mythologien und Personifikation voraus, um Texte allegorisch entziffern zu können. Leser/Hörer rekonstruieren mit ihrem Gedächtnismaterial die Allegorie.

Hilfestellungen für das Verstehen allegorischer Texte

Dabei sind Leser/Hörer nicht immer auf sich allein gestellt. Es gibt Autoren, die Hör- oder Leseanweisungen geben, um sicherzugehen, dass ihr Text als allegorischer verstanden wird. Diese Regieanweisung folgt dem Muster: »Lies den Text und denke dabei auch an ...«, oder: »Wenn du dies und dies liest, bedeutet das auch ...«. Etwa: Lies den Text von Goethes Faust und bedenke gleichzeitig die wissenschaftlichen Kontroversen in den Natur- und Technikwissenschaften, denke an die revolutionären Ausbrüche jener Zeit, an Goethes Sympathien für Reformation als Bewegung für Veränderungen und seine Antipathien für revolutionäre Umbrüche.« Oder: »Lesen Sie die Geschichte von Dr. Jekyll und Mr. Hyde, und erinnern Sie sich dabei an das grundlegende Persönlichkeitsmodell und Dampfmaschinenkonzept psychodynamischer Prozesse der Psychoanalyse Sigmund Freuds.«

Metapher und Allegorie

Das Bedürfnis, Metapher und Allegorie voneinander abzugrenzen, ist unter Theoretikern wie Praktikern unterschiedlich ausgeprägt. Die Angehörigen der Kontrapartei verweisen auf Gemeinsamkeiten, innere Verwandtschaft und ähnliche Logiken. Die Argumentation lautet, verkürzt und vereinfacht: Wie die Metapher erlaubten Allegorie und Allegorese, Bedeutungen zu begründen, zu stiften und zu finden und dies vorwiegend mittels bildreicher Sprache. Allegorien seien fortgeführte Metaphern oder deren Abfolge. Da jede Metapher das Potenzial in sich trage, allegorisch ausgestaltet zu werden, sei die Unterscheidung müßig. Die Allegorie biete bezüglich der Produktion von Texten die Möglichkeit, Metaphern unbegrenzt auszugestalten und ermögliche bezüglich der Rezeption von Texten eine grundsätzlich unbegrenzte Interpretierbarkeit (vgl. Kohl 2007, S. 89 ff.).

Gerhard Kurz plädiert entschieden für eine Abgrenzung (2009, S. 30 ff.): Bei der Metapher sind wörtliche und metaphorische Elemente syntaktisch und – im übertragenen Sinn – semantisch verbunden. Herkunfts- und Zielbereich sind aufeinander bezogen, und die Leseanweisung lautet: »Nimm dies für das.« Es gibt nur eine Bedeutungsebene, die Bedeutungen verschmelzen partiell.

Die Allegorie liefert uns – ein überpersonales Wissen vorausgesetzt – zwei Texte, die unabhängig voneinander gelesen werden können. Der zweite Text, der von der wörtlichen Darstellung abweicht, wird vom Leser/Hörer nach Maßgabe seines Gedächtnisses, seinen Vorerfahrungen, seines Wissens rekonstruiert. Diese Rekonstruktion der Bedeutung, von der unterstellt wird, sie sei vom Autor intendiert, folgt einem Raster von Worten oder Schilderungen, die die erwähnte Scharnierfunktion ausüben. Sie fungieren als »Schlüssel«, die die Tür öffnen, um von dem wörtlichen, direkt erlebbaren Raum in den allegorischen übertreten zu können.

Um eine Metapher verstehen zu können, bedarf es zwar auch eines Repertoires an Vorkenntnissen. Wir müssen im Groben wissen, wie ein Fußballspiel funktioniert, um das Fußballspiel als Metapher für komplexe Abläufe begreifen zu können. Bei der Allegorie wird dieses Vorwissen inhaltlich zugespitzt: Es kommt darauf an, dass wir das Erinnerbare, unser Wissen, mit dem Autor teilen. Es muss Überlappungen im Wissen geben, die »Dreh- und Angelpunkt« für die Modi sind, in denen wir den Text verstehen. Die Allegorie verlangt insofern, dass wir einen Ausschnitt eines umfangreichen kulturellen Gedächtnisses gegenwärtigen können, auf den sich der Autor einer Allegorie bezieht. Mein Partner kommentierte diesen Aspekt der Allegorie mit den Worten: »Dann ist allegorische Rede in gewisser Weise elitär, exklusiv und schließt alle Nichtwissenden aus. Vielleicht wird sie ja deshalb so häufig zur Geschichte verflacht.« Beidem kann ich zustimmen.

Illustrierender Exkurs zu Allegorien bei Goethe

Das Erfordernis des gemeinsamen Vorwissens von Autor und Rezipient demonstriert der außergewöhnliche Umfang und die bunte Vielfalt an Lesarten, Kommentierungen und Analysen von Goethes poetischem Hauptwerk, dem Faust I und Faust II. Insbesondere der Faust II – als ganzer Text und in Teilen seiner Szenerien – hat zahlreiche und unterschiedliche allegorische Lesarten erfahren.

Eine in sich vielstimmige Version dieser hermeneutischen Mannigfaltigkeit deutet Faust II als allegorische Darstellung des Übergangs von der ständisch strukturierten Feudal- zur kapitalistisch-industriellen Bürgergesellschaft. Sie hebt hervor, dass Goethe die an sich abstrakt gewordenen Verhältnisse des 19. Jahrhunderts textlich verarbeitet und auf die Bühne bringt.

Als Charakteristika dieses Verhältnisses von abstrakt und konkret gelten typischerweise: Menschen begegnen einander immer weniger beziehungsweise nicht mehr als Personen, sondern als Rollenträger. Sie werden als Typen, als Charaktere, als Form präsentiert, erkennbar etwa daran, dass sie keine Namen tragen, sondern nur in ihrer Funktion vorgestellt werden. Persönliches, Individuelles mutiert, sofern es noch aufscheint, zu einem Anhängsel der Rolle. Dinge werden zu Waren auf dem Markt, degradieren zu reinen Tauschobjekten, die in ihrem eigentlichen Wert nicht mehr aufscheinen. Die Natur imponiert vornehmlich als anzueignende und verarbeitete, kaum noch als sinnliche Erfahrung, und auch sie wird auf einen Warencharakter gestutzt. Gernot Böhme (1999, 2007 als Hörbuch erschienen) erweitert diese Interpretation von der allegorischen Darstellung als Ablösung der feudalistischen durch die bürgerliche Gesellschaft insofern, als er meint, hier greife Goethes Lehre von der Vanitas: der Vergeblichkeit und Künstlichkeit menschlicher Verhältnisse. Goethe sehe die feudalistischen Verhältnisse bereits als imaginäre, und die feudalistische Gesellschaft sei insofern eine imaginäre Institution. Das bedeute, Goethe verstehe die wirklichen Verhältnisse, die Empirie, selbst als Allegorie.

Zur Illustration dieser Deutungsweisen hier einige Konkretisierungen: Goethe nimmt die Allegorie als ein poetisches Stilmittel, das das Begriffliche und Allgemeine durch ein Einzelnes bestimmt. Die Allegorie nimmt das Allgemeine und repräsentiert es durch ein Einzelnes. Das Einzelne geht im Allgemeinen nicht auf, kann nicht mehr exemplarisch dargestellt werden und nutzt deshalb anderes, um es zu präsentieren. Im Barock werden beispielsweise die Tugenden versinn(bild)licht durch Jungfrauen, Putti und Ähnlichem; die vier Elemente Feuer, Erde, Luft, Wasser werden ebenfalls durch Putti oder Frauen visualisiert, die entsprechende Insignien zur Erkennbarkeit tragen, etwa einen Krug, aus dem Wasser läuft, Muscheln als Schmuck oder Dekoration der Kleidung. Goethe präsentiert die Agrikultur in der Gestalt von Gärtnerinnen, Ährenkranz, Olivenzweig mit Früchten, Rosenknospen; oder die Furien in der Gestalt von Alecto, Megäre, Tisiphone.

Zwar war zu Goethes Zeit die allegorische Dichtung in Verruf geraten und harscher Kritik ausgesetzt. Man hielt sie für nicht authentisch und zu abstrakt. Deshalb könnte es erstaunen, dass Goethe genau diese Darstellungsweise wählt. Verständlich wird dies, wenn wir in Betracht ziehen, in welchem Verhältnis Goethe zur Tradition in Beziehung zu den politischen, sozialen, technischen Veränderungen stand, die sich anbahnten beziehungsweise die herannahten. Einzubeziehen ist dabei, dass Goethe etwa 50 Jahre als Staatsminister und Leiter diverser Kommissionen am fürstlichen Hof tätig war. Weltfremdheit konnte man ihm also nicht vorwerfen. Gerade weil er die Innenverhältnisse so gut kannte und Zeitzeuge sowohl der Französischen Revolution als auch der von 1830 war, vermochte er diese Vertrautheit mit den realen Verhältnissen in Beziehung zu setzen zu seinen Überzeugungen. Zudem ist bekannt, dass Goethe sich für revolutionäre Umschwünge, die mit Gewalttätigkeit einhergingen, nicht erwärmen konnte. Goethe hielt an der ständischen Feudalordnung fest, war Monarchist, allerdings in einer sehr speziellen Weise. Zum einen weil er die republikanische Zuversicht, dem Volk politisches Mitspracherecht einzuräumen, nicht teilte. Er traute diese Art von Mündigkeit dem Volk nicht zu. Vielmehr pflegte er ein paternalistisches Verständnis und stellte die Fürsorge der Regierenden für die Regierten in den Mittelpunkt. Zum anderen war seine Loyalität zum Monarchismus insofern raffiniert, intellektuell feinsinnig wie wach, als er die Form des Monarchismus für gut hielt, allerdings die Art und Weise, wie sie von konkreten Menschen verwirklicht wurde, drastisch bemängelte. Seine Hauptkritik entzündete sich an der Regentschaft qua Geburt und nicht qua Eignung. Nachvollziehen können wir dies an dem »Kaiser« im Faust. Goethe sah auch die Aneignung der Natur und ihre gestutzte Existenz auf die Funktion, Material für technische, »kultivierende«, künstliche Eingriffe und Umformungen zu sein, sehr skeptisch, und sein Anliegen galt der Versöhnung von Natur und Kultur.

In diesem nur angedeuteten Kontext finden wir konkrete Anhaltspunkte für Goethes Allegorien in Faust II, besonders evident in folgenden Szenen: Die Geschichte des Homunkulus in Faust I, besonders in Faust II thematisiert ausschnittsweise Goethes Naturphilosophie, einschließlich seiner Anschauung der Beziehung zwischen Technik und Natur. Der Homunkulus wird erschaffen durch Wagner: »Es wird ein Mensch gemacht.« (vgl. Schöne/Wiethölter 1998, S. 237). Allerdings ist er unvollständig, da nur »Flamme«; ihm fehlt die

Körperlichkeit, die Materie: »Es leuchtet! Seht!«. Hier steht die Frage nach der künstlichen Natur im Raum. Vor allem im Faust II und insbesondere in der klassischen Walpurgisnacht wird das alchimistische Projekt als Projekt künstlicher Naturherstellung in den Naturzusammenhang zurückgestellt, indem der Homunkulus dank Galatea mit dem weiblichen und dem Lebensprinzip des Wassers in Berührung kommt. Homunkulus geht ins Meer ein und betritt den Weg der Metamorphose und Evolution.

Sie sehen: Ein thematisches Bündel wird mit Faustens Kolonisierungsprojekt aktiviert. Ob und inwiefern ist Natur beherrschbar und technisch reproduzierbar? Inwiefern tut Technik Menschen und Natur Gewalt an? Welche Auswirkungen haben drastische Eingriffe in die Natur auf das Zusammenleben von Menschen? In dem Kolonisierungsprojekt gibt es Sklaven, Tote (das alte Ehepaar Philemon und Baucis) und allerlei Hindernisse, die nur mit Mephistopheles' Unterstützung überwunden werden, um dem Meer Land abzugewinnen. Faust ist in einer der letzten Szenen völlig berauscht von dem Anblick, denn er vermengt Landgewinnung gegen die Naturgewalten mit Fortschritt und der Hoffnung auf eine bessere Gesellschaft, mit einem guten Dienst an den Menschen, mit einer Gesellschaft neuen Typs, seiner Sozialutopie:

> »Eröffn' ich Räume vielen Millionen,
> Nicht sicher zwar, doch tätig-frei zu wohnen.
> Grün das Gefilde, fruchtbar; Mensch und Herde
> Sogleich behaglich auf der neusten Erde,
> Gleich angesiedelt an des Hügels Kraft,
> Den aufgewälzt kühn-emsige Völkerschaft.
> Im Innern hier ein paradiesisch Land.«
> Und:
> »Auf freiem Grund mit freiem Volke stehn.«
> (Schöne/Wiethölter 1998, S. 387 f.)

Als typische allegorische Szenen seien noch erwähnt in Faust II, Akt 1: kaiserliche Pfalz, dort: Mummenschanz, Geldzauber und Helenazauber. Beim Mummenschanz, dem Karneval am kaiserlichen Hof, ist die allegorische Darstellung des 19. Jahrhunderts, des gesellschaftlichen Lebens allgemein. Allegorisch erscheinen Agrikultur, Forstwirtschaft, Jagd und Bergbau; ferner verkörpte Institutionen und andere Abstrakta wie Reichtum (Plutus), Poesie (Knabe Lenker); in Gruppen dargestellt die Tugenden und die Furien. Dass es sich um Allegorien handelt, legt Goethe einigen Figuren in den Mund, etwa dem Knaben Lenker, der Poesie:

>»Die Bewundrer Kreis um Kreise
Herold auf! Nach Deiner Weise,
Ehe wir von Euch entfliehen,
Uns zu schildern uns zu nennen;
Denn wir sind Allegorien
Und so solltest Du uns kennen.«
(Schöne/Wiethölter 1998, S. 195)

Eine klassische barocke Szenerie von Figuren, Inkarnationen und Formen also. Der Mummenschanz, so führt Gernot Böhme die allegorische Deutungsoption erweiternd aus, in der Szenenfolge des kaiserliches Hofes, sei selber ein Mummenschanz: Natürliche Personen erscheinen in allegorischer Aufmachung (Kleidung, Dekorationen wie Embleme, Insignien der Macht wie Robe, Zepter und anderes mehr) und bilden die Auffassung des 18. Jahrhunderts ab, das dem Leben etwas Theatralisches anhaftet. Die Figuren fungieren als Bedeutungsträger abstrakter, allgemeiner Verhältnisse und Normen und nicht als empirisch-wirkliche Charaktere.

Beim Geldzauber handelt es sich um die Einführung von Papiergeld. Geld als Schein beziehungsweise Schein als Geld, mit dem allerdings wirklich hantiert wird. Insofern wird Virtuelles praktisch wirksam – auch hier also eine imaginäre Größe, die konkrete wirkliche Auswirkungen hat. (Den Bezug zur aktuellen Finanz- und Wirtschaftskrise mögen Sie gern selbst herstellen.) Etwa: Der »Kanzler«, der die »Zauberblätter« (Narr), die Schuldscheine und anderes »Papiergeld« meinend, ebenso verwundert wie erfreut so qualifiziert:

>»Beglückt genug in meinen alten Tagen.
So hört und schaut das schicksalschwere Blatt,
Das alles Weh in Wohl verwandelt hat.«
Er liest
»Zu wissen sei es jedem ders begehrt:
Der Zettel hier ist tausend Kronen wert.
Ihm liegt gesichert als gewisses Pfand
Unzahl vergrabnen Guts im Kaiserland.
Nun ist gesorgt damit der reiche Schatz,
Sogleich gehoben, diene zum Ersatz.«
(Schöne/Wiethölter 1998, S. 212)

Und der »Schatzmeister« zerstreut Bedenken und Zweifel des Kaisers mit der Hymne an dem nun geschaffenen Wohlstand:

> »Seht eure Stadt, sonst halb im Tod verschimmelt,
> Wie alles lebt und lustgenießend wimmelt!
> Obschon Dein Name längst die Welt beglückt,
> Man hat ihn nie so freundlich angeblickt.
> Das Alphabet ist nun erst überzählig
> In diesem Zeichen wird nun jeder selig.«
> (Schöne/Wiethölter 1998, S. 210 f.)

Der Helenazauber als Beschwörung der Helena mithilfe der Laterna magica (rauchiger Nebel erzeugt ein Bild) wird das Imaginäre, das wirkliche Auswirkungen zeitigt, noch einmal gezeigt: virtuelle Realität ist zugleich wirklich und nicht wirklich. Goethe ist es ein Anliegen, die imaginäre, virtuelle Realität, in der die Menschen leben, darzustellen. Helena erscheint infolge einer neuartigen technischen Möglichkeit; sie manifestiert sich als Bild und wirkt als Bild. Zusätzlich zu dem Aspekt des Imaginären, das empirische Wirkungen zeugt, verkörpert Helena nicht eine konkrete Frau, eine individuelle Persönlichkeit, sondern das Abstraktum Schönheit. Sie ist nicht Persönlichkeit, sondern Allegorie und wird sich selbst »zum Idol«. (Um die Relevanz der Schönheit einschätzen zu können, bedürfte es näherer Ausführungen zu der Historie von Schönheit, einschließlich ihrer philosophischen Betrachtung und der Entwicklung der philosophisch-ästhetischen Theorie.)

Besonderer Beliebtheit erfreuen sich Allegorien, die narrativen, erzählerischen, epischen und deskriptiven, also beschreibenden Mustern folgen. Wir finden Sie beispielsweise bei Charles Dickens' »Jonathan Swift«, einem Roman, der sowohl die Geschichte des Jungen als auch Stellungnahme, Analyse und Kritik der damaligen Gesellschaft des Autors bereitstellt. Wir finden sie ebenso bei Franz Kafka, beispielsweise in »Der Bau«, »Beschreibung eines Kampfes« sowie in »Das Urteil«, wo das Geschehen als Erzählung für sich genommen werden und wir zudem denselben Text als Material nehmen können, um eine andere, persönliche Bedeutung und damit einen anderen Text generieren können, indem wir das Geschehen ins Innere des Autors verlegen und mit psychologischen Kategorien deuten.

Buchtipp: Sollten Sie neugierig darauf sein, wie literarische Beispiele allegorischer Texte ausbuchstabiert werden, empfehle ich Ihnen Gerhard Kurz, 2009.

Nach diesen Ausführungen möchte ich überleiten zu weiteren Sprachbildern, die wir im Schnelldurchgang und in vereinfachter Definition zur Kenntnis nehmen. Also gehen wir flotten Schrittes weiter …

Zunächst die Personifikation: Zu Beginn des Vortrags bat ich Sie, einige Personifikationen zu notieren. Vielleicht ist Ihnen die eine oder andere eingefallen, die ich beispielhaft im Folgenden nennen werde. Allegorisch sprechen Sie dann, wenn Sie einen abstrakten Begriff durch ein – hier: personifizierendes – Bild darstellen. Verständlichkeit hängt – je nach Allegorie – von Bildung, Belesenheit und Vorwissen ab.

- Gerechtigkeit: Frau mit verbundenen Augen und zwei Waagschalen.
- Bösartigkeit: Teufelsfigur.
- Leichtigkeit, Fröhlichkeit: Sonne.
- Schläue: Gevatter Fuchs.
- Güte, Wunder: die gute Fee.
- Unheil: Kassandra.
- Gestaltungsmacht, Kontrolle: Gehirn.
- Liebe: Amor.
- Das Böse: Teufel.
- Zwiespalt: Faust.
- Weisheit: Orakel.
- Ruhm: Lorbeerkranz.
- Rechtsfanatiker, auch Querulant: Kohlhaas.

Personifikation

Personifikation bedeutet »zur Person machen«. Allgemeine, abstrakte Begriffe, Gegenstände oder Sachverhalte werden als Person mit bestimmtem Charakter beziehungsweise Attributen, Insignien versinnbildlicht. Die Insignien müssen gedeutet werden, um die Darstellung als allegorische identifizieren zu können. Personifikationen verleihen also einem Abstraktum konkrete Gestalt, oft mit Requisiten, die Verweisungsfunktion haben und den Träger mit Bedeutung versehen. Dazu gehören beispielsweise Zepter, Schild oder Waagschalen. Auch dazu finden wir in Goethes »Faust« zahlreiche Darstellungen.

Gängige Beispiele sind: Gerechtigkeit als Göttin Justitia mit zwei Waagschalen und verbundenen Augen; die Erde als Mutter; den Staat als Vater; die Darstellung der Regierungsform bei Thomas Hobbes als Leviathan.

Die genannten Beispiele zeigen allegorische Personifikationen. Sie sind nur dann verständlich, wenn wir auch hier doppelt lesen, also die Zeichen deuten als das, als was sie erscheinen. Das bedeutet: Wir nehmen das, was wir hören/lesen (Begriff) oder sehen (Statue) für sich unmittelbar wahr und gleichzeitig erfassen wir die historische oder anders geartete Einbettung der Darstellung.

Wenn wir nicht wissen, dass die Dame mit den Waagschalen und den verbundenen Augen ein Abstraktum darstellt, dann erkennen wir nicht Gerechtigkeit, sondern schlicht »eine Dame mit Waagschalen in der Hand«. Allegorische Personifikationen sind in diesem Sinn ebenso wie Allegorien anspruchsvoll oder setzen einiges an Wissen voraus.

Allgegenwärtig ist eine weniger traditionsreiche Nutzung von Personifikation, in der Nichtmenschliches oder Nichtpersonifiziertes personifiziert wird. Lakoff und Johnson sprechen von Ontologisierung: Nichtpersonifizierte Phänomene werden mit menschlichen Qualitäten versehen. Wir können auch sagen: Wir anthropomorphisieren, vermenschlichen Nichtmenschliches. Einige Beispiele dafür:

Ontologische Personifikationen

> Die Hirnwissenschaften haben bereits eine revolutionäre These geboren und verändern das Selbstverständnis des Menschen nachhaltig.
> Die Belebung der Konjunktur lässt länger auf sich warten.
> Die Inflation frisst die Zinsen auf.
> Die Theorie gebiert viele Kinder.
> Die Unternehmen Y und Z treffen sich an einem geheimen Ort.
> Das Projekt steckt noch in den Kinderschuhen.

Allgemein gesagt: Diese Variante von Personifikationen verkürzt den sprachlichen Ausdruck, die Personifikationen werden sprachökonomisch eingesetzt. Sie versinnbildlichen, besonders in ihrer allegorischen Funktion. Und sie transportieren oder konzeptualisieren Wertungen. Wenn es heißt: »Die Konjunktur stirbt ab«, dann transportiert der Ausdruck eine Wertung im Kontext einer Anschauung, die das Absterben als vorteilhaft oder schädlich annimmt. Und damit sind weitere Implikationen verbunden, politische wie individuelle, und kanalisieren unser Denken, Fühlen und Handeln. Personifikationen wirken in dieser Hinsicht ähnlich wie Metaphern.

Vergleich und Analogie

Zur Unterscheidung von Vergleich und Analogie

Bei einem Vergleich verknüpfen wir mindestens zwei Dinge, Begriffe, Prozesse, Vorstellungen, Sachverhalte mit der Idee, dass es Gemeinsamkeiten, Übereinstimmungen, Ähnlichkeiten, Entsprechungen gibt. Die Kurzformel lautet: A ist wie B.

Analogie bedeutet »ins richtige oder rechte Verhältnis« setzen. Sie fokussiert systematischer als der Vergleich. Der Analogieschluss ist das Resultat der Operation des Analogisierens, des Ins-Verhältnis-Setzen«. Wenn wir analogisieren, unterstellen wir, dass es Entsprechungen, Ähnlichkeit, Übereinstimmung oder Gleichheit von beziehungsweise in Verhältnissen, Ideen, Prozessen, Vorstellungen gibt. Gleichzeitig bezeichnet es ein Verfahren, mit dem wir erkennen, inwiefern und wo es Übereinstimmungen gibt. Das Analogisieren kreist in der Regel um bestimmte Kategorien oder Merkmale des zu Analogisierenden. Der Analogieschluss ist eine Denkoperation, bei der von einem Gegenstand selektiv auf andere, ihm ähnliche geschlossen wird. Die Kurzformel lautet: »A ist in Hinsicht auf X wie B«.

Drei Operationen sind nötig, um Analogien und Vergleiche ziehen zu können

Bei beiden Spielarten kann man davon sprechen, dass drei Operationen nötig sind, um zwei Begriffe, Dinge, Gegenstände, Vorstellungen, Prozesse, Sachverhalte zu vergleichen beziehungsweise Analogien feststellen zu können: zwei Vorstellungen sowie das Vergleichskriterium. Dieses Kriterium ist es, das uns ermöglicht, Auskunft darüber zu geben, ob und inwiefern sich zwei Sachverhalte ähneln. Das bedeutet auch: Ähnlichkeit ist das Ergebnis der Anwendung dieses Kriteriums, und sie kommt den Dingen nicht an sich zu, sondern wird erst im kognitiven Akt, im Vergleichen beziehungsweise Analogisieren und damit verflochtenen Erkenntnisprozessen hergestellt. Beispiele sind:

> Der Mond leuchtet ähnlich hell wie die Sonne.
> Die Erde ist ein Planet, der Ähnlichkeit mit dem Mars hat – es könnte also sein, dass der Mars ebenso wie die Erde bewohnbar ist.
> Die zwei Projektberichte unterscheiden sich vor allem in der Ausführlichkeit, mit der sie den gesamten Projektablauf wiedergeben.
> Die zwei Bewerber sind ähnlich jung und dynamisch; der eine scheint mir indes intellektuell gewiefter zu sein.
> Chef und Mitarbeiter verhalten sich im Alltag so wie Vater und Sohn.

Die Analogie gilt als weniger allgemein als der Vergleich. Sie provoziert durch die Konzentration auf »das richtige Verhältnis« einen systematisch selektiven Blick auf Merkmale, Strukturen, Funktionen. Diebiologischen Wissenschaften liefern Material für zahlreiche Analogien und Vergleiche. Sie fahnden nach Ähnlichkeiten funktionell gleichwertiger, aber morphologisch verschiedenartiger Organe. Etwa ist der Flügel eines Vogels dem eines Insekts funktional analog oder äquivalent. Oder wir halten Ausschau nach strukturellen Ähnlichkeiten oder Entsprechungen. Als Beispiel habe ich im Brockhaus gelesen: »Die lateinische Grammatik ist mit Regeln gespickt wie ein Fisch mit Gräten.«

Ähnliches kann durch Ähnliches überhaupt oder besser erkannt werden und Ähnlichkeit kann entdeckt werden in Form, Gestalt, Funktion. Beispiele:

> Das Unternehmen oder das Team ist der Familie analog (strukturelle Ähnlichkeit hierarchischer Institutionalisierungen, funktional analog in Bezug auf Rollen-, Machtverteilung und -ausübung).
> Lungen verhalten sich in der Evolution analog zu Kiemen (funktionelle Ähnlichkeit).
> Die Rolle des »Clowns« in einem Projektteam verhält sich analog zu dem Clown im Zirkus (funktionelle Vergleichbarkeit).
> Die Eskalation in dem aktuellen Konflikt entspricht derjenigen, die die Abteilung schon vor der Fusion geschüttelt hat (strukturelle Analogie).
> Computerspiele und Buch verhalten sich zueinander wie Fisch und Fahrrad – sie passen nicht zueinander (strukturelle Analogie).

Nun, welche Bezüge können wir zu unserem Leitthema, der Metapher, herstellen? Ich möchte Ihnen in wenigen Worten drei Aspekte anbieten:

- den bildsprachlichen,
- den erkenntnistheoretischen und
- den direkt an der Metapher orientierten.

Drei Aspekte für den Bezug zur Metapher

Der *bildsprachliche Gesichtspunkt* rückt Vergleich und Analogie in die Welt des Wortschmucks: Sie veranschaulichen durch Bilder und können genauso gut weglassen werden, ohne das Wesentliche zu entstellen. Allerdings helfen beide dem Verstehen und dem Merken, der Gedächtnisbildung.

Der *erkenntnistheoretische Zugang* zeigt besonders den Wert der Analogie. Sie ist eine eher logische oder kognitive Operation, insofern sie Verbindungen herstellt quer über differente Vorstellungen, Gedankenwelten, Erfahrungsbereiche. Darauf komme ich gleich zurück. Erkenntnistheoretisch wertvoll sind

Vergleich und – spezifischer – die Analogie in drei Hinsichten: Erstens steigern sie das Kontingenzbewusstsein, indem sie uns verschiedenartige Betrachtungsweisen oder Blickwinkel nahelegen. Zweitens lenken sie unsere Aufmerksamkeit auf die Leistung struktureller oder funktionaler Äquivalente. Sie antworten auf die Frage, welcher Beitrag geleistet wird, um etwas zu erkennen oder ein Problem zu lösen, und was funktional oder strukturell entsprechend wäre. Und drittens ermöglichen sie zu überprüfen, in welchem Verhältnis ein Ist-Zustand zum Soll-Zustand steht. Wenn ein Team wie eine Familie funktionieren möchte, stellt sich die Frage: Inwiefern ist das Team einer Familie analog? Visioniert die oberste Führungsriege eines Unternehmens dessen Funktionsweise ähnlich der des Gehirns, lautet eine Frage: Was brauchen wir, um das Unternehmen so zu führen, dass es der dezentralen, assoziativen und synchronisierenden Funktionsweise des Gehirns ähnelt? Die gewonnenen Erkenntnisse geben an, wer was tun müsste, um zielgerichtet zu intervenieren.

Ähnlichkeiten zwischen Herkunft- und Zielbereich

Dieser Dreiklang bezieht Vergleich und Analogie stärker auf die Metapher, indem die Ähnlichkeit der Erfahrungsbereiche und die strukturelle Äquivalenz in Metaphern hervorgehoben werden. Wir erinnern uns: Metaphern bilden sich dank eines Herkunfts- und Zielbereichs beziehungsweise der Beziehung zwischen beiden. Es muss also Ähnlichkeiten geben. Nehmen wir als Beispiel die Schilderung von Fernando Pessoa in »Das Buch der Unruhe des Hilfsbuchhalters Bernardo Soares« (2006), der in dem Kapitel »Autobiografie ohne Ereignisse« auf Seite 15 schreibt:

> »Ich betrachte das Leben als eine Herberge, in der ich verweilen muss, bis die Postkutsche des Abgrunds eintrifft. Ich weiß nicht, wohin sie mich bringen wird, denn ich weiß nichts. Ich könnte diese Herberge als ein Gefängnis betrachten, weil ich gezwungen bin, in ihr zu warten; ich könnte sie auch als einen Ort der Geselligkeit ansehen, weil ich hier anderen Menschen begegne. Doch bin ich weder ungeduldig noch gewöhnlich. Ich überlasse die ihrer Neigung, die sich in ihr Zimmer einschließen, träge aufs Bett sinken und dort schlaflos warten, wo wie ich auch die ihrem Treiben überlasse, die sich in den Salons unterhalten, aus denen Stimmen und Musik zu mir dringen und mich angenehm berühren. […] Für uns alle werden der Abend und die Postkutsche kommen. Ich genieße die Brise, die mir vergönnt ist, und die Seele, die man mir gab, um sie zu genießen, und ich hinterfrage nicht weiter noch suche ich. Wenn das, was ich ins Buch der Reisenden schreibe, eines Tages von anderen gelesen wird und sie während ihrer Rast unterhält, soll es gut sein. Lesen sie es aber nicht und finden kein Vergnügen daran, ist es auch gut.«

Der Autor beziehungsweise der Biograf formuliert selbst, worin die Erfahrungsbereiche »Leben« und »Herberge« einander ähneln und zudem, worin die strukturelle Ähnlichkeit besteht: Der Lebende befindet sich in(!) beiden. Beide werden als geschlossene Räume konzipiert, in der unterschiedliche Verhaltensweisen möglich sind: Warten, träge sein, gesellig sein, genießen, schreiben. Beide werden zudem in Beziehung gesetzt zu Bewegung: das Leben als Zugehen auf den Tod, die Herberge als Ort, den man mithilfe der Postkutsche verlassen kann. Die metaphorisch hergestellte Ähnlichkeit stellt in unserem Verstehen eine Kohärenz her, die es uns ermöglicht, die Erfahrungen in den zwei Erfahrungsbereichen als verbindbar zu denken, zu fühlen und zu konzipieren.

Erinnern Sie sich an den Homunkulus, das alchimistische Experiment in Goethes »Faust«, Teil II? An den Zusammenhang mit der Frage nach der künstlichen Herstellbarkeit von Natur? Nun, in der »Zeit« Nr. 32 vom 30. Juli 2009 habe ich auf Seite 27 f. einen Artikel entdeckt, der eine Analogie bereits im Titel trägt: »Lego des Lebens«, von Josephina Maier. Aus diesem Artikel möchte ich Ihnen zum Abschluss dieses Vortrags einige Zitate geben beziehungsweise Paraphrasen, die Ihnen die Analogie in Aktion vorführt.

»Lego des Lebens«

Der Untertitel des Artikels lautet: »Forscher versuchen, neuartige Organismen aus standardisierten Bausteinen zu erschaffen. Ist diese ›Synthetische Biologie‹ Anlass zur Sorge?« Uns interessiert nicht die Antwort auf diese Frage, sondern der Vorgang des Analogisierens.

> Die mentale Wirkung einer Analogie beachtend, bittet der interviewte Forscher Nediljko Budisa: »Bitte schreiben Sie nicht, dass wir eine Frankenstein-Mikrobe erschaffen« – diese Analogie verweist implizit auf die Thematik des »Bauens« oder »Erschaffens« und verlangt nach analogen Operationen. Und diese entstammen einer Vision: »Denn Nediljko Budisa will tatsächlich eine neue Form von Leben erschaffen. In seinem Labor lässt er Mikroben künstliche Eiweißverbindungen erzeugen, die von der Natur nicht vorgesehen sind. Am Ende, sagt er, werde eine ›neue Chemie des Lebens‹ stehen. […] Was Biologen der neuen Fachrichtung tun, verrät ein Blick auf die Internetseite Parts Registry, die von Forschern am Massachusetts Institute of Technology (MIT) betrieben wird. Vieles auf der Seite erinnert an die Legokiste der Kindheit, und tatsächlich ähnelt die Synthetische Biologie in ihrem Ablauf dem Konstruieren von Legobauten. Drei wichtige Schritte lassen sich unterscheiden:
> - **Sammeln.** Schon heute listet die MIT-Seite mehr als 3.000 biologische Bausteine auf, sogenannte Biobricks. […]

- **Auswählen.** ›Man überlegt sich als Erstes, welche Eigenschaft man in seiner Zelle hervorrufen will‹, erklärt Wilfried Weber [...] ›Dann sucht man sich die nötigen Genbausteine in der Datenbank zusammen. [...]‹ Alle diese Sequenzen wurden ursprünglich in Tieren, Pflanzen oder Einzellern enteckt. Als Bausteine synthetisiert man sie aber neu. [...]
- **Bauen.** Im Labor werden die DNA-Fragmente in das Erbgut von Wirtszellen eingebaut. So bastelte sich der US-Amerikaner Jay Keasling einen Organismus, der den Malariawirkstoff Artemisinin erzeugt. Er kombinierte Gensequenzen [...].

Ganz ähnlich sollen Mikroben mit synthetischen Bausteinen im Erbgut schwer zersetzbares Holz oder Stroh effizient in Treibstoff umwandeln. Gleich mehrere Forschergruppen suchen nach dem richtigen Bauplan für einen Stoffwechsel, der umweltfreundlichen Biosprit ausscheidet. [...]
So raffiniert die Methoden [...] auch sein mögen, mit der Frankenstein-Vision haben sie wenig zu tun. Das diffuse Unbehagen, das manche verspüren, wird von einer anderen Option der Synthetischen Biologie genährt: der Möglichkeit, nicht nur existierende Lebewesen zu manipulieren, sondern völlig neues Leben zu erschaffen, unbelebte Materie zum Leben zu erwecken.«

Ein knapper Kommentar sei mir vergönnt. Anhand dieses Analogiefeldes von der Herstellung von Natur: Frankenstein – Lego – Bauen – neues Leben haben Sie vielleicht gespürt, wie Sie emotional hin- und hergeschwankt sind: von der bedrohlichen Analogie zum Herstellen eines Menschen (Frankenstein) beziehungsweise einer »neuen Chemie des Lebens« und damit der künstlichen Produktion von Lebewesen einerseits und andererseits der verharmlosenden Analogie des Bauens mit Legosteinen. Ähnlich Metaphern können Analogien uns emotional berühren. Auch Sie konzeptualisieren unser Betrachten, Denken und Empfinden eines Gegenstandes. Unterschiedliche Analogien gehen folglich zusammen mit der Verschiedenheit der Folgewirkungen: Wenn wir vornehmlich in dem Konzept »Frankenstein« denken und agieren, empfinden wir vordergründig Angst oder Bedrohung, und es werden entsprechende Assoziationen und Bilder hervorgerufen. Daher wird dieses Bedeutungsfeld andere Bereitschaften in uns wecken und andere Auswirkungen zeitigen, als wenn wir uns in dem Feld »mit Legosteinen bauen« bewegen, das uns an kindliches und freudvolles, kreatives Spiel erinnert.

Ähnliche Wirkungsweisen von Analogie und Metapher

Liebe Wissenstouristen, herzlichen Dank für Ihr Interesse! Ich möchte Sie nun zu einem leckeren Eis einladen. Wer mag, kommt mit zum Café am See.

Erklärungsströme: Metapherntheorien

Zu Beginn eine Einstimmung mit der Unterstützung von Metapher und Analogie.

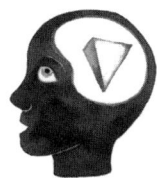

> ## Übung: Einstimmung auf die Bedeutung theoretischer Erkenntnisse
>
> Sie erhalten nun einige Auffassungen, wie Theorie beziehungsweise Theorien betrachtet, empfunden werden können. Lassen Sie die bildsprachlichen Formulierungen bitte auf sich wirken und bemerken Sie, welche Assoziationen und Affekte sie jeweils in Ihnen auslösen. Wenn Sie mögen, diskutieren Sie Ihre Wahrnehmungen für einige Minuten mit anderen.
>
> *»Theorien sind Tore zu Erkenntnis.«* (Zum Beispiel öffnen sie das Tor zu Landschaften und zeigen sie uns, wie wir sie allein mit unseren Sinnen nicht erfassen können.)
>
> *»Theorien fungieren als Navigatoren im Leben.«* (Sie bieten uns beispielsweise Wege an, die uns zu Bekanntem oder Unbekanntem führen und lassen uns wählen, was davon wir in unsere Lebensgestaltung integrieren möchten.)
>
> *»Theorien verhalten sich zum Erkennen wie Handeln zu Auswirkungen.«* (Zum Beispiel ist Theorie beziehungsweise Handeln jeweils nötig, um erkennen beziehungsweise praktische Folgen bewirken zu können.)
>
> *»Theorien verhalten sich zur Praxis wie das Wasser zum Meer.«* (Zum Beispiel bedarf es des Wassers in einer bestimmten Menge, um ein Meer zu bilden.)
>
> *»Theorien verhalten sich zum Handeln wie der Magnet zum Kompass.«* (Beispielsweise verwirren Theorien Handelnde wie ein Magnet die Kompassnadel wirr umherflitzen lässt.)
>
> *»Theorie gleicht dem Scheinwerfer im Dunkeln.«* (Zum Beispiel ermöglicht die Theorie, etwas zu erkennen, zu sehen, auf welchem Grund wir laufen, wie und was der Grund trägt und Ähnliches.)

»Oje«, höre ich einige von Ihnen stöhnen: »noch mehr Theorie!« Ihr Seufzer erinnert mich an die Frage meines Partners während des Zeitraums, in dem ich intensiv recherchierte, um diese Reise in die Welt der sprachlichen Bilder vorzubreiten: »Sag mal, was lässt sich denn an Metaphern so gewaltig erforschen?« Ich schmunzelte, schaute ihm tief in die Augen und fragte zurück: »Möchtest du eine mehrtägige Exkursion oder einen Kurzausflug?« Er plädierte für den Kurzausflug.

Und dieses Vergnügen eines Kurzausflugs bereitet uns die Referentin, die uns bereits zuwinkt. Mit einer Kollegin hat sie verabredet, dass sie uns auf den flotten Durchgang mitnimmt. Die Kollegin führt anschließend jene unter uns in einem etwas beschaulicheren Tempo mit, die bei der einen und anderen Theorie einen Moment stehenbleiben möchten und sich für wissenschaftliche Knobeleien begeistern können. Zwar wird sie uns nicht einen umfänglich-erschöpfenden, aber doch tieferen Einblick in wissenschaftliche Strömungen gewähren.

Vielleicht haben einige von Ihnen eine Art »Theorieallergie«? Nun, wenn wir uns in prägnanter Weise den gleichsam inneren Zusammenhang von Theorie und Praxis vor unser geistiges Auge holen, dann können wir vermutlich Antikörper bilden.

Theorie, Praxis, Empirie

In einem griechisch-antiken Sinn meint Theorie die Betrachtung, das geistige Schauen, mittels dessen wir etwas anblicken, das sich unseren Sinnen verschließt. Dieses Betrachten wird auch Denken genannt, rein geistige Erkenntnis und systematisch gewonnenes Wissen ohne Rücksicht auf oder Bezug zu Praktischem. Als Gegenpol gilt die Praxis.

Ein eher osmotisches Verhältnis gewinnen Theorie und Praktisches, indem das Gewinnen von Erkenntnissen in den Kontext der Erfahrung gelegt wird und das Konzept der Empirie begründet. Theorie meint durch Denken gewonnene Erkenntnisse in erfahrbaren Kontexten. Wissenschaftliche Erkenntnisse erklären Erscheinungen, indem sie sich diesen mit unterschiedlichen logischen Operationen (Induktion, Deduktion, Analyse, Synthese) nähern. Sie gewinnen dadurch Gesetzeswissen und ermöglichen Erklärungen und Verstehbarkeit, Voraussagbarkeit und Gestaltbarkeit von Realität (Handlungswissen).

Panorama: Überblick

Ah, da sind Sie ja! Ich dachte schon, Sie wollten lieber weiter Eis naschen oder noch einen Kaffee trinken! Wie Sie wissen, bin ich dazu da, mit Ihnen das Gebiet der theoretischen Beschäftigung mit dem Thema Metapher flotten Schrittes abzulaufen. Nun denn, lassen Sie uns starten!

Vergröbert können wir zwei Traditionen voneinander unterscheiden: die aristotelische, auch rhetorische genannt – mit ihr ist die Substitutionsthese verknüpft; und die erfahrungsbasierte, interaktionistische der kognitiven Sprachwissenschaft.

In der Tradition der Rhetorik, einschließlich der rationalen Sprachtheorie, wird die Auffassung vertreten, eine Metapher sei ein Wort, das durch ein anderes, nüchternes, präzises ersetzt, also substituiert werden kann. Die Form ist vor allem die der Analogie: »X ist wie Y«. Aristoteles, der Ahnherr dieser Auffassung, stellt heraus, eine Metapher sei eine alltägliche Redeweise und diene dazu, zwischen Verschiedenem Verwandtes oder Ähnliches herzustellen. Dies dadurch, dass ein Wort aus seiner Heimat herausgerissen und in eine neue Umgebung verfrachtet wird. Aristoteles spricht von Wortmetaphern, und insofern wird jeweils ein Wort an einen anderen Ort getragen, wo es nicht zu Hause ist. Dieser Übertragungsvorgang entfremde das Wort von sich selbst: seine »eigentliche Bedeutung« wird zu einer »uneigentlichen«, sobald es am neuen Ort deponiert ist. Das Konzept der Sprache ist damit ein topologisches.

Vertreter dieser Überzeugung behandeln Metaphern als artifizielles, bestenfalls poetisch hübsches Schnörkelwerk, als gleichermaßen dekorativ wie ungenau. Sie meinen daher, Metaphern seien verzichtbar – weniger in der Poesie und publikumswirksamen Reden und Vorträgen, aber doch in allen Sachthemen und in den Wissenschaften. Zudem erhält die Metapher in diesem Fall einen eher unangenehmen Beigeschmack. Der Akt des Übertragens wird empfunden als Ersetzen, Borgen, Entlehnen, Entfremden, Enteignen, und – schlimmer noch:Metaphorisches Reden gilt als unernstes Reden, weil Metaphern Deutungsspielräume lassen und damit Eindeutigkeit ausschließen.

Substitutionstheorien behandeln Metaphern als Zierde und überflüssigen Tand

Diese Sichtweise hat von anderer Seite harsche Kritik erfahren, insbesondere von linguistischer und erkenntnistheoretischer Seite.

Die Kritik entzündet sich an einer These: Die Substitutionstheorie nimmt grundlegend an, ein Wort sei ein Etikett (Etikettentheorie), das jedem Ding zukommt. Eine Metapher wird hier begrifflich oder begriffslogisch gefasst und bezieht sich auf zwei Sachverhalte, die vorzugsweise analogisch konstruiert sind.

> Beispiel: Das fortgeschrittene Lebensalter als »Abend des Lebens«. Aber: Wenn etwa Seniorenstifte oder, wie sie inzwischen heißen, »Senioren-Residenzen« mit dem »Lebensabend« werben, einem »ruhigen« oder einem »lebendigen«, dann hoffen die Marketingstrategen nicht darauf, dass die Adressaten auf die Begriffe als solche reagieren, zumal der Begriff des Senioren zunehmend als Beleidigung empfunden zu werden scheint, weswegen wir heute öfter von »best agers« oder »50 plus«, »60 plus« und so weiter lesen. Die Strategen setzen darauf, dass die Worte Szenerien suggerieren und mental entfalten, die die Adressaten spüren lassen, dass sie einen friedlichen, heiteren, aktivitätsreichen »Abend« zum Ende ihres Lebens haben möchten und erhalten werden, sobald sie das Angebot »wahrnehmen« (für wahr nehmen).

Metaphern sind eigene Bedeutung tragende Gestalten

Fazit: Wenn wir »Lebensabend« durch »Alter« oder »die letzten Jahre« ersetzen, rufen wir andere Wirkungen hervor als mit der Metapher. Das bedeutet: Metaphern sind nicht durch ametaphorische Sprache zu ersetzen, weil das Bildhafte unter anderem affektiv wirkt, Wirklichkeit (imaginierte, virtuelle oder echte) konstituiert und korrespondierende Handlungen auslöst.

Solchartige kritische Überlegungen schlagen sich nieder in der pragmatischen Theorie. Sie versteht die sprachliche Form als Komponente und Funktion der kommunikativen Situation. Wörtliche und metaphorische Sprache erscheint dann als Eigenschaft von Äußerungen, die in Kontexten ihren Sinn erhalten. Die pragmatische Theorierichtung stellt damit ein Abhängigkeitsverhältnis her, indem sie sprachliche Formulierungen einbettet in den gesamten Zusammenhang, der durch Sprecher/Schreiber und Hörer/Leser, Sprech- beziehungsweise Rezeptionssituation, Sprachgebrauch und das mehr oder weniger geteilte Wissen über die Welt gekennzeichnet ist.

Daraus folgt: Man kann keine allgemein gültigen Regeln angeben, wann eine Metapher vorliegt. Denn es sind die Akteure, die darüber entscheiden. Metaphern sind in diesem Verständnis nicht analytisch zerlegbar in letzte Elemente oder Merkmale, sondern nur hermeneutisch, durch Interpretation zugänglich. Und Metaphern sind vieldeutig. Wir können auch sagen, sie sind semantisch unterdeterminiert – ihre Bedeutung steht nicht schon als identische und immerwährende fest, sondern unterliegt Veränderungen, die ihrerseits abhängig sind von der pragmatischen Situation. Gerhard Kurz formuliert, Metaphern seien »okkasionell, nicht usell« (2009, S. 18).

Um Metaphern verstehen zu können, braucht es eine Art doppeltes Bewusstsein: »Dies ist das und dies ist nicht das«. Voraussetzung ist, dass der Adressat einer metaphorischen Formulierung die Ausgangsbedeutung, eine Art Standardbedeutung der Metapher, kennt. Darin finden wir die Annahme wieder, dass Adressat und Sender über ein mehr oder weniger geteiltes Wissen verfügen oder einen Sprachgebrauch so teilen, dass beide ein gemeinsames Grundverständnis von der Metapher haben. Salopp gesagt: Es muss semantische Überlappungen geben, weil die metaphorische Bedeutung über die Standardbedeutung hinaus in der Sprachsituation erzeugt, also erst hergestellt wird. Insofern können wir von einer Metapher so sprechen, dass sie mehr Akt als Resultat ist.

> Wenn ich Ihnen beispielsweise sage: »Ich fühle mich wie ein Häufchen Elend«, dann können Sie die Metapher nur verstehen, wenn Sie mindestens eine Vorstellung, eine mentale oder emotionale Repräsentation davon haben, was ein »Häufchen« ist, und wie es sich anfühlt, »elend zu sein«. Und wenn Sie dann auch noch meine spezielle Situation näher kennen, dann können Sie sowohl die Bedeutung als auch das spezifische Gewicht der Metapher als Beschreibung meines momentanen Zustandes insgesamt recht treffend erfassen.

Noch deutlicher wird dieser Zusammenhang, wenn wir uns lexikalisierte und konventionelle Metaphern anschauen, also solche, die in den Wortschatz (Lexikon) oder in den gewöhnlichen Sprachgebrauch (konventionelle Sprache) eingeflossen sind. Beispiele dafür sind: Datenautobahn, Netzwerk Gehirn, Flussbett, Wolkenkratzer, eine Theorie umbauen, in Überlegungen vorwärtsgehen. Hier benötigen wir kaum interpretatorische Anstrengungen, weil uns die Formulierungen vertraut sind. Bei kreativen oder innovativen Metaphern kann durchaus Erklärungsbedarf entstehen. Wenn beispielsweise ein Kleinanleger, der gegen eine große Bank klagt, von sich sagt, er sei der »Robin Hood der Kleinanleger« oder wenn sich eine Abteilungsleiterin als »Baum der Abteilung« fühlt und damit unter anderem zum Ausdruck bringen möchte, dass sie den Pflanzen (Mitarbeitenden) Schutz vor Regen und in Form von Schatten vor der Sonne gewährt und so stark und fest verwurzelt ist, dass sich alle an sie anlehnen können.

Häufig wird angenommen, bei der Bildung von Metaphern stehe das kognitive Moment der Ähnlichkeit beziehungsweise Analogie im Vordergrund. Das ist der Fall, wenn wir gezielt nach einer Metapher suchen, die einen abstrakten Zusammenhang veranschaulichen soll. Aber Ähnlichkeit, zumal eine offenkundige, ist nicht notwendig, um eine Metapher zu bilden. Insbesondere dann, wenn eine Metapher Denkprozesse auslösen soll, die noch unkartiertes Gelände erkunden und unser Denken auf neues Land führen soll, ist eine offenkundige Ähnlichkeit nicht notwendig. Das, was die Metapher in diesem Fall tut, ist eine mentale Bahnung, eine kognitive Tätigkeit, eine emotional gefärbte Beziehung, eine Sinnerwartung und eine »ungefähre Ahnung« herzustellen. Die Metapher richtet unsere Aufmerksamkeit in eine Richtung. Sie transportiert nicht eine festgezurrte Bedeutung, sondern öffnet einen Bedeutungsraum, den wir ausschreiten können und der individuell Verschiedenes in den Vorder- und Hintergrund rückt.

Metaphern gehen Hand in Hand mit unterschiedlichen Intentionen

Diese Leistung erbringt eine Metapher, sobald wir die Hintergrundmetaphorik erkennen. Als Beispiel nehmen wir das Gehirn. Wenn wir die wissenschaftliche Metaphorik des Gehirns zurückverfolgen, dann zeigt sich etwa, dass die Rede ist von der »Verdrahtung«, von »elektrischen Strömen«, die durch die Nervenzellen fließen. Diese Begrifflichkeit verdanken wir den Entwicklungen in der Telegrafie. Oder dass die Rede vom Gehirn als Computer nahe lag zu einer Zeit, in der das Gehirn vor allem als Maschine angesehen wurde, die Informationen verarbeitet und Daten verrechnet. Die Metapher des Netzwerks geht mit Fortschritten in der Neuroanatomie, -chirurgie, -chemie und der Zusammenarbeit mit Linguisten und anderen Kommunikationswissenschaften einher, die das Augenmerk auf Interaktion und Wechselwirkungen legten. Auch hier gilt: Teilen wir die Kenntnis der Hintergrundmetaphorik nicht, haben wir Schwierigkeiten, eine Metapher zu verstehen, zumindest so zu verstehen, wie sie gemeint ist. Und der Bedarf nach Erklärungen steigt.

Inzwischen war viel die Rede davon, dass metaphorisches Reden damit zu tun hat, eine Bedeutung aus ihrem eigentlichen in einen neuen Zusammenhang zu stellen. Dieser Akt des Übertragens wird begrifflich unterschiedlich eingefangen. Gebräuchlich geworden ist vor allem die Idiomatik von Herkunfts- und Zielort oder auch Zielmetapher oder Bildspender und Bildempfänger. Gleichgültig, welche Begriffe verwendet werden – neben dem bereits Ausgeführten teilen die Formulierungsweisen die Auffassung, dass eine Metapher semantische Inkongruenzen nicht tilgt, sondern bestehen lässt: Das Bildliche und das Gemeinte gehen nicht ineinander auf. Lakoff und Johnson sprechen von der Abwesenheit von Isomorphie. Damit meinen sie, dass Metaphern nicht komplett und im Detail das abbilden, was mit ihnen gemeint ist. Metaphern haben immer einen Bedeutungsüberschuss. Insofern belässt es eine Metapher bei der bereits erwähnten Doppelbedeutung »Dies ist das und dies ist das nicht«, und das Verstehen einer Metapher erweist sich einmal mehr als Resultat einer Verstehensbewegung (Kurz 2009, S. 25), als Akt in der Kommunikation, indem der Interpret Beziehungen herstellt.

Am Schluss unseres flotten Laufs bleibt noch der Hinweis darauf, dass Metaphern nicht notwendig visuell sein müssen. Das seit Aristoteles geltende Vor-Augen-Führen mithilfe von Metaphern kann auch die anderen Sinne aktivieren. Bei Synästhesisten mag metaphorisches Reden ein ganz besonders mannigfaltiges Sinnesfeuerwerk bewirken. Worauf es ankommt, insbesondere, wenn wir mit Metaphern arbeiten möchten, ist, dass es Metaphern gelingt, eine intentionale und/oder affektive Einstellung zu fördern, die das näherbringt und ermöglicht, was die Metapher veranschaulichen und wozu sie motivieren möchte.

Metaphern benötigen keine Bilder

Liebe Mitlaufende, falls Sie nach unserem schnellen Lauf etwas aus der Puste geraten sind, lade ich Sie ein, Ihre Verschnaufpause auf dem Hügel zu machen, der von hier in Sichtweite südlich liegt. Dort haben wir ein kleines Erfrischungsbüffet aufgebaut, an dem Sie sich gern bedienen können. Jene, die sich bei einigen theoretischen Überlegungen länger aufhalten möchten, darf ich darauf hinweisen, dass Sie den Vortrag am Pavillon hören können, den Sie in wenigen Gehminuten westlich von hier erreichen.

Tauchgänge: Einblicke

Werte Damen und Herren, Johann Wolfgang von Goethe lässt Faust klagen:

»Habe nun, ach! Philosophie,
Juristerei und Medizin,
Und leider auch Theologie!
Durchaus studiert, mit heißem Bemühn.
Da steh' ich nun, ich armer Tor!
Und bin so klug als wie zuvor;
Heiße Magister, heiße Doktor gar,
Und ziehe schon an die zehen Jahr,
Herauf, herab und quer und krumm,
Meine Schüler an der Nase herum –
Und sehe, daß wir nichts wissen können!«
(Faust I, in: Schöne/Wiethölter 1998, S. 23)

Liebe Reisende, das Fazit dieser Klage teile ich nicht! Denn wenn wir auch noch nicht im Entferntesten alles wissen, was wir wissen möchten, so wissen wir immerhin etwas!

Und von diesem Etwas möchte ich Ihnen einen Teil, sozusagen ein kleines Etwas, erkenntlich machen. Und schmunzelnd darf ich hinzufügen: An der Nase führe ich Sie nur insofern, als ich Ihnen einen roten Faden anbiete und Ihnen die eine und andere essayistisch gemeinte Spekulation zumute. Gleichzeitig sind Sie jederzeit frei, Ihren eigenen Weg zu gehen, die Fortsetzung Ihrer Reiseroute selbst zu wählen – ähnlich dem Faust, der die Welt des Papierstudiums in seiner Studierstube und die Welt des Katheders verlässt und sich, mit Unterstützung des Mephistopheles, der Welt der unmittelbaren Erfahrung und Magie zuwendet.

In manchen Passagen wird es uns zweifellos gelingen, das Abstrakte und Theoretische mit dem Konkreten und Praktischen oder Empirischen zu verbinden – schließlich sind Sie hier, um ein Fundament für Ihre Praxis zu legen: dem Arbeiten mit Metaphern.

Zunächst werden wir uns an eine Art Kanon halten: Sie erhalten zunächst Einblicke in noch heute wirksame, der Antike entstammenden Theorien und in gegenwärtige Hauptströmungen aus vornehmlich sprachwissenschaftlicher Sicht im weitesten Sinne. Ferner lassen wir uns von weniger verbreitet diskutierten, in diesem Sinn exotisch anmutenden, Ansätzen intellektuell anregen und erfreuen uns schließlich an einigen Einsichten und Erkenntnisbewegungen, die wir neurowissenschaftlicher Forschung verdanken. Deren Impulse mögen weitere Forschung in Gang setzen.

Geborgene Schätze: gegenwärtige Hauptströmungen

Sie haben auf Ihrer bisherigen Rundtour oder in den Kurzvorträgen bereits öfter von der Theorienvielfalt gehört. Zum Teil gehört diese Vielfalt zu einem Fächer (Sprachwissenschaft) und lässt uns verschiedene, zueinander sich meist komplementär verhaltende Fächerspalten und Muster erkennen.

Von der Fächer- zur Wasser-Metaphorik: Zu einem anderen Teil speist sich die Vielfalt aus unterschiedlichen Flüssen, dazu gehören insbesondere Kommunikationstheorien, Sozial- und Neurowissenschaften sowie philosophisch-ästhetische Theorien. Der »ganzheitliche Ansatz«, grob skizziert von Katrin Kohl (2007), entspringt deutlich dem Hauptstrom der kognitiven Sprachwissenschaft. Wenn auch zaghaft, führt der ganzheitliche Ansatz dem Hauptstrom Wasser aus Flüsschen, deren Quellen Sozialwissenschaften und – andeutungsweise – Neurowissenschaften sind. Diesen ersten Entwurf interdisziplinär auszubauen, wäre ein lohnendes Unternehmen.

Flussvielfalt: Quellen, Flüsschen, Hauptströme

Tradierte Schätze: antike Strömung

Genug der Vorrede. Nach unserem flotten Lauf werden wir nun ein bisschen in die Tiefe gehen. Für unseren ersten Tauchgang greifen wir zu Taucherbrille und Schnorchel; denn wir werden nicht zu tief in vergangene Zeiten hinuntertauchen, zumal Sie in diese Theorierichtung bereits einige Ausflüge unternommen haben. Antike Denker, die sich mit Tropen, Sprachbildern, bildlicher Rede befasst haben, graben das Seebett und füllen es mit Wasser. Der See weitet sich in der historischen und wissenschaftlichen Entwicklung zu einem Meer, dem Wasser aus Flussarmen zufließen wird.

Nüchterner formuliert: Signifikant hervorgetan haben sich Aristoteles, Cicero und Quintilian, jeder mit einem individuellen Akzent. Dank dieser drei

Personen werden bereits im frühen Altertum Gesichtspunkte tropischer und speziell metaphorischer Sprache thematisiert, die in der Folgezeit die Debatten maßgeblich dominieren und kanalisieren. Gemeinsam ist diesen antiken Theorien der Fokus auf die Rhetorik und damit auf die Wirkung metaphorischer Rede. Konsens finden die Auffassungen in zwei Urteilen: Metaphern sind ubiquitär und sie wirken auf die Vorstellungskraft.

Aristoteles löst die Spannung zwischen Denken und Sprache zugunsten der Sprache auf. Sprache ist dem Denken übergeordnet: »Als Erstes war das Wort.« *Cicero* hebt die Wirkung hervor, die Metaphern auf Fantasie und Affekt haben. Zwar empfindet auch er Hochachtung vor Sprache, vertritt aber eine prozessuale Sprachtheorie. Nach ihr ist das Denken der sprachliche Ausdruck eines unaufhörlichen Prozesses, der ausgeht vom Einfall (Gedanke, Idee), über sprachliche Einkleidung/Gestaltung läuft und bei der Vermittlung durch den Körper, etwa über die Stimme, ankommt. Metaphern stimulieren Vorstellungskraft und Vorstellungswelt des Empfängers und involvieren den ganzen Menschen. *Quintilian* stellt seine Metapherntheorie in den Kontext einer systematischen Behandlung von Redefiguren und bereitet den Boden für die spätere Rhetorik und Poetik. Er betont die affektive Bedeutung von Metaphern und meint ferner, dass diese Wirkung abhängig davon sei, als wie zweckmäßig eine Metapher beurteilt werde – und diese Einschätzung hänge vom jeweiligen Zusammenhang ab.

In der gegenwärtigen Metapherntheorie, die die rhetorische Tradition fortführt, werden Metaphern verstanden als kommunikativ orientierte Ausprägungen allgemeiner kognitiver Fähigkeiten. Aspekte dieser Fähigkeiten sind Sprechen und Denken. In der theoretischen Auseinandersetzung werden insbesondere drei Fähigkeiten oder Kompetenzen hervorgehoben:

- die Selektion, also die Auswahl, die vom Prinzip der Relevanz gesteuert ist,
- die Vereinfachung, die an bestimmte Strukturen gebunden ist sowie
- die sinnstiftende Vermittlung.

Diese Ausführungen bahnen sozusagen die Flussarme, auf denen spätere Schiffsreisende ins Metapherntheoretische Meer schippern werden.

Moderne Schätze: interaktionistische und kognitive Strömung

Unschwer zu erkennen ist, dass im Fahrwasser antiker Theorien interaktionistische und kognitive Metapherntheorien schwimmen. Diese Theorien stellen ins Zentrum der Betrachtung: die Interaktion von Denken und Sprache, die

Rede von Herkunfts- und Zielbereich (von – zu, auch: vice versa) sowie deren wechselseitige Prägung.

Für durchaus diskussionswürdig halte ich die These der korrelativen (sich gegenseitig bedingenden) Prägung, die aber zum Beispiel von Katrin Kohl (2007) ins Reich des Unplausiblen geschickt wird. Die These wird in der bereits zitierten Literatur zur Metaphern häufig an einem Beispiel erläutert: Die Metapher »Der Mensch ist ein Wolf« bestimme offenkundig den Mann durch Qualitäten des Wolfes. Dass aber – wechselwirkend – der Wolf Eigenschaften des Menschen zugeteilt erhalte, sobald diese Metapher benutzt werde, sei wenig glaubwürdig.

Spektulativ sei angemerkt: Nun, grundsätzlich ist eine Anthropomorphisierung, eine Vermenschlichung von Nichtmenschlichem, wahrlich nichts Neues (zum Beispiel analog zu: Biene Maja, Reineke Fuchs, der schlaue Fuchs, der dumme Esel und viele andere mehr). Während unserer bisherigen gemeinsamen Reise haben wir die Vortragenden von »Theorien« und »Praktiken« sprechen gehört, die etwas tun. Etwa: »Theorie xy erklärt …« oder: »Die Praxis zeigt …«. Selbstverständlich tun weder Theorien noch Praktiken etwas, sondern immer Lebewesen, in unserem Fall menschliche Repräsentanten. Die wechselseitige Prägung von Theorie und Theoretiker gilt insofern als unbestritten, als innere und äußere Determinanten des Theoretikers ihn zu einer Theorie affiner sich fühlen lassen als zu anderen – und reflexiv bahnt Theoretisches das Denken.

Zudem können wir diese wechselseitige Bestimmung, sozusagen das Abfärben der Metapher, an einem weiteren Beispiel ausführen: »Die Frau ist eine Löwin«. Der Kontext ermöglicht das Verständnis: Die Frau als spezifischer Typus Mensch; ferner empirisch: die Mehrzahl der Frauen, und schließlich: die Frau als Ideal. Die Frau verteidigt etwas für sie ganz besonders Bedeutsames, und insofern haftet der Frau durchaus etwas Löwinnenhaftes an. Gleichzeitig können wir sagen: Der Löwin ist etwas menschlich Mütterliches zu eigen. Dabei unterstellen wir: Löwinnen verteidigen ihnen Wichtiges; Mütterlichkeit schließt also mit ein, dass das aus mütterlicher Sicht Bedeutsame verteidigt wird.

Wir können diese Korrelativität der »Wesens-« oder »Charakterbestimmung« von Frau und Löwin auch in der Kontroverse wiederfinden, was eine »richtige Frau« beziehungsweise »richtige Mutter/Löwin« ausmacht. – Kurz und gut: Ich möchte darauf hinweisen, dass es durchaus Metaphern gibt, bei denen eine wechselseitige Prägung oder Einfärbung stattfindet, die in dem zu finden ist, was Herkunfts- und Zielmetapher gemeinsam haben. Dies systematisch noch eingehender zu analysieren, wäre eine längere Expedition wert.

Kognitive Metapherntheorien werden in einem Atemzug genannt mit dem zwischenzeitlich mehrfach zitierten Buch »Metaphors we live by« (1980 in englischer Sprache; auf Deutsch 6. Auflage 2008) von Lakoff und Johnson. Die Ausführungen der beiden Wissenschaftler machen die Überlegungen der theoretischen Diskurse, die vorher im Umlauf waren, einer größeren Öffentlichkeit bekannt. Darüber hinaus sorgten Lakoff und Johnson dafür, dass neben den rein kognitiven Aspekten sozialwissenschaftliche und philosophische, später auch neurowissenschaftliche Gedanken und Erkenntnisse in die Überlegungen mit einflossen. Namentlich bezogen die Autoren die Dimensionen Erfahrung und Leib, Sprach- und Lebenskontext systematisch ein. Die Rezeption zeigt, dass den beiden Wissenschaftlern ein paradigmatischer Wechsel in der Metaphernforschung dadurch gelang, dass sie den Kegel der Aufmerksamkeit hin auf Alltagsmetaphorik und weg von Poesie, Lyrik, Literatur gelenkt haben. Ihnen verdanken wir feinsinnige Einsichten in den Stellenwert metaphorischen Sprechens. Sie verleihen Metaphern einen für menschliches Denken, Fühlen und Handeln konzeptionellen Stellenwert. Dadurch können sie demonstrieren, dass Metaphern bis in die Kapillaren unseres Blutkreislaufs, bis in feinste Verästelungen unseres Denkens und Sprechens, unseres Selbstgefühls und Weltentwurfs, unseres Verhalten und Handelns fließen.

Weiterentwicklungen und Korrekturen im Anschluss an die beiden Pioniere sind von diesen selbst initiiert und – selbstverständlich – auch von zahlreichen anderen Forschern. An dieser Stelle seien genannt: die Debatte um die »Lücke«, die von Metaphern gefüllt wird und die Diskussion darum, welche Auswirkungen neurowissenschaftliche Erkenntnisse auf Metapherntheorien haben. Zu diesen kommen wir zu einem späteren Zeitpunkt. Folgen Sie zusammen mit mir daher zunächst den primär sprachwissenschaftlichen Flussrichtungen.

Metaphern füllen Lücken

Der Aspekt der »Lücke« spielt eine systematische Rolle, wenn vorhandenes Wissen und vorhandene Sprache auf neue Entwicklungen stoßen, die sprachlich noch nicht verarbeitet sind. Beispielsweise betraten Menschen technisch wie sprachlich Neuland, als es darum ging, einer Teilabdeckung eines Teils des Autos einen Namen zu geben, der zugleich Auskunft über seinen Inhalt gab: »Motor-Haube«. Denken Sie auch an die »PS« eines Autos: Pferdestärken, ein Ausdruck, der erst vor einigen Jahren ersetzt wurde durch die Maßeinheit »kW«, Kilowatt. Oder: »Schwellen-Länder«; der Ausdruck bezeichnet noch heute Länder, deren Entwicklungsniveau mit Referenz auf dasjenige »entwickelter Staaten« mit mehr oder weniger klaren Kategorien abgefragt und beurteilt werden kann; der Ausdruck bezeichnet Länder, die sich quasi auf dem Sprungbrett oder auf dem Sprung in eine neue Qualität befinden. Oder: Der »genetische Code«, der »zu lesen« ist – selbstverständlich ist da weder etwas geschrieben noch zu lesen, aber Code und Chiffrierung/Dechiffrierung eignen sich aufgrund ihrer vertrauten Herkunft dazu, begreiflich, verstehbar zu machen, was das Erbgut des Menschen »ist« und wie der »Text der DNA« zu »lesen« ist.

Exotische Schätze: exotische Strömungen

Die Stichworte »Lücke«, »Interaktion«, »Rückkopplung«, »Wechselwirkung« inspirieren mich dazu, Ihnen ein Nebenflüsschen zu zeigen und mit Ihnen gespannt zu beobachten, was an die Oberfläche gleiten wird.

Gesine L. Schiewers Beitrag (2003) deute ich in einem theoretischen Kontext, der psychologisch-ökologische Psychologie genannt wird. Diese Richtung beleuchtet mit Mehrhundert-Watt-Birnen nicht nur die unmittelbar pragmatische Sprachsituation, sondern das gesamte relevante Umfeld von Menschen und die Interaktionen zwischen ihnen. Die Autorin tut dies in einem definierten theoretischen Rahmen in Begriffen von Evolution, System, Historie, Biografie. Gleich zu Beginn sei darauf verwiesen, dass ein »ganzheitlicher Ansatz« hier durchaus Inspirationen finden kann.

Anlässlich der Beschäftigung mit dem Philosophen und Naturforscher Johann Heinrich Lambert aus dem 18. Jahrhundert befördert Gesine L. Schiewers Fragen an die Oberfläche, die wir ansatzweise bei späteren Theoretikern wiederfinden. Aus den Tiefen des Impliziten gleiten an die Oberfläche: die Frage nach der Beziehung zwischen Psyche und Umwelt, nach Innen- und Außenorientierung, nach Körper- und Intellektualwelt. In seiner Metapherntheorie bezieht J. H. Lambert synchrone und diachrone Betrachtungen ein. Synchron: Er gesteht metaphorischer Sprache zu, ein eigenes Sprachsystem zu sein. Diachron: Metaphorisches Sprechen wird historisch entfaltet, wandelt sich und ist Resultat von Anpassungsprozessen an kulturelle und soziale Umweltbedingungen.

Die genannten Unterschiede gelten als Basis, Metaphern verstehen zu können. Die Innenorientierung als Intellektualwelt und innere Empfindung erlaubt uns, uns abstrakte und unsichtbare Dinge vorzustellen; Körperwelt, Außenorientierung und äußere Empfindungen gestatten uns, Konkretes mit den Sinnen wahrzunehmen, Welt sensorisch und motorisch zu erschließen. Beides zusammen ermöglicht eine Synergie, die uns Metaphern produzieren und verstehen lässt. Wir können Metaphern in ihrer Verständigung sichernden Funktion einsetzen, indem wir sie benutzen, um abstrakte Sachverhalte zu veranschaulichen und damit besser verständlich zu machen. Und wir können sie nutzen als ein Prinzip oder – salopp ausgedrückt – als Joker, um Benennungslücken zu füllen. In diesem Fall haben wir es mit der Sprache konstituierenden Funktion von

Wechselwirkung zwischen Mensch, Umfeld, Zeit und ihre Auswirkung auf Metaphern

Metaphern zu tun. Zum Zuge kommen hier vor allem Metaphern, die innovative Aufgaben erfüllen, die Vorstellungsinhalte generieren, die kognitives, mentales Neugelände betreten beziehungsweise Meere befahren, die noch nicht bekannt sind, jedenfalls noch nicht in diesem Zusammenhang. Aus der angenommenen Wechselbeziehung zwischen Psyche/Mensch und Umwelt (Kultur, Soziales und anderes mehr) folgt: Menschen sichern sich ihre Verständigung gerade dadurch, dass sie Spielräume im Deutungs- und Bedeutungsmeer zulassen bis hin dazu, das Unbekannte oder Abstrakte im Vertrauten, Bekannten, Konkreten darzustellen.

> Moderne Beispiele sind: Komplexität als Fußballspiel oder als Party, in der Hunderte Menschen miteinander plaudern; Gehirn als soziales Netzwerk; das von eigens gekaufter, individueller Software unabhängige Internet als Wolke; Resilienz als allegorische Personifizierung von Münchhausen oder als Stehaufmännchen.

Wortklassen definieren Metaphernarten und ihre Funktion

Die Metapherntheorie J. H. Lamberts baut, so die Autorin, bezüglich ihrer Diachronizität, also die geschichtliche Entwicklung betreffend, auf drei Wortklassen auf. Da diese Wortklassen für die anderen Assoziationen hilfreich sein werden, skizziere ich sie kurz. Es handelt sich um:

- Erstens Wörter, die Grundlagen von Sprachen und damit die ältesten Wörter sind.
- Zweitens Wörter beziehungsweise Begriffe, die Abstraktes vermitteln und daher durch Übertragung nach der Logik der Metapher Anschaulichkeit erzeugen. Hier wird eine Verständnislücke dadurch gefüllt, dass etwas Bekanntes in einen neuen Zusammenhang geschleust wird. Um Verstehbarkeit zu gewährleisten, muss zweierlei gegeben sein: Der Sprecher verbindet seine Äußerung mit (nachvollziehbarem) Sinn, und der Hörer ist bereit, die metaphorisch eingekleidete Ähnlichkeit zu erkennen.
- Die dritte Kategorie enthält Wörter, deren Bedeutungsspektrum metaphorisch erweitert wird um den Bereich des Abstrakten. Hier werden Wörter und Begriffe aus der zweiten Kategorie über Analogien, Zusammensetzungen oder Verbindungen zu »Kunstwörtern«, die Abstraktes oder Unbekanntes metaphorisch verständlich machen, wie in den auf Seite 135 genannten Beispielen.

Diese dritte Kategorie hebt die konstitutive Funktion von Metaphern in Sprache und Wissenschaft hervor, sie bestimmen letztendlich das Bild des Gemeinten. J. H. Lambert nimmt bei seinen Gedankengängen auch auf das Figürlich-Symbolische Bezug – analog zu Lakoffs und Johnsons Konkret-Körperlichem – als wesentlichem Ursprung, diese Funktion erfüllen zu können. Die bemerkenswerte Bedeutung metaphorischen Sprechens liegt darin, Erkenntnisprozessen zu dienen, Verständigung, Vermittlung und Austausch von Ideen trotz oder gar wegen der Mehrdeutigkeit zu ermöglichen.

> Metaphernbeispiele aus wissenschaftlichen Arbeiten sind: die Struktur des Menschen als Haus mit Keller, erstem und zweitem Geschoss (Psychoanalyse); die physikalische Stringtheorie (eine Sammlung eng verwandter hypothetischer physikalischer Modelle mit dem Ziel, alle bisher beobachteten Fundamentalkräfte der Physik einheitlich zu erklären), die die Wirklichkeit zurückführt auf miteinander verflochtene Fäden.

An diese Erörterungen knüpfen im 20. Jahrhundert die psychologisch orientierte Ökologie und philosophische Anthropologie an, beispielsweise in den Forschungen zu sprachbasierter Verständigung (einschließlich Metaphern) in Abhängigkeit von der faktischen Umwelt und den wechselseitigen Austausch- und Prägungsprozessen zwischen Mensch und Umwelt. Konkret kam dies – jenseits der Metaphernforschung – beispielsweise im Bauhaus zum Ausdruck, das die Interaktion von Mensch, Kultur und Gesellschaft architektonisch verarbeitete.

In diesem Zusammenspiel führt Gesine L. Schiewer den Kommunikationswissenschaftler, Phonetiker und Sprachwissenschaftler Gerold Ungeheuer an, der die Psychologie von Willy Hellpach weiterentfaltet im Hinblick darauf, wie Kultur und Gesellschaft verbal und visuell vermittelt den Einzelnen suggestiv beeinflussen. Fündig wird man auch bei den Soziologen Peter L. Berger und Thomas Luckmann (1980), die von der sozialen Konstruktion subjektiver und kollektiver Wirklichkeit sprechen. In den Blick geraten zudem kommunikationstheoretische Überlegungen, deren Essenz folgendermaßen zusammengefasst werden kann: Metaphorische Bedeutungen werden hergestellt und verstanden dadurch, dass sie sowohl in die individuelle Biografie (Denken, Fühlen, Sprechen, Handeln) als auch in übergeordneten Sozialhandlungen, wie zum Beispiel einem wissenschaftlichen Diskurs, eingebunden sind. Dem entspricht, dass sprachliche Verständigung immer semantisch unterdeterminiert ist, dass – mit anderen Worten – wir immer mehr oder weniger oder zusätzlich etwas anders oder Anderes meinen können: Wir können weder wörtlich noch metaphorisch all das formulieren, was das Gemeinte alles mittransportiert.

In der soziologischen Diskussion kursiert dies als Diktum von Niklas Luhmann: »Verständigung ist unwahrscheinlich.« Besser als Wörter können Bilder eine Ahnung vom Gemeinten verschaffen, und Metaphern werden genau dadurch zu äußerst nützlichen Verständigungshilfen. Insofern können wir Luhmanns Diktum ergänzen: »Verständigung wird wahrscheinlicher«, wenn wir unter anderem Metaphern verwenden. In der Arbeit mit Metaphern folgt daraus: Metaphern bilden nicht ab, sondern haben Verweisungscharakter: Sie verweisen auf einen gemeinten Sinn – und vermitteln eine »nähere Ahnung« von dem, was gemeint ist. Auf diese Weise dienen sie der Verständigung, dem wechselseitigen Verstehen.

Metaphern transformieren und sind insofern »Mutationen«

Den »Mutationsansatz« des Linguisten Gerd Simon (2002) interpretiere ich als anschlussfähig an diese Überlegungen. Er prüft philosophische Entwürfe aus dem 19. und 20. Jahrhundert auf ihren Beitrag zur Metaphernforschung (Nietzsche, Vaihinger, Mauthner). Die Pointe für unser Interesse erkenne ich in folgenden Hypothesen: Wir erobern die Welt sprachlich-kommunikativ mithilfe von Metaphern, insofern sie Bedeutungsüberträger sind und in dieser Vermittlungsfunktion Mutationen durchlaufen und darstellen: Mutationen beziehungsweise Metaphern transformieren, wandeln Unbekanntes in Bekanntes um. Dazu, so die These, sind Metaphern notwendig. Denn mit ihrer Hilfe können wir vergleichen und – wie immer der Vergleich ausfalle, affirmativ oder negativ – Bedeutungsfelder herstellen beziehungsweise Bedeutungen umwandeln. Die Mutation zu einer neuen Bedeutung oder zu einem neuen Bedeutungsfeld findet gerade dann statt, wenn Metaphern im Herkunfts- und Zielbereich keine Ähnlichkeit aufweisen. Als Beispiele führt Gerd Simon an: »Untergebener« und »Unternehmer« – die Bedeutung von »unter« habe sich komplett verändert, sei mutiert; neue Bedeutungsfelder seien entstanden.

Metaphorische Sprache, so können wir dem entnehmen, versorgt uns mit Bedeutungswandlungen, Verständigungspotenzialen und einem Freiraum, der überraschen kann.

Verbindende Schätze: ganzheitlicher Ansatz

Beschreiben wir den ganzheitlichen Ansatz von Katrin Kohl (2007, S. 122 ff.) metaphorisch als ein aus diversen Zutaten bereitetes Menü, dann können wir sagen, dass Zutaten aus unterschiedlichen Lebensmitteln verwendet werden. Diese Zutaten sind ebenso daran beteiligt, den besonderen Geschmack herzustellen, wie das Zusammenführen verschiedener Aromen und das Kombinieren bisher eher getrennt verarbeiteter Kräuter. Anders formuliert: Der Ansatz setzt auf Bereicherung. Mehr oder weniger voneinander geschiedene Theorien, Modelle, Akzente werden in einer Weise zusammengeführt, dass das Phänomen Metapher in einer »holistisch motivierten Zusammenschau« (2007, S. 124) betrachtet werden kann. Vielfalt und Variantenreichtum der Perspektiven (Lebensmittel) bleiben zwar erhalten, werden indes neu und selektiv kombiniert und gemischt und in einem »Ansatz« (Menü) vereinigt. Ich nehme mir heraus, dem Entwurf eigene Ingredienzen hinzuzufügen.

Aus dem Garten der rhetorischen Metapherntheorien erntet die Autorin eine Frucht, nämlich die Erkenntnis, dass Metaphern sprachliche Ausdrücke sind, die in einem direkten Bezug stehen zur sprachlichen Praxis sowie dazu, wie Metaphern psychologisch aufgenommen werden und im Menschen wirken. Diese Erkenntnis schließt ein, dass Metaphern bildliche Sprache verwenden und diese über die Sprache hinaus Verweisungsfunktion erhalten: Bildliche Sprache verweist sowohl auf die Welt sinnlicher Erfahrung als auch auf die intrapsychische Welt der Imagination.

Der ganzheitliche Ansatz verknüpft Erkenntnisse aus unterschiedlichen wissenschaftlichen Disziplinen

Dem Garten der kognitiven Theorien entnimmt die Autorin jene Zutaten, die den gedanklich-psychologischen Aspekt und jene entwicklungspsychologischen Prozesse beleuchten, deren Nährboden die Wechselwirkung, die Interaktivität mit der Außenwelt, mit Kultur und Sozialität ist. Diese Zutaten ergeben eine Mischung, die die Metapher verständlich macht als ein Phänomen, für das Kognition und sprachlicher Ausdruck (Verbalisierung, Artikulation) ebenso relevant sind wie Produktion und Aufnahme (Rezeption), und dies alles eingebettet in konkrete Kontexte.

Der originelle Geschmack des Menüs entsteht zudem aus den Prozessen der Semipermeabiltät und Permeabilität (halb- und vollständige Durchlässigkeit), der Osmose und Symbiose, die Synergie erzeugen. Die Bedingung, einen synergetischen Effekt zu ermöglichen, liegt darin, dass Grenzziehungen aufgehoben beziehungsweise durchgängig gemacht werden. Entscheidend zum Menü trägt bei, dass innerpsychische Prozesse wie rationales und bildliches Denken, dass Wortsprache und mentale Sprache ebensowenig scharf voneinander geschieden werden können, wie zwischen gedachter und artikulierter Sprache trennscharf unterschieden werden kann. Hinzu kommen affektive, emotionale Regungen, die durch Metaphern ausgelöst, verstärkt oder vermindert werden. Diese Regungen sind zudem durch Rückkopplungsschleifen bezogen auf Kognition und Mentales und schließlich auf die Sprache und das Handeln des ganzen Menschen, einschließlich seiner Körperlichkeit.

Zwar fließen durchaus einige Überlegungen neurowissenschaftlicher Herkunft in den Entwurf ein. Diese bleiben aufgrund des sprachwissenschaftlichen Schwerpunktes etwas blass, illustrieren allerdings in klaren Farben, dass die Komplexität des Phänomens Metapher enorm und es ein vielleicht illusorisches Unterfangen ist, es wissenschaftlich restlos(!) auszubuchstabieren. Insbesondere neurowissenschaftliche Entdeckungen und Zutaten nähren eher die Zweifel, die Undurchschaubarkeit des Gewächses Metapher überwinden oder das Dickicht an Variablen durchdringen zu können. (Dazu später noch mehr, s. S. 141 ff.) Zu wenig ist evident, was aus dem Gestrüpp der die Metapher umgebenden, mit ihr verwachsenen und sie nährenden Pflanzen als Unkraut und was als essenzielle Nahrung qualifiziert werden kann. Dennoch gilt: Der Griff zu diesen Ingredienzen hilft, den ganzheitlichen Ansatz als eine Bereicherung in der Welt der Metapherntheorien und der Arbeit mit Metaphern zu verstehen – und auf das Menü neugierig zu sein.

Die grundlegenden Lebensmittel für das Menü entstammen dem kognitiv-sprachwissenschaftlichen Garten, und ihr Miteinander wird als »Kreislauf« konzipiert. Katrin Kohl betont folgende zirkulär verbundenen Essenzen (2007. S. 124 f.):

- Sprache wird als prozessuales Geschehen gedeutet und bedarf daher eines Modells, das diese Dynamik berücksichtigt.
- Denken und Sprechen interagieren und werden im Sprechen zusammen erlebt (als Kontinuum).
- Mit Blick auf die Gehirntätigkeit wird angenommen, dass bildliches und verbales Denken sowie emotionales Erleben miteinander verwoben sind.
- Kognitive (und – ich füge hinzu – affektive) Prozesse sind untrennbar verflochten mit körperlichen Vorgängen.
- Kognitive und mentalsprachliche Prozesse sind ausschließlich metaphorisch beschreibbar, also nicht rein begrifflich zu fassen.

Zutaten des ganzheitlichen Ansatzes

In Form von Thesen skizziert die Autorin, welche Zutaten das Ganzheitliche des Ansatzes und damit das Besondere des Menüs ausmachen. Ich erlaube mir zudem, einige Ergänzungen hinzuzufügen und akzentuelle Verschiebungen vorzunehmen:

- Kognition, Sprache und Handeln hängen zusammen: Metaphern sind allgegenwärtig im Denken und Sprechen. Kognition und Sprache gelten als Akte, die weder zeitlich noch räumlich getrennt werden können und in deren Bewegung Metaphern als eine Form des Denkens/Sprechens handlungsleitend wirken.
- Körperlichkeit und Körpererleben als primäre Erfahrungen (so bereits der französische Philosoph Maurice Merleau-Ponty) versorgen uns durch motorische und sensomotorische Verarbeitung im Kontakt mit der Außenwelt mit Grunderfahrungen, die wir kategorial differenzieren und unter an-

derem metaphorisch übersetzen und anwenden, beispielsweise Horizontalität, Vertikalität, Bewegung. Insofern fließen leibliche Erfahrungen in metaphorische Ausdrücke ein und erleichtern uns beispielsweise, eigenes Erleben sprachlich zu fassen: »Ich bin obenauf« als Metapher für Wohlbefinden, oder »Ich renne nicht gegen, sondern durch die Wand« als Ausdruck für Selbstwirksamkeit. Im Verlauf unserer Reise haben wir zudem nachvollziehen können, wie Metaphern, deren empirische Wurzel der Leib ist, Wirklichkeit kognitiv strukturieren. (In der dritten Station arbeiten wir konkret damit.)

- Zwischen Emotionen und Kognitionen stellen Metaphern fruchtbare Verbindungen her. Spätestens seit der Entdeckung des limbischen Systems und seiner basalen Rolle bei allen Hirnprozessen gilt als unbestritten, dass Denken und Sprechen unausweichlich affektiv unterlegt sind. Metaphern können Fühlen auslösen, stimulieren, Gemütsbewegungen produzieren, und sie können diese kognitiv verarbeiten.

- Die herausragende Wirkung metaphorischer Ausdrücke im Vergleich zu wörtlichen Formulierungen verdanken wir ihrer Leistung, durch Bildlichkeit zu veranschaulichen, vor Augen zu führen. Metaphern verleihen dadurch unserer »Innenwelt« eine mit dem geistigen Auge betrachtbare innere Struktur. Im Verbund mit ihrer emotionalen Wirkung trägt die Bildlichkeit, die in der rhetorischen Tradition hervorgehoben wird (Mnemotechnik), entscheidend dazu bei, unsere Erinnerungsleistungen zu verbessern und – bei Zukunftsmetaphern – uns zu motivieren.

- Insofern Metaphern vom Konkreten auf das Abstrakte verweisen, vom Gegenwärtigen auf Zukünftiges, vom Physischen auf das Metaphysische, inspirieren sie uns und fungieren als Motivatoren für sinnerzeugende oder sinnentfaltende Tätigkeiten.

- Metaphern sind nicht feststehend, sondern sie werden hergestellt in jeder kommunikativen Situation, sei es im inneren Dialog, sei es interaktiv. Schon deshalb sind sie vieldeutig und wandlungsfähig. Zwar werden Menschen in eine sprachliche Welt hineingeboren, in der lexikalisierte und konventionelle Metaphern omnipräsent sind. Gleichzeitig ist jeder Mensch frei, vorhandene Metaphern semantisch neu zu akzentuieren, fremd zu kontextuieren oder neu zu erfinden. Nehmen wir hinzu, dass Metaphern konstitutiv sein können für Wissen, für Erkenntnis, für das Betreten neuer ideeller und intellektueller Gebiete, bedeutet dies unter anderem, dass jeder Mensch über Metaphern, insbesondere über kreative und innovative, kulturprägende Wirkung entfalten kann.

Metaphern werden individuell und in jedem Kontext neu hergestellt

Voilà, das Menü ist bereitet. Zwar fürs Erste sozusagen in der Form eines Grundrezeptes, das offen ist für Erweiterungen, Ergänzungen, Korrekturen – aber doch bereits recht schmackhaft. Es lohnt sich gewiss, an der »holistischen Zusammenschau« weiterzuarbeiten. Sie verringert die Komplexität zwar nicht, weil eine holistische Schau die Wechselwirkungen, das Netzwerkartige respektiert und daher nie genau sagen kann, woran es liegt, dass »das und das« geschieht oder nicht, oder auf »die und die« und nicht eine andere Weise. Gleichzeitig ermöglicht sie genau deshalb, das Gesamtphänomen und seine Leistungen fundierter wertzuschätzen.

Holismus

Ursprünglich wurde der Holismus als eine Ganzheitslehre verstanden, die reduktionistischen und monistischen Bestrebungen widersprach, also keine isolierte Betrachtung von Einzelteilen und kein einheitliches Grundprinzip des Seins akzeptierte. Das Interesse des Holismus war zunächst, nicht primär das Einzelne und Kleine oder das eine wirksame Gesetz zu erkennen, sondern das Einzelne im Zusammenhang des Ganzen und folglich in seiner multifaktoriellen Bewirktheit: Das Einzelne wird nur möglich dadurch, dass viele und verschiedene Einflüsse und Gesetzmäßigkeiten innerhalb eines Ganzen wirken und das Einzelne maßgeblich bestimmen.

In der Sprachphilosophie probierte die reduktionistische Variante, einzelne Sätze für sich genommen, isoliert zu verstehen, während die holistische Auffassung versucht, die Bedeutung eines Satzes im Gesamtgefüge der Sprache zu begreifen.

Entsprechend sieht das der erkenntnistheoretische Holismus: Eine Hypothese soll nicht für sich isoliert, sondern in der Gesamtheit einer Theorie geprüft werden.

Mit diesen Hinweisen verlassen wir den primär sprach- und geisteswissenschaftlichen Diskurs. In der nun folgenden Etappe, zu der ich Sie mit Freude einlade, nehmen wir eine vornehmlich von den Naturwissenschaften genährte Perspektive ein: die neurowissenschaftliche. Wir werden allerdings sehen, dass wir in ein interdisziplinäres Gespräch münden und dort alte Bekannte wiedertreffen.

Bereichernde Zuflüsse: neurowissenschaftliche Einwürfe

Oha – ich sehe, die Gruppe ist gewachsen! Ihr Interesse gilt selbstredend nicht mir – so eitel bin ich nicht –, sondern dem schillernden »neuro« vor dem »wissenschaftlich«. Ich kann das nachvollziehen; denn für mich ist das Gehirn ein Faszinosum. Mit seiner labyrinthischen Organisation und dem permanenten, scheinbar chaotischen Geplauder von Milliarden von Neuronen fühle ich mich wie eine Abenteurerin. Auf unserer Expedition werden wir gezielt ausgewählte Plätze ansteuern. Es sind zwei, die Sie auf Ihrer Entdeckungsreise in die Welt der Metapher besonders interessieren könnten: Kognition und Sprache sowie die Formulierung des Leiters der neurobiologischen Forschungsabteilung an der Universitätsklinik in Göttingen, Gerald Hüther, der von »inneren Bildern« spricht.

Amalgam: Sprache, Kognition, Körper und Umwelt

Sprache und Gehirn: Zentrale Begriffe

- Das Broca-Areal ist zentral daran beteiligt, Sprache erzeugen zu können. Es liegt im linken Stirnlappen der linken Hälfte der Großhirnrinde.
- Das Wernicke-Areal, im linken Schläfenlappen platziert, ist zentral für das Verstehen von sprachlichen Äußerungen.
- Lexikon meint den gesamten Wortschatz eines Menschen.
- Prosodie verleiht der gesprochenen Sprache ein bestimmtes Muster in der Tonalität, der Betonung und der Verläufe der Tonhöhen. Diese melodischen Klänge können die wörtliche Bedeutung modifizieren, sodass wir unterscheiden können, ob es sich bei einem Satz um eine Frage, eine Aussage, einen Befehl, einen Vorschlag oder etwas anderes handelt – und in welcher emotionalen Verfassung wir den Sprecher wahrnehmen.
- Semantik bezeichnet die Bedeutungen, mit denen wir Wörter und Sätze belegen.
- Syntax und Grammatik verweisen auf den Satzbau und die Struktur, die Wortkombinationen und Sätze haben können.

Zutatenliste: Überblick

Analog unserer Frage nach dem Zusammenhang von Denken/Kognition und Sprache suchen Neurowissenschaftler nach einer Antwort auf die Frage, ob Bewusstsein notwendigerweise Wortsprache voraussetzt. Hier gibt es Befürworter, vor allem philosophischer Provenienz, und Zweifler, vor allem naturwissenschaftlicher Herkunft. Doch machen wir um diese hochkomplizierte Fragestellung lieber einen Bogen und konzentrieren uns auf einen Aspekt des Komplexes. Da dieser Ausschnitt nicht minder anspruchsvoll ist, möchte ich betonen, dass wir uns ihm zwar in vereinfachender Weise nähern, aber immerhin einige Facetten besser verstehen werden, was impliziert ist, wenn wir mit Metaphern arbeiten.

Ist Kognition notwendig an Sprache gebunden?

Ist Denken, ist Kognition notwendig sprachabhängig? Denken wurde lange als ein Handeln mittels Sprache, auch als Probehandeln bezeichnet – und damit zwingend mit sprachlichen Kapazitäten verquickt. Wirkliches Denken, so die Auffassung, müsse sprachlich sein. Nur in einem sprachlich vermittelten denkerischen Raum könnten wir etwas erkennen, uns begründet und bewusst Wissen aneignen, uns die Welt denkend erschließen. Hier gilt Sprache als syntaktische Verarbeitung von Informationen. In diesem Zusammenhang steht der Satz des Philosophen Ludwig Wittgenstein, nach dem »die Grenzen meiner Sprache die Grenzen meiner Welt« sind.

Doch es regt sich Widerspruch. Die Frage, ob Denken notwendig mit Sprache verknüpft ist, wird heute abschlägig beschieden. Dass wir auch in Bildern, also visuell denken, darf als akzeptierte Überzeugung gelten. Neben diesen beiden Denkweisen, dem sprachlich strukturierten und dem bildlichen, belegen Neurowissenschaftler, gibt es ein Denken, das mit mentalen Modellen, mit räumlichen Repräsentationen arbeitet.

Diese mentalen Modelle haben mit Bildverarbeitung nichts zu tun. Denken wir bildlich, so erzeugen wir vor unserem geistigen Auge innere Bilder, die wir mit diesem geistigen Auge betrachten können, ähnlich, wie wenn wir visuelle Wahrnehmungen verarbeiten. Das lässt indes offen, wie wir abstrakte Zusammenhänge verarbeiten.

Mentale Modelle hingegen sind räumliche Repräsentationen, die relational sind, das heißt, sie sind logische Denkoperationen, die weder visuell noch sprachlich ablaufen, sondern durch das Herstellen von Beziehungen Erkenntnisse befördern und kognitiven Verarbeitungsprozessen zugrunde liegen. Sie organisieren Gedanken.

Die Gedächtnispsychologie kann zeigen, dass unser Gedächtnis Zusammenhänge konstruiert auf drei Wegen: sprachlich, visuell und eben räumlich-relational. Die Denkpsychologie entdeckte, dass Prämissenabfolgen einfacher zu verarbeiten sind, wenn sie kontinuierlich vorgetragen werden und nicht diskontinuierlich.

> Beispiel: Hubert ist schlauer als Marina. Marina ist schlauer als Michael. Also ist Hubert der schlauste von den dreien. Versus: Marina ist schlauer als Michael. Hubert ist schlauer als Marina. Die Konklusion ist die gleiche, aber weniger einfach zu erlangen.

Mentale Modelle integrieren

Diese Denkoperationen, besonders die Schlussfolgerung, wird nicht visualisiert, zumal eine Schlussfolgerung einen abstrakten, nicht bildlich darstellbaren Zusammenhang herstellt. Die Integrationsleistung erfolgt durch mentale Modelle und nicht bildlich oder sprachlich. Ferner wurde erwiesen, dass räumliche Relationen schneller verarbeitet werden als visuelle und normative: Die Leistung von Schlussfolgerungen verdanken wir der Einfachheit der Darbietung von Informationen, nicht ihrer Anschaulichkeit.

Dass Schlüsse auf räumlich-relationale Art gezogen werden und nicht visuell-kognitiv, belegen auch neuroanatomische Forschungen. Sie informieren uns darüber, dass visuelle Informationen in zwei unterschiedlichen Hirnstrukturen verarbeitet werden: im Was- und im Wo-System.

> »Über den Sehnerv gelangen die Signale in die primäre Sehrinde im Hinterhauptslappen. Zusammen mit der sekundären Sehrinde wird die Wahrnehmung (das Bild) nach Farben, Kontrasten, Konturen und Texturen analysiert. Die Daten werden auf verschiedenen corticalen Bahnen verarbeitet. Die ›Was‹-Bahn führt in den Schläfenlappen, hier wird dem Bild eine Bedeutung zugewiesen. Die ›Wo‹-Bahn führt zum Scheitellappen, wo das Gesehene räumlich in Beziehung gesetzt wird. Im Frontallappen werden Pläne und Absichten erarbeitet.« (Gassen 2008, S. 68).

Im Wo-System des hinteren Scheitellappens der Großhirnrinde dominiert also die räumliche Informationsverarbeitung, also ein räumlich-relationaler Operationsmodus. Bei Wenn-Dann-Logiken und anderen Syllogismen konstruieren wir mentale Modelle eines Sachverhalts – nicht nach dem Muster visueller Wahrnehmung, sondern indem wir Beziehungen herstellen. Wir denken also abstrakter, als uns bewusst wird.

Bei abstrakten Operationen beziehungsweise einem Denken, das Beziehungen knüpft, nutzen wir aus evolutionsbiologischer Sicht Hirnstrukturen, die sehr alt sind und ihren Ursprung in der Notwendigkeit haben, bei der

Beutejagd räumliche Schlüsse zu ziehen. Erst im Verlauf der Evolution haben Menschen gelernt, dieses Denken (räumliche Repräsentationen) auf abstrakte Verhältnisse zu übertragen und anzuwenden. Mentale Modelle gelten heute als aus Erfahrung gelernt, und zwar aufgrund der Verortung von sich selbst in der Welt. Sie gelten als Produkte räumlicher Repräsentationen, die aufgrund unserer Welterfahrung erzeugt und kausal erlernt werden. Insofern wandelt sich das Diktum Ludwig Wittgensteins in den Satz: »Die Grenzen meiner Erfahrung sind die Grenzen meiner Welt«.

Hervorbringen und Verstehen von Metaphern geschieht mittels visueller, sprachlich-kognitiver, emotionaler und senso-motorischer Prozesse

Daraus folgt für unser Interesse an der Metapher als Prototyp bildlicher Sprache: An dem Erzeugen und am Verstehen von Metaphern sind nicht nur kognitiv-sprachliche und bildliche Prozesse beteiligt, sondern auch solche, die mental relational und nicht intentional gesteuert wirksam sind. Das rückt die typische Arbeitsweise unseres Gehirns in den Blick. Es operiert assoziativ, relational und zirkulär beziehungsweise reflexiv. Das wird verständlicher, wenn wir danach fragen, wie wir den Eindruck einer Ganzheit erhalten, beispielsweise das Erkennen einer Metapher als ganzer Gestalt. Zwei Eigentümlichkeiten seien hervorgehoben: Zum einem laufen in Konvergenzzonen Informationen weitertragende Aktivierungen von Neuronen beziehungsweise Neuronenverbänden zusammen, die Hirnarealen entstammen, die mit der Verarbeitung geistiger, emotionaler, körperlicher Reize beschäftigt sind. Diese Kooperation leisten neuronale Netzwerke, also Assoziationen von Neuronen. Das funktioniert auch über weite Strecken. Sie können Arealen des Gehirns entspringen, die eben keine Nachbarn sind. Zum anderen müssen neuronale Gruppen im Gleichtakt feuern, sich also zeitlich und rhythmisch synchronisieren, und zwar nach Maßgabe des Taktes, in dem das Gehirn arbeitet.

Am Hervorbringen und Verstehen von Metaphern ist neben den genannten visuellen, sprachlich-kognitiven, emotionalen und sensomotorischen Prozessen sowie den mentalen Modellen noch eine Dimension beteiligt: das Nicht-Gewusste oder Unbewusste. In unserem Kontext hat dieses Unbewusste zunächst nichts mit tiefenpsychologischen Hypothesen von Verdrängung zu tun. Vielmehr setzt es auf der Ebene der bewussten beziehungsweise nicht bewussten Wahrnehmung an. Neurowissenschaftler können zeigen, dass Menschen mit lädierten primären Sehfeldern sich als »blind« im Sinn von »nicht mit den Augen erkennen, nicht sehen können« beurteilen und dennoch Gegenständen ausweichen, nach Objekten greifen, die im Raum sind. Auf einer unbewussten Ebene sehen sie also durchaus.

Diese Erkenntnisse können an mindestens drei Thesen anschließen, die bereits bei Lakoff und Johnson zu finden sind:

- Metaphern wirken umgreifend konzeptionell und auf unsere Emotionen, Kognitionen und Handlungen maßgeblich ein – ohne, dass wir dies vollständig analysieren und erfassen können.
- Welche Metaphern ein Mensch wählt, ist nicht zufällig, sondern gehorcht unter anderem den Inhalten, die unbewusst gespeichert sind.
- Metaphern haben eine intuitive Komponente – sowohl im Vorgang der Schöpfung als auch in dem des Verstehens.

Für die Praxis bedeutet das, salopp gesprochen, exemplarisch dies: Auch wenn eine Beziehung – stärker: Affinität – zwischen Herkunfts- und Zielmetapher oder Bildspender und Bildempfänger nicht offensichtlich ist, in unserem Gehirn teilt eine Stimme mit, dass wir Gründe haben, danach zu fahnden. Beispielsweise beschrieb sich eine Klientin in ihrem Selbstkonzept als Schildkröte und strebte an, ihre Abteilung als Mannschaftssportteam zu führen.

Metaphern haben in ihrer Wirkung eine totalisierende und vereinende Tendenz

Während eines Brainstormings zum Haupttitel dieses Buches flachste mein Partner: »geflügelten Worten Beine machen«. Ein Literaturkritiker hätte den Mund angewidert gekräuselt, die Augenbrauen säuerlich zusammengezogen und abfällig befunden: Was für eine absolut schiefe, ungeschickte, verunglückte Metapher! Nun ja, gemessen am (offensichtlichen) Zusammenhang, aus dem die Bilder herkommen, kann ihm zugestimmt werden. Mein Partner zeigte auf die zwar unterschiedlichen Konzepte, denen allerdings eine gemeinsame Herkunft beschieden sei: Körper und Bewegung. Die Unterschiedlichkeit, dozierte er, sei beabsichtigt und rühre daher, dass die verschiedenen Gliedmaßen (Flügel und Beine) und Bewegungsarten (Fliegen und Laufen) unter anderem auf Folgendes hindeuten: unterschiedliche Lokalisation in der Welt und deshalb verschiedene An-Sichten von der Welt; unterschiedliches Gewahrwerden oder Spüren des eigenen Gewichts, unterschiedliche Geschwindigkeiten in der Fortbewegung und einiges mehr. – Die innere Beziehung von Bildern und Bedeutung liege also auf der Hand(!). Und außerdem verweise die Metapher darauf, dass sich lexikalisierte oder konventionelle Metaphern (»geflügelte Worte«) nutzen lassen, um neue Metaphern zu schaffen. Genau das sei veranschaulicht in dem Wechsel der Gliedmaßen, verbunden mit der semantischen Besetzung von »Beine machen«: nämlich, zu motivieren, in Bewegung setzen. Na, wenn diese Herleitung nicht überzeugt! Und: Über Metaphern zu sprechen, kann schöpferisch, vergnüglich und lehrreich sein, oder?

Diese und weitere mögliche Assoziationen benötigen neben dem sprachlichen und visuellen Denken, neben dem Erinnern von Gewusstem und Erlebtem und dem Wirken von Nicht-Bewusstem mentale Modelle, die das Denken räumlich-relational organisieren.

Nun sind Sie am Zuge, kurz noch ein Beispiel zur Einstimmung:

> Ich erinnere mich an eine Klientin, die als Selbstmetapher die Rose gewählt hatte und sich beruflich gleichzeitig als Dirigentin eines Marschmusikorchesters sah.

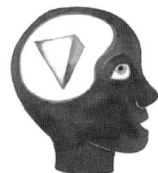

Übung: Affinität zwischen einander »fremden« Metaphern

Notieren Sie sich sämtliche Assoziationen, die eine Verbindung zwischen »Rose« und »Dirigentin eines Marschmusikorchesters« herstellen.

Denken Sie sich einfach analog gebaute Metaphern im Rahmen von Veränderung aus.

Wenn Sie Ihre Ideen aufgeschrieben haben, dann lesen Sie meine Ausführungen weiter.

Anmerkungen zur Rose-Dirigentin

Wie haben Sie den Prozess erlebt? Haben Sie die Rose und eine Frau als Dirigentin vor Augen gehabt?

Wie haben Sie Beziehungen zwischen beiden hergestellt? Haben Sie zunächst beides, Rose und Dirigentin, gesehen, die Marschmusik gehört und betätigten Sie sich danach als Detektiv, der die Zusammenhänge verstehen wollte?

Gab es Vermischungen der Bilder oder ihrer Konturen?

Haben Sie etwas »gefühlt« oder »geahnt«?

Haben Sie die Beziehungen »irgendwie mental« entdeckt, so, dass Sie nicht formulieren können, wie Sie denkend gearbeitet haben und dass Sie die intellektuellen Prozesse kaum rekonstruieren oder als Anweisung weitergeben können?

Sind Sie imaginativ vorgegangen, und das heißt ja auch: unterstützt von und vermittelt durch Ihre anderen Sinne?

Das Ensemble dieser Operationen vitalisiert und nützt! Sie werden sicher merken, dass wir auf die mentalen Modelle, die logische wie semantische Relationen herstellen, ohne dass uns dies bewusst ist, ebensowenig verzichten können wie auf intuitive Eingebungen oder Ahnungen (die auf gerade nicht bewusstes Wissen und Erfahrung zurückgreifen).

All diese Operationen führen zu Ideen von Affinität, beispielsweise folgende: Die Rose hat Dornen – Dornen verweisen auf die Kompetenz, sich zu wehren, sich durchzusetzen, widerständig sein zu können – und genau dies braucht die Dirigentin auch, um eine akkurate Musik mit dem Ensemble zum Hören zu bringen. Oder: Rose wie Dirigentin fallen als exponierte »Persönlichkeiten«, als Besonderheiten auf, sie »stechen hervor«; werden bewundert …

Wechselwirkungen: Sprache, Kognition, Körper

Ich habe Sie mit unserem Einstieg in die Themen »Sprache, Kognition, Körper und Umwelt« mitten hineingeworfen in die aktuelle Diskussion. Für diejenigen unter Ihnen, die sich dem Verhältnis von Kognition und Sprache lieber systematisch nähern, werde ich anschließend vergleichsweise geordnet vorgehen.

Beginnen wir bei dem Grundsätzlichen: Sprache und kognitive Leistungen sind eng verwoben. Sprache scheint maßgeblich den Modus zu prägen, wie wir unsere Wirklichkeit konstruieren und sie verstehen; wie wir Gedanken, Bilder, akustische und andere sensorische Wahrnehmungen ordnen, wie und was wir assoziieren und denken können. Vorzugsweise mittels der Sprache errichten wir uns eine innere Welt, in der wir Ideen, Erfahrungen und vieles mehr speichern und abrufen können. Sprache ermöglicht uns ein reflexives Verhältnis zu uns selbst. Sprache wirkt gleichermaßen als Verzögerung: Sobald wir sprechen, schieben wir eine Handlung auf, ordnen Vorstellungen, Annahmen, Einschätzungen oder prüfen Gefühle, bevor wir Impulsen, unwillkürlichen Regungen nachgeben. Und Sprache ist unverzichtbar, um komplexe Sachverhalte im Detail verstehen zu können.

Worte und Gedanken sind wesensverschieden. Menschen können kognitive Operationen ohne Wortsprache vollziehen. Denken Sie etwa an Taubstumme. Neurowissenschaftler können belegen, dass ein erheblicher Teil unseres Wissens außerhalb der sprachlich relevanten Hirnareale angesiedelt und gespeichert ist. Dieses Wissen verdanken wir Forschungen und Behandlungen von Menschen mit Läsionen in diversen Sprachzentren. Kinder etwa, die Sprachentwicklungsstörungen aufweisen, können dennoch logisch denken und sprachliche Regeln jenseits von begrifflichem Denken erfassen. Es gibt kognitive Störungen, bei denen höhere Denkfähigkeiten ausgeschaltet, sprachliche Fähigkeiten dennoch vorhanden sind. Sprache und Kognition werden zudem nicht von denselben neuronalen Verbindungen gesteuert. Und als letztes Beispiel: Es gibt Menschen mit Sprachausfall, deren höhere kognitive Fähigkeiten erhalten bleiben. Sie können kreativ kombinieren und zwischen Konkretem und Abstraktem wechseln.

Wenn wir sprechen, sind zudem motorische Areale aktiv. Das haben Sie bereits in dem Vortrag zur Metapher gehört (s. S. 82 f.). An Bewegungen sind nicht nur Gebiete der Großhirnrinde beteiligt, sondern weitere Strukturen, insbesondere das Kleinhirn und die Ganglien sowie das limbische System, eine Struktur, die unsere Wahrnehmungen und unser Denken emotional einfärbt. Sprachhandlungen(!) sind über das ganze Gehirn, wenn nicht sogar über den gesamten Körper verteilt. Denken wir an die Muskeln und die physiologischen

Sprechen, Denken, Bewegen sind aufeinander bezogen

Prozesse, die – vom Gehirn ausgelöst – unsere Bewegungen steuern. Oder daran, dass selbst der Darm, das sogenannte zweite Gehirn, an unserem Befinden und unseren Aktivitäten aktiv Anteil nimmt. Seine Verbindungen zum Kopfgehirn sind sogar viermal so stark wie umgekehrt. Im Gehirn tragen wir nicht-topographisch abgelegte Bilder mit uns herum wie die berühmten Großmutterzellen, die es eben nicht gibt. Vielmehr ist das Gehirn eine dynamische Struktur, die Kohärenz erzeugt. Diese kommt zustande durch das Zusammenwirken neuronaler Verbindungen, durch die über den ganzen Körper distribuierte Kommunikation und Interaktion von Neuronen und deren Verbänden.

Körperwahrnehmung als Grundbedingung menschlichen Lebens

Dabei kommt der Körperwahrnehmung, wie mehrfach erwähnt, ein Primärstatus zu und unterstützt die erfahrungsbasierte Theorie von Lakoff und Johnson. Nach ihr ist eine Bedingung für die Möglichkeit, metaphorisch zu sprechen, das Erleben des eigenen Körpers. Die Autoren erklären damit, wie es dazu kommt, dass der hauptsächliche Anteil unserer Metaphorik auf ihre Herkunft »Körper« und damit auf jene Dimensionen zurückzuführen ist, die mit Körpererleben unhintergehbar verflochten sind.

Diese Auffassung und Beobachtung können wir einbetten in neurowissenschaftliche Erkenntnisse. Diese basalen Prozesse können Sie sich folgendermaßen veranschaulichen. Stellen Sie sich einen Säugling vor, der liebevoll vom Vater in den Armen gehalten wird und den Finger des Vaters, mit beiden Händchen ergriffen, in den Mund steckt. Der Säugling erfährt durch diese Berührung eine doppelte Feedbackschleife: vom Berührten und Berührenden, von sich selbst und in sich selbst und von dem Finger in sich selbst.

Es gibt eine Innenschleife, die innere Leibwahrnehmung, und eine durch das Außen, die Umwelt, in diesem Fall durch den Finger, initiierte Schleife. Die Sinnesreize sind zunächst elektrische Impulse, die sensorisch unspezifisch codiert und dann an das Gehirn weitergeleitet werden. Das Gehirn übersetzt die elektrischen Wechselströme in einen hirnspezifischen Sprachcode. Das erleben wir als Konstruktion einer konkreten Außenwelt (Vater, Finger, Situation). Das Gehirn hat weitere Sprachcodes: Biochemisch werden Reize am synaptischen Spalt von einer zu einer anderen Nervenzelle übertragen, ausgetauscht werden Botenstoffe (Neurotransmitter), die in der Zielzelle in elektrische Ströme umgewandelt werden, mit der Hilfe von Neuromodulatoren, die ihrerseits von Neuropeptiden beeinflusst werden.

Diesen Nebenpfad werden wir nicht weiterverfolgen, sondern für den Augenblick kurz und knapp schlussfolgern: Neben den bekannten fünf Sinnen sollten wir uns darüber bewusst sein, dass wir weitere Sinne aktivieren: die der Leibwahrnehmung, den Gleichgewichtssinn, ferner chemische und physiologische Prozesse, Muskelbewegungen und einiges mehr. Dies alles ereignet sich im

Inneren des Körpers und ist die Voraussetzung dafür, dass Menschen sich als ein ganzes Ich komponieren, konstruieren, selbst erschaffen, um eine Einheitserfahrung machen können. Durch Rückkopplungsprozesse von Innen- und Außenwelt lernt nicht nur das Gehirn, sondern der ganze Mensch. Das Gehirn und das gesamte System Mensch sind operational geschlossen, aber informationell offen. Dass wir unseren Körper benötigen, um uns als ganzen Menschen zu fühlen, belegen Experimente, in denen die Feedbackschleife nicht funktioniert. Etwa in den Fällen, in denen sich Menschen in einem dunklen, von Außenreizen abgeschotteten Wassertank in Salzwasser legen. Sie sprechen davon, Erlebnisse der Entgrenzung zu haben und sich körperlos zu fühlen. Dass selbst im Rahmen künstlicher Intelligenz, neuronaler Netzwerke und deren Enkorporierung in Roboter dieser Aspekt der Körperlichkeit integriert wird, zeigt die Robotik. Sie experimentiert mit zunehmendem Erfolg, seit sie die Körperlichkeit in die Rückkopplungsschleifen mit der Software einbaut. Die Wechselwirkungen zwischen Immateriellem und Materiellem gelten offenkundig über das natürliche Lebewesen hinaus.

Exkurs: Sprache, Kognition, Körper und Umwelt

Können wir, fragten wir bereits, ohne Sprache denken? Wie erging es Kaspar Hauser, während er des Sprechens noch nicht mächtig war? Konnte er beispielsweise in Kategorien von Zeit denken und Zukunftsentwürfe machen? Andere Frage: Können wir uns an unsere frühe Kindheit erinnern, daran, wie es sich anfühlte, noch nicht sprechen zu können? Kaum. Neurowissenschaftliche Gedächtnisforschung unterstreicht, dass Erinnern an Sprache geknüpft ist (Markowitsch 2002).

Die Frage, wie Denken und Sprechen oder Sprache zusammenhängen, ist noch nicht endgültig entschieden. Es debattieren Vertreter zweier Positionen in der Linguistik: Die eine Gruppe um den Philosophen Jerry A. Fodor, den populären Linguisten Noam Chomsky und den Psychologen Steven Pinker behandelt Kognition und Sprache als zwei voneinander getrennte Funktionen. Die Trennung wird so strikt gedacht, dass behauptet wird, Sprache habe keine Wirkung auf kognitive Prozesse. Sprache diene vor allem dazu, »mentale Postsendungen« zuzustellen (Jäger 2003, S. 36). Die Antwort auf die Ausgangsfrage ist hier entschieden: Auch ohne (Wort-)Sprache kann ein Mensch denken lernen, indem er schlicht kommuniziert und interagiert. Diese Richtung wird daher von Peter Carruthers und Jill Boucher als kommunikativ bezeichnet (Jäger 2003, S. 36).

Nahrung erhält diese Position von Untersuchungen mit Aphasikern sowie der Arbeit mit Kleinkindern, die bereits Dinge kategorisieren können, bevor sie tatsächlich zu reden beginnen. In dieser Theorierichtung wird angenommen, dass Menschen über eine Art angeborene »Sprache des Geistes« oder Tiefengrammatik verfügen, die von Einzelsprachen und kultureller Prägung unabhängig ist. Diese universelle Grammatik gilt als eine Grundkompetenz für Spracherwerb und besteht aus Bedeutungspuzzleteilen. Mit ihnen operieren wir, wenn wir denken. Das sind beispielsweise Bausteine wie männlich/weiblich, belebt/unbelebt, starr/beweglich. In dieser Gesellschaft begegnen wir dem uns bereits bekannten Linguisten George Lakoff wieder. Zusammen mit Mark Johnson belegte er in dem inzwischen mehrfach zitierten Grundlagenwerk »Leben in Metaphern« (2008, 6. Aufl.), dass unser Intellekt, unser Denken mit universellen Metaphern operiert, die sich in Einzelsprachen wiederfinden. Beispiele dafür sind: »mehr ist hoch« oder »gut ist oben«.

Die andere Partei ist ebenfalls interdisziplinär besetzt, zum Beispiel mit dem Philosophen Daniel C. Dennett, der sich der Frage nach der Möglichkeit von Bewusstsein widmet; ferner mit dem in der Trainerlandschaft sehr einflussreichen Psychologen Lew D. Wygotski und mit dem Psycholinguisten Stephen C. Levinson. Repräsentanten dieser Richtung sind konträrer Auffassung und verteidigen die These, Denken stütze sich auf Sprache, und insbesondere unsere Muttersprache beeinflusse die Art, wie wir denken, und das, was wir denken, in einem maßgeblichen Ausmaß. Hier lautet die Antwort auf die Eingangsfrage: Ein Mensch, der keine Sprache beherrscht, kann nicht denken. – Ganz im Sinne von Ludwig Wittgenstein, der meint, die Grenze unserer Sprache bedeute die Grenze unseres Denkens. Diese kognitive Richtung stützt sich auf Untersuchungen, die zeigen, dass sich Sprache und andere geistige Fähigkeiten in etwa parallel entwickeln (Jäger 2003) und es durchaus kognitive Leistungen gibt, die ohne Sprache nicht denkbar(!) sind, etwa das Nachdenken über Sprache. Drei Dimensionen, in denen Sprache das Denken beeinflusst, werden unterschieden:

- die Struktur des Lexikons, also die Art und Weise, wie der Wortschatz einer Sprache die Welt repräsentiert, sowie die Grammatik, die uns Sätze so strukturieren lässt, dass andere Personen der Sprachgemeinschaft sie verstehen können,
- die Materialität, die Erscheinungsform einer Sprache: mündlich, schriftlich, mittels Gebärden sowie
- die Leistungen von Sprache, die a) Wirklichkeit abbildet oder b) Wirklichkeit mitkonstruiert.

Mit den amerikanischen Linguisten und Anthropologen Franz Boas (1858–1942), Edward Sapir (1884–1939) und Benjamin Lee Whorf (1897–1941) wurde in den 20er- und 30er-Jahren des 20. Jahrhunderts die Sapir-Whorf-Hypothese bekannt, die ein sprachliches Relativitätsprinzip formuliert. Die These ist, dass sich Wortschatz und Struktur einer Sprache auf das Denken und seine Optionen sowohl kategorial als auch inhaltlich auswirken. Versteht man sie so, dass die These in jedem Fall zutrifft, gilt sie als widerlegt (s. auch zum Thema »mentale Modelle«, S. 142 ff.). Nimmt man sie als eine Variante der Beziehung zwischen Wortschatz und Denken und lässt Rückkopplungs- und korrelative Prägungsprozesse zu, ist sie ein wertvoller Hinweis dafür, die Beziehung von Sprechen und Denken besser zu verstehen.

In diese Richtung forscht Stephen C. Levinson vom Max-Planck-Institut für Psycholinguistik in Nimwegen. Seine Forschungen in Bezug auf die Wirkung sprachlicher Strukturen auf Denkstrukturen enthüllen, dass die Sprachstruktur bestimmt, wie wir etwa räumliche Probleme lösen (Jäger 2003, S. 42). Bei der Raumbeschreibung diktiert die angewandte Sprache, ob sich die Beschreibung relativ zur eigenen Person oder absolut in Beziehung auf die Himmelsrichtungen bezieht.

Die kognitive Sprachwissenschaft kümmert sich nicht nur um das Lexikon (zerlegt Welt in Worte, Begriffe) und Grammatik (strukturiert Syntax und Bedeutung), sondern auch darum, welche Wirkungen »der Kanal« der Sprache auf das Denken hat, also mündliche, schriftliche oder gestische Sprache. Die Vermutung ist, dass das Transportmedium unterschiedliche Auswirkungen auf geistige Strukturen und Denkvorgänge erzeugt. Allerdings sind die Ergebnisse der Forschungen nicht eindeutig. Es gibt Belege dafür, dass die Literalisierung, Verschriftlichung und Schriftkultur, das Denken verändert hat, weg von mythischen, prälogischen und hin zu logischen und rationalen Leistungen. Gleichzeitig stimmt, dass Angehörige auch mündlicher Kulturen dieser kognitiven Leistungen fähig sind.

Für Soziologen und Soziolinguisten nicht erstaunlich, weil bereits vor Jahrzehnten untersucht (s. S. 152), unterstreichen neuere Ergebnisse der Kognitionspsychologen Sylvia Scribner und Michael Cole, dass die Frage, inwiefern Verschriftlichung Denken prägt, entscheidend von dem Kontext abhängt, in dem eine Sprache sozial relevant wird. Die beiden Wissenschaftler untersuchten 1973 die Wirkung von Schrift bei den Vai in Liberia.

»Dieser Stamm nutzt drei verschiedene Formen: die Vai-Schrift (eine Silbenschrift), die arabische Alphabetschrift sowie die englische Schrift. Jede von ihnen wird in verschiedenen Lebenssituationen genutzt. Die Forscher konnten nun nachweisen, dass Auswirkungen der Schrift auf Logik, Abstraktion und Gedächtnis nur in der englischen Literalität auftraten – nicht aber bei den beiden anderen Schriftformen. Für die Vai-Schrift sowie die arabische Alphabetschrift traten solche Auswirkungen deshalb nicht auf, weil sie nicht für die Bildung an Schulen genutzt wurden.« (Jäger 2003, S. 40)

Schriftlichkeit hat, das gilt als gesichert, zumindest einen Einfluss auf unsere Denkleistungen, wenn auch nicht allein und ausschließlich.

Die Untersuchungen des russischen Neurologen Alexander R. Luria aus den Jahren 1931 und 1932 laufen in die gleiche Richtung. Allerdings kann man sie umfassender interpretieren, indem man neben dem Aspekt der Verschriftlichung beziehungsweise Literalität zusätzlich die sozioökonomischen Umwälzungen jener Zeit in Betracht zieht. Denn – das belegen soziohistorische Rekonstruktionen – Wandlungen, die die gesamte Kultur, die Bedingungen des Zusammenlebens in kultureller, sozialer, ökonomischer und technischer Hinsicht umkrempeln, fordern auch die Menschen in geistiger, seelischer oder kognitiver, emotionaler und selbst in körperlicher Hinsicht anders als die vorgängigen Verhältnisse. Unter dem Druck der neuen Verhältnisse lernen sie – unter anderem – neue Denk- und Verhaltensschemata.

Der Politikwissenschaftler Rudolf Müller erweiterte bereits im Jahr 1977 dieses Feld systematisch in einem Ansatz, den wir heute ökologisch oder ganzheitlich nennen würden. In seinem Werk »Geld und Geist« (1977, 1981) integriert er Entwicklung und Gebrauch von Sprache kritisch-theoretisch und empirisch in den ökologischen Kontext, die Lebenswelt, und berücksichtigt kulturelle Eigenheiten wie beispielsweise Bezahlungsformen und Glaubensüberzeugungen. Außerdem bindet er in seine ideologiekritischen Überlegungen soziale Umgangsformen, ökonomische sowie lebensweltliche Bedingungen ein. Diesen Gesamtkomplex bezieht er auf Sprach- und Denkformen sowie auf Sprach- und Denkstrukturen und durch sie gebahntes Verhalten und Handeln. Die soziologischen Überlegungen von Alfred Sohn-Rethel in seinem Werk »Warenform und Denkform« (1971, 1978) untermauern diesen komplexen Zusammenhang und ergänzen ihn um weitere Facetten.

Verschieben wir unsere Aufmerksamkeit von der schriftlichen Sprache auf andere materiale Erscheinungsformen. Wenn wir fragen: »Welche Auswirkung hat die visuell-gestische Form der Gebärdensprache auf die geistigen Strukturen der Kommunizierenden?«, dann entdecken wir Unterschiede in den Begriffsnetzen von Sprechern, die Laut- beziehungsweise Gebärdensprache verwenden.

»Wir erklären dies mit der sogenannten Inkorporation. Dies heißt, dass Gebärdensprecher Nomen und Verb (›Der Fisch schwimmt‹) oder auch Verb und Adverb (›rennt schnell‹) in einer Gebärde verschmelzen können. Unsere Ergebnisse weisen also darauf hin, dass die Materialität der Sprache – also visuell-gestisch oder vokal-auditiv – tatsächlich auf die Struktur des Denkens wirkt.« (Jäger 2003, S. 41).

Evolutionsbiologen erklären die Verbindung von Sprache und Denken mit der Stammesgeschichte des Menschen, insbesondere mit der Parallelität der Entwicklung von Schädelwachstum, Wachstum und Veränderung der Anatomie beziehungsweise Geometrie und damit verflochtenen Funktionalitäten des Gehirns einerseits sowie andererseits dem aufrechtem Gang, der es ermöglichte, die Hände frei zu benutzen.

»Im so gewonnenen Schädelraum fächerten sich auf der Hirnrinde neue Areale auf, die heute eine Reihe wichtiger höherer Denkfunktionen beherbergen, darunter auch die Sprache. Die zwei prominentesten Vertreter im Bereich der vergrößerten Großhirnrinde sind das Broca-Areal für die Sprachproduktion und das Wernicke-Areal für das Sprachverständnis. Während dieser Zeit muss unser Gehirn auch eine fundamental wichtige Fähigkeit entwickelt haben: die Objekte in der Umwelt auf eine neue Weise zu repräsentieren. Damit entstand eine fortgeschrittene Art von Begriffen.« (Jäger 2003, S. 41)

Menschen wurden fähig, Begriffe erster Ordnung zu bilden: Begriffe, die noch an den konkreten Gegenstand gebunden waren. Das Gleiche gilt für Begriffe zweiter Ordnung. Diese Begrifflichkeit kommt ohne physisches Pendant aus: Wir können über Objekte und deren Beziehungen reden, ohne dass wir sie sinnlich wahrnehmen müssen. Bis hin zu Abstraktionen. Oder dahin, dass wir – nach der Logik der Metapher – uns in Analogien bewegen und Bedeutungen von einem zu einem ganz anderen Ort tragen können. Diese Leistungen mit ihrer neuartigen Qualität werden möglich dadurch, dass »die sensorischen Konzepte mit Bedeutungen von Sprachzeichen verknüpft und so in die Begriffsnetze von Sprachen eingebunden wurden.« (Jäger 2003, S. 41) Repräsentationen und Neukonstruktionen werden möglich: Wir können Vorstellungen intern erzeugen und sind in der Lage, Konzepte und Wissen zu erlangen, die über spezifische Situationen hinausgehen. Wir generalisieren »im mentalen Raum der Sprache« (Derek Bickerton, zitiert nach Jäger 2003, S. 41). Hingewiesen sei im Kontext neurobiologischer Entdeckungen noch auf die viel zitierten Spiegelneuronen, als deren Entdecker der italienische Neurophysiologe Giacomo Rizzolatti mit seinem Team gilt (vgl. zum Beispiel Gehirn & Geist 2, 2002, S. 70). Spiegelneuronen aktivieren jene neuronalen Verschaltungsmuster im Gehirn des Gegenübers, die er beim Akteur wahrnimmt. Häufig werden diese Spiegelneuronen als Bedingung angeführt, um Empathie zu ermöglichen. Doch offenkundig assistieren sie zudem dabei, das Verhältnis von Sprachevolution und Sprachbedeutung besser zu verstehen. Rizzolatti und sein Team stimmen in Erklärungsansatz und Schlussfolgerung mit Paläoanthropologen überein. Danach hat sich die Wortsprache aus der Gebärdensprache entwickelt. Wortsprache erscheint dann als Resultat reziproker Gestik. Wird diese Theorie erhärtet, dann ist Sprache unter anderem ein körperliches Tun und ein soziales Phänomen: Sprechen und Verstehen (geteilte Bedeutung zuweisen) gründen in motorischen und somatischen Prozessen und werden dadurch erlernt, dass ein Mensch mit anderen kommuniziert und interagiert.

Werte Damen und Herren, im Verlauf der Vorträge, die Sie bisher gehört haben, ist immer wieder der prinzipielle Zusammenhang zwischen Sprache und Denken thematisiert worden. Diese Perspektive können wir als erkenntnistheoretische bezeichnen; denn sie fragt nach der allgemeinen Wirkung, die Sprache als solche auf unser Denken hat. In Kurzform lautet die Antwort: Es gibt einige Formen des Denkens, etwa das Denken in Kausalität, das internal sprachlich zumindest unterstützt wird. Denken als inneres Sprechen nutzen wir insbesondere dann, wenn wir Probleme lösen müssen. Als wir uns mit den mentalen Modellen (s. S. 142 ff.) befassten, haben wir uns allerdings vergegenwärtigt, dass wir Relationen, Problemlösungsoptionen oder Konklusionen auch nonlingual erfassen und vollbringen können.

Sprachbilder in beraterischen Kontexten: Schwerpunkt liegt auf der mündlichen Kommunikation

Sobald wir mit Sprachbildern in beraterischen Kontexten arbeiten, liegt der Schwerpunkt auf der mündlichen Kommunikation. Daher erfahren Sie jetzt noch einige wesentliche Aspekte, die Fragen beantworten, die sich mit der Verarbeitung mündlicher Sprache befassen. Hier sei insbesondere auf Angela D. Friederici verwiesen. Sie erläutert in ihrem Aufsatz »Der Lauscher im Kopf«, wo das Gehirn die Elemente gehörter Sprache verarbeitet und zeigt, dass dabei unterschiedliche Regionen nacheinander in einer offenbar präzise festgelegten zeitlichen Abfolge aktiv werden (Friederici 2003, S. 35–42).

Sie wissen bereits, dass die mehr oder weniger strikte Zweiteilung von Spracharealen hirnwissenschaftlich widerlegt wurde. Bis vor Kurzem galt: Das Broca-Areal (Paul Broca, französischer Neurologe und Anthropologe, 1824–1880) wurde im linken Stirnlappen der linken Hirnhemisphäre lokalisiert und galt als zuständig für Sprachentstehung. Das Wernicke-Areal (Carl Wernicke, Breslauer Neurologe, 1848–1905) im linken Schläfenlappen galt als Gebiet des Sprachverstehens. Als kommunikative Brücke fungierten mehrere Nervenfaserbündel, deren dichtestes als »Balken« bezeichnet wird. Untersuchungen an Patienten mit hirnbedingten Sprachstörungen, Fallstudien, Experimente und weitere Forschungen weichen diese funktionale Differenzierung und Spezialisierung auf. Forscher erkennen, dass sprachliche Funktionen über einen sehr weiten Bereich der Großhirnrinde verteilt sind und zusätzlich unterhalb von ihr liegende Regionen maßgeblichen Anteil an Sprache beziehungsweise Sprechen und Verstehen haben.

Zwar gilt nach wie vor eine Art schwerpunktmäßiger Zuständigkeit. Gleichzeitig ist heute bekannt, dass einzelne Regionen auch jenseits der zwei Hauptareale spezialisierte Aufgaben erfüllen: beispielsweise Verben bilden, Gesichter erkennen, Farben, Formen, Konsistenz zumessen, Gelesenem Bedeutung verleihen. Bezogen auf gesprochene Sprache verhelfen die bildgebenden Verfahren zu tiefergehenden Erkenntnissen darüber, wo gehörte Sprache verarbeitet wird und wie Hirnregionen beziehungsweise Netzwerke dabei kooperieren, um das Gehörte zu interpretieren und zu verstehen.

Gerafft dargestellt, wird die Frage danach, welche Hirnregionen mittels Syntax, Semantik und Prosodie verarbeiten, so beantwortet (Friederici 2003, S. 35–42; Thompson 2001): Untersuchungen zum Wo und Wie der Verarbeitung syntaktischer und semantischer Informationen zeigen, dass verschiedene Sätze zwar vorzugsweise die Wernicke-Region stimulieren, indes in verschiedener Weise. Der vordere Teil kümmert sich vor allem um Satzbau, der mittlere um Wortbedeutungen und der hintere scheint sich für beide zuständig zu fühlen. Die Vermutung ist, dass er dabei assistiert, Wortbedeutung und grammatikalische Verknüpfung zusammenlaufen und stimmig werden zu lassen, sodass eine Interpretation von Gehörtem möglich wird.

Dieser Prozess läuft in einer definierten Abfolge ab: Sobald wir gesprochene Sprache hören, wird das Spracherkennungssystem aktiv und erfasst die Lauteinheiten in einer akustisch-phonetischen Analyse. Anschließend filtert es auf zwei Wegen weitere Informationen heraus.

»Vornehmlich in der linken Hemisphäre betrachten oberflächliche Teile des Schläfenlappens und tiefergelegene Regionen des Stirnlappens gemeinsam zunächst die Wortkategorien. Das Spracherkennungssystem entscheidet also, ob es ein Substantiv oder ein Verb vor sich hat, und erfasst auf diese Weise die syntaktische Struktur.« (Friederici 2003, S. 36)

Dann werden auf demselben Verarbeitungskanal semantische Informationen analysiert. Parallel dazu werden Informationen, die in der Satzmelodie liegen, in einem zweiten, diesmal vornehmlich in der rechten Hemisphäre liegenden Areal und Kanal verarbeitet. Prosodische Daten werden damit vorzugsweise in der Hirnhälfte verarbeitet, die sich auf Ver- und Entschlüsselung emotionaler Informationen konzentriert. Für diese gesamte synergetische Leistung benötigt das Gehirn maximal 600 Millisekunden pro Wort.

Mit der Verarbeitung von Sprache ist also nicht nur die Wernicke-Region beschäftigt. Neben ihr liegende Komponenten des linken Frontalcortex kooperieren mit weiteren in der Großhirnrinde liegenden Regionen und ihren Netzwerken sowie mit stammesgeschichtlich älteren Gehirnteilen. Etwa mit Teilen des frontalen Operculums, einer Region, die an der Oberfläche das Broca-Gebiet umgreift und gleichzeitig tiefer ins Gehirn hineinreicht. Oder mit dem Kleinhirn, mit den Basalganglien und anderen, älteren Hirnstrukturen, die damit befasst sind, Sprache zu verarbeiten. Auf die Großhirnrinde bezogen, arbeiten jeweils ein Areal im Schläfen- wie im Stirnlappen gemeinsam semantische und syntaktische Informationen und bilden ein »Mini-Netzwerk« (Friederici 2003). Besondere Aktivität des Stirnlappens wird registriert, wenn die Anforderungen steigen, etwa mit einer kreativen oder innovativen Metapher oder komplex gebauten Sätzen, wie wir sie beispielsweise von Thomas Mann kennen.

Das Verarbeiten gesprochener Sprache erfordert folglich eine hochgradig akkurat abgestimmte Zusammenarbeit von Regionen und Netzwerken beider Hemisphären. Doch wie laufen diese Prozesse zeitlich ab? Wie erwähnt, verarbeitet unser Gehirn primär grammatische und sekundär inhaltlich bedeutsame Informationen. Um aus den Teilergebnissen eine konsistente Deutung erlangen zu können, prozessiert es zeitweise linear-sequentiell, bei anderen parallel. Dabei stieß das Team um Angela Friederici auf einen Geschlechtsunterschied:

Das Gehirn verarbeitet gesprochene Sprache teils sequentiell, teils parallel

»Frauen sprechen auf die emotionalen Informationen der Satzmelodie früher an als Männer – schon nach 200 gegenüber etwa 750 Millisekunden (siehe Gehirn & Geist 1/2002, S. 88). Vermutlich verarbeiten Männer im Gegensatz zu Frauen Wortinhalt und Sprechmelodie zunächst getrennt voneinander und stellen erst danach den Bezug zwischen beiden her. Für Frauen scheint dagegen die Satzmelodie wichtiger als die Bedeutung der Wörter zu sein und diese im Zweifelsfall zu dominieren.« (2003, S. 42)

Diese Vermutung deckt sich mit der Beobachtung, dass das weibliche Gehirn mehr oder dichtere Nervenfaserbündel aufweist, die die beiden Hirnhemisphären miteinander verbinden.

Sprache im Gehirn

Zusätzlich Wissenswertes für unsere Thematik »Metaphern schaffen, vermitteln und verstehen« in Kürze: Die Sprachareale werden vor allem in der Großhirnrinde lokalisiert. Sie bildet offenkundig »das entscheidende neuronale Substrat« des Bewusstseins (Thompson 2001, S. 449 f.) und damit bewussten Sehens, Fühlens, Hörens, Tastens, Schmeckens, also bewusster sensorischer Perzeption.

Besonders gründlich erforscht ist unsere Sehfähigkeit. Bewusstes Sehen entsteht im Gehirn durch Kooperation unterschiedlicher Areale unseres gesamten Gehirns. Das zeigen in beeindruckender Weise Forschungen zum »Blindsehen«: Wir sehen etwas nicht bewusst und behaupten, »dort und dort« ist kein Objekt, und gleichzeitig verhalten wir uns so, als ob ein Objekt existieren würde. Wir reagieren unbewusst auf einen vorhandenen, allerdings nicht bewusst wahrgenommenen Gegenstand.

Die Sprachareale im Neocortex weisen normalerweise eine strukturelle Asymmetrie der linken und rechten Hemisphäre auf, die sich ab etwa der 31. Woche nach der Zeugung ausbildet. Die Hirnhälften sind durch mehrere Nervenfaserbündel miteinander verbunden, über die sie miteinander kommunizieren. Das dickste und dichteste ist der Balken, das Corpus callosum.

In der linken Hemisphäre sind zwei Sprachregionen verortet: das motorische Areal, das Broca-Areal, das vorzugsweise für die Produktion von Sprache zuständig ist; und das sensorische Areal, das Wernicke-Areal, das vor allem am Verstehen von Sprache beteiligt ist. Die rechte Hirnhälfte scheint der mit mächtigerem Gewebe ausstaffierten linken Hälfte dann überlegen zu sein, wenn es um unterschiedliche Arten räumlicher Funktionen und Ganzheitserfahrungen geht, zum Beispiel beim Erkennen dreidimensionaler Muster, wie es bei einer Metapher der Fall sein kann, die wir geistig ausmalen und im Raum platzieren, oder dann, wenn es um akustische, musikalische Aspekte oder emotionales Verhalten geht. (Wobei die linke Hirnhälfte bei freudigen Gefühlen aktiver ist als die rechte, während diese vor allem bei Gefühlen von Trauer stimuliert ist.)

Auch wenn es Gebiete in unserem Gehirn gibt, die zentral für Sprache zuständig sind, gibt es weder ein abgeschottetes Zentrum noch eine strikte Spezialisierung. Vielmehr sind Sprachfunktionen an unterschiedlichen Orten mit unterschiedlichen Aufgaben zu finden. An sprachlicher Kommunikation sind diverse Bereiche der präfrontalen Großhirnrinde und sogar Regionen im Kleinhirn beteiligt. Die seitliche Kleinhirnrinde spielt eine besondere Rolle für Bedeutung, Semantik und Syntax. An der Sprache ist unser gesamtes Gehirn beteiligt – und es mehren sich Indizien dafür, dies auszuweiten zu der Aussage: Unser ganzer Körper ist involviert.

Synergien: mentale Bilder

Kehren wir zu dem Themenkreis »Wortsprache, ihr Verhältnis zu Visuellem, Motorik und zu mentalen Sprachbildern« zurück und vergegenwärtigen uns einzelne Charakteristika, die für unser Interesse an der Metapher relevant sind.

Kognitive Neuro-wissenschaften erforschen wie Menschen geistige Bilder herstellen

Im interdisziplinär angelegten Forschungszweig »Kognitive Neurowissenschaften« kooperieren Neurobiologen, Kognitionswissenschafter aus Psychologie und Pädagogik, Philosophen, Linguisten und Computerwissenschaftler miteinander. Forschungen erweisen, dass Menschen geistige Bilder formen und in ihrer Vorstellung manipulieren können. Bildgebende Verfahren zeigen, dass bei diesen Visualisierungen neben motorischen Feldern auch Sehfelder im Cortex beteiligt sind, beim imaginativen Hören auditive, ferner – je nach (affektiver) Intensität der Vorstellung – zudem Felder, die kinästhetische und olfaktorische Daten verarbeiten. Unklar ist noch, ob die Aktivitätsmuster, die dabei beobachtet werden, mit denen übereinstimmen, die bei realer Betrachtung beziehungsweise beim Hören realer Laute und weiterer sensorischer Wahrnehmungen entstehen.

Fokussieren wir die für Sprache und Kognition bedeutsamen motorischen und sensomotorischen Stimulationen und Aktivitätsmuster, wird spekuliert, dass der Übereinstimmung zwischen realem und virtuellem Tun Beziehungen zugrunde liegen, die bei der Entwicklung der Sprachfertigkeit ansetzen. Besonders das Lesen, so die Hypothese, wurde ermöglicht dadurch, dass sich im Zuge der Evolution spezielle fotografieartige visuelle Gedächtnisfähigkeiten entwickelten. Das Sprechen ist mit motorischen Arealen verbunden, weil es eine Handlung ist, und das Hören gesprochener Sprache wird als auditive Handlung bezeichnet. Dies mündet, einfach ausgedrückt, in unsere Fähigkeit, innere Seh- und Hörbilder erzeugen zu können. Beispielsweise gehört die Region des supplementären motorischen Cortex zwar nicht zum Kern der Sprachregionen, ist aber an Sprachbewegungen in einer Weise beteiligt, dass es genügt, eine Vorstellung, beispielsweise einer Bewegung, zu haben, um diese Region zu aktivieren. Im auditiv-visuellen Assoziationsfeld werden visuelle und auditive Muster miteinander verknüpft: »Das auditive Muster eines Wortes muss in ein visuelles Muster umgewandelt werden« (Thompson 2001, S. 454), um die Bedeutung eines Wortes zu verstehen und es niederschreiben zu können.

Sprachliche Bilder wie Metaphern entsprechen diesem Muster oder dieser Funktions- und Operationslogik, denn sie sind in Worten transportierte Bilder. Um die Seh- und Hörinformationen einer gesprochenen Metapher verstehen zu können, ist eine weitere Region bedeutsam, der Gyrus angularis, der die unterschiedlichen Informationen integriert.

Was ist Grundlage dafür, dass wir geistige Bilder herstellen können? Die Antwort steht nicht fest, sondern ist Gegenstand heftiger Kontroversen. Polare Standpunkte sind: Denken ist ausnahmslos verbunden mit geistigen Bildern versus Denken ist bildlos. Was wir wissen, ist, dass Menschen mit geistigen Bildern arbeiten können. Untermauert werden diese Forschungen und Erkenntnisse von Wissenschaftlern, die mithilfe von Neuroimaging (bildgebende Verfahren), hier: der Positronen-Emissions-Tomographie (PET), sehen konnten, dass beim Erzeugen geistiger Bilder ein bestimmtes Feld (V1) in der Region der Fovea centralis im Bereich der Sehrinde aktiv ist. Diese wird auch dann stimuliert, wenn wir etwas Wirkliches sehen. Gesichert scheint also zu sein, dass mit dem Schaffen geistiger Bilder visuell-räumliche Prozesse einhergehen.

Werte Reisende, an dieser Stelle möchte ich Sie nochmals an die Ausführungen zu den mentalen Modellen erinnern (s. S. 142 ff.). Metaphern zu produzieren und zu verstehen – das scheinen Vorgänge zu sein, die sowohl unsere Sinne als auch unsere Erkenntnisfähigkeit (Kognition) und Sprache fordern, um in einem orchestralen Zusammenspiel die Sinfonie »Metapher« erklingen zu lassen. Vieles von dem, was Sie bisher gehört haben, finden Sie in der Literatur mehr oder weniger unter dem Terminus »mentale Bilder« zusammengefasst.

Ich möchte diesen Aspekt des Mentalen zusätzlich verknüpfen mit körperlichem Geschehen, wie dies auch zum Beispiel Gunther Schmidt in seinen Büchern »Systemische und hypnotherapeutische Konzepte für Organisationsberatung, Coaching und Persönlichkeitsentwicklung« (2007) und »Gehirn und Körper – Ein interdisziplinärer Diskurs« (2008) ausführt.

Verbindungen: Mentale Bilder und Körperbilder

Vermutlich hat jeder von Ihnen eine ungefähre Vorstellung von dem, was der Begriff »Mentaltraining« transportieren soll. Die mentale Technik wird bekanntermaßen besonders im Spitzen- oder Leistungssport angewandt und erfreut sich seit einigen Jahren zunehmender Anwendung in beraterischen und therapeutischen Settings. Auch in der Therapie von Menschen mit Hirnläsionen und – neuerdings – in der Arbeit mit älteren Menschen wird mit mentalen Methoden gearbeitet. Worum geht es beim Mentaltraining?

Wenn es um Veränderungen in Einstellung und/oder Verhalten geht, hat sich als wirksamste Strategie eine Kombination erwiesen aus Visualisierung, Imagination und Körperorganisation. Visualisierung meint, dass wir uns etwas bildlich vorstellen, etwas mit dem geistigen Auge sehen können. Wir sind insofern dissoziiert, als wir Schöpfer und Betrachter innerer Bilder sind. Ima-

Buchtipps: Diesem Aspekt widmet sich zum Beispiel Ian Robertson in seinem Buch »Das Universum in unserem Gehirn« (2002). Neben einem Einblick in all diejenigen Prozesse, die unser Gehirn plastisch, also veränderbar, machen, hebt er Potenzial und Macht mentaler Bilder hervor. Unter der Verhaltensmetapher »Mentales Fitnesstraining« führt er Techniken der Visualisierung und Imagination als zu trainierende Methoden ein, auch und gerade im therapeutischen Raum. In einer zum Teil ungewohnten Verständnisweise sensibilisiert uns Gerald Hüther in seinem Buch »Die Macht der inneren Bilder« (2006) für »mentale Bilder«.

gination (jedenfalls in ihrer ersten Stufe) geht insofern tiefer, als es uns mit einbezieht: Imaginieren schiebt uns aus dem Beobachterstatus in den des unmittelbar Beteiligten und Betroffenen. Beim Imaginieren begeben wir uns mit unserem ganzen Menschsein hinein in eine Szenerie. Imaginieren wir, sind erstens unsere fünf Sinne aktiv: wir hören, empfinden, sehen, riechen und tasten. Zweitens operieren wir mit mentalen Modellen, um sensorisch nicht Darstellbares zu erfassen. Drittens empfinden und fühlen wir mit unserem Körper und wirken durch ihn.

Dank der Rückkopplungsschleifen mit dem Mentalen und mit dem im mentalen wie körperlichen Gedächtnis Gespeicherten können wir mit Körperkoordination, mit Figuren und Bewegungen Veränderungsabsichten unterstützen, verlangsamen oder beschleunigen. Neben den fünf Sinnen sind – wie skizziert – interne Sinne wie der Gleichgewichtssinn und andere internale Abläufe verbunden. Dazu gehören physiologische, biochemische, hormonelle Aktivierungsmuster, die uns körperliche Gefühle und Empfindungen vermitteln. Und analog der Prozessualität der Psychosomatik versorgen uns diese Leibempfindungen mit Hormonen und anderen Botenstoffen, die ihrerseits Stimmungen (mit)erzeugen, unser Denken färben und kanalisieren. Sie präparieren uns sozusagen für das Fühlen und Denken und dafür, welche geistigen Bilder in uns geboren und welche Verhaltensweisen ermöglicht werden. (Konkretere Beschreibungen dazu finden Sie an der Teilstation »Innere Bilder« (s. S. 164 ff.). Beispiele von Anwendungen erhalten Sie, wenn wir uns mit den Fallbeispielen beschäftigen (s. S. 184 ff.).

Imaginationen und Veränderungsarbeit

Kurz und gut: Beim Imaginieren tun wir so, als ob wir in dem bildhaft Gedachten selbst leben, als ob dieses real ist. Je lebendiger wir imaginieren, desto eher glaubt unser Gehirn, dass es empirisch wirklich ist – und desto konkreter können wir mit dieser Imagination arbeiten. Sie kennen dieses mentale Arbeiten sicher bei Spitzensportlern, die sich jede Bewegung, jede affektive Regung im Detail vorstellen, um ihre Reaktionen in gewünschter Weise ausrichten zu können. Bedenken Sie zudem: Das Gehirn kennt nur eine Zeit – die Gegenwart! Je intensiver wir uns eine Szenerie »vergegenwärtigen«, desto eher glaubt das Gehirn an die Realität – und in diesem Moment ist die Imagination tatsächlich »wirklich«. Je intensiver wir dabei unseren Körper einbeziehen, desto unmittelbarer wirken die Bilder und die in ihnen transportierten Veränderungsabsichten. Insofern können Metaphern als trojanische Pferde für Veränderung fungieren.

Aus der hypnotherapeutischen Arbeit kommen weitere Hinweise, die beim Imaginieren helfen. Das Gehirn, so erläutern uns Hirnwissenschaftler, verarbeitet Reize, Daten und Informationen, insbesondere emotional besetzte, auf zwei Bahnen: einer schnellen und einer langsamen. Bei der schnellen erfasst die Struktur der Mandelkerne (die Amygdalae) die Reize, prüft, in Zusammenarbeit mit den Gedächtnisstrukturen des Hippocampus, sehr grob nach Kategorien gut/schlecht, gefährlich/sicher und dergleichen, und vermittelt den betreffenden Strukturen des Gehirns, wie sie sich und somit den ganzen Menschen ausrichten sollen. Vor allem in Gefahrensituationen entscheidet sich das Gehirn zwischen drei Optionen: Flucht, Starre oder Kampf. Die langsame Variante hat eine Feedbackschleife, die den präfrontalen Cortex, sozusagen unseren rationalen Hirnteil, einbezieht. Hier werden die Reize über den Thalamus einer internen Weiterleitung, Analyse und Kontrolle unterzogen – häufig sprachlich vermittelt – und dann erst wird reagiert.

Langsame und schnelle Bahnen im Gehirn und ihr Bezug zu Veränderungsabsichten

Für die beraterische Arbeit ist Folgendes bedeutsam: Die raschen Bahnen nehmen wir bei unwillkürlichen Handlungen: bei Routinen, lieb gewordenen Vorurteilen und Einstellungen, Gewohnheiten aller Art. Unwillkürliche Handlungen in Denken, Fühlen, Sprechen und Tun laufen jenseits des bewussten Entscheidens ab. Das ist der Hauptgrund dafür, dass sie so schwer zu verändern sind. Alles Unwillkürliche läuft »auto-matisch«, »selbst-tätig«, nimmt die Rennbahn und führt in gewisser Weise ein »auto-nomes« Leben in uns. Wir verleiben es uns ein, wie haben es verinnerlicht; es ist uns zur »Natur« geworden: Wir haben das Gefühl, nicht anders agieren zu können, als wir es tun: Das Es, das Nichtbewusste und Unwillkürliche, ist durchsetzungsstärker als das bewusste Vorhaben: »Ich habe eigentlich anders gewollt, aber ›es‹ ging nicht!« – Das Es diktiert uns sozusagen eine verselbstständigte Ich-Instanz.

Auf der neuronalen Ebene bedeutet dies: Es bilden sich neuronale Muster nach der Hebb'schen Regel. Das bedeutet: Neuronen, die gleichzeitig aktiv sind (feuern, sich entladen), verbinden sich (verdrahten, verschalten sich) miteinander. Je häufiger sie das tun, desto dichter, fester und breiter sind sie, denn umso bevorzugter werden die beiden Neuronen aufeinander reagieren. Dieser innere Zusammenhalt wächst mit jeder Bestätigung. Es bilden sich Routinen – formiert in festgezurrten Verbänden.

Ein anderes Bild (Analogie) für den gleichen Effekt ist das folgende: Stellen Sie sich das Gehirn als Dschungel vor. Sobald wir etwas Neues lernen, müssen wir mit der Machete Schneisen in das Dickicht schlagen. Je öfter wir denselben Weg gehen, desto eher bilden wir einen Pfad, dann einen Feldweg, der sich ausweitet zur Land-, zur Bundesstraße, bis wir eine mehrspurige Autobahn geformt haben. Und nun agiert das Gehirn ähnlich wie Autofahrende: am bequemsten, schnellsten, mit dem geringsten Aufwand verbunden ist es, Autobahnen zu nutzen, sobald wir weiter entfernt liegende Orte erreichen wollen. Dies ist sogar dann unsere Wahl, wenn wir wissen, dass Staus auf uns warten.

Weil wir andernfalls die Landkarte zu Hilfe nehmen müssten ... Das gering Aufwendige ist verführerisch, es fungiert als Attraktor und Motivator: Es zieht uns an und bewegt uns in einer bestimmten Weise und Richtung.

Verändern braucht Aufmerksamkeit

Für Veränderungsabsichten folgt daraus, dass wir unsere Aufmerksamkeit fokussieren müssen, dass wir achtsam sind, im Hier und Jetzt; denn dort, wohin wir die Aufmerksamkeit wenden, fließt unsere Energie. Um uns ganzheitlich sozusagen mit der Veränderungsabsicht zu verknüpfen, benötigen wir zusätzlich Vorstellungen und Körperkoordinationen,

- die unter die Haut gehen, die also eine große emotionale Wirkung haben,
- die uns attraktiv erscheinen und uns anziehen,
- die uns motivieren und uns in Bewegung setzen,
- die konkret, kontext- und zielbezogen glaubwürdig sind, die uns fühlen und denken lassen, dass das Neue anzustreben uns ein Bedürfnis und ein unverzichtbarer Schritt in jene Richtung ist, in die wir unsere Zielwelt, Vision, Perspektive in der Zukunft projiziert haben.

Noch einmal: Forschung, Experimente, Therapien zeigen, dass sich neuronale Muster bilden, je lebendiger die Kombination aus Visualisierung, Imagination und körperlicher Justierung ist und desto öfter diese mentale, emotionale und physische Choreographie wiederholt wird. Sie erhält – neuronal bezogen – mit zunehmender Konkretion und Repetition den Status des Wirklichen, indem sich bestimmte neuronale Schaltkreise immer wieder zusammen entladen. Sie verstärken ihre synaptische Verbindung (Konnektivität) und verbreitern ihre Netzwerke. Wenn wir dies verbinden mit den Kategorien des Kontextes, der Zieldirektion, wenn wir die Wechselwirkung von Mentalem und Körperlichem integrieren, dann können wir dieses Prozedere in der Arbeit mit Metaphern sehr fruchtbar nutzen.

Effektives Mentaltraining demonstriert eindrücklich, dass das Gehirn kein Muskel ist. Erinnern Sie sich an die Baronin Trutschkowitsch zu Beginn unserer Reise? Ihr galt das Gehirn noch als Muskel, den man nur physisch trainieren müsse. Das aber genügt nicht. Denn es kommt nicht nur darauf an, dass wir etwas tun, also imaginieren oder Metaphern ersinnen, sondern dass wir vier weitere Anstrengungen vollbringen:

- Wir konzentrieren uns, fokussieren – wir lenken unsere Aufmerksamkeit selektiv auf das, was wir tun und anstreben.
- Wir erfahren das, was wir tun, als bedarfsgerecht, sinn- und bedeutungsvoll.

- Wir fühlen das, was wir tun, emotional in gute Gefühle eingewickelt.
- Wir nutzen unseren Körper so, dass er bereits so tut, als ob der anvisierte Zustand, die Zielvision realisiert hat.

Unser Gehirn ist mit einer erstaunlichen Flexibilität ausgestattet. Jeder noch so winzige Reiz, jedes nicht bewusst bemerkte Datum, jeder bewusste Gedanke und vieles mehr verändert die neuronalen Verschaltungen: stärkt sie, dünnt sie aus, lässt sie absterben, fügt neue hinzu. Klinischer Betreuung hirngeschädigter Patienten und Forschung verdanken wir zudem die Erkenntnis, dass sich das Gehirn selbsttätig funktionell reorganisiert. Beispielsweise übernehmen Areale und Netzwerke, die bis zu einem Zeitpunkt am flüssigen Reden beteiligt waren, die Aufgaben von Arealen und Schaltkreisen aus Nachbarregionen, die für die Eloquenz ebenfalls bedeutsame Spezialaufgaben erbracht haben, aber lädiert oder verschwunden sind. Es gibt zahlreiche Fälle, in denen die eine Hirnhälfte die Leistungen der anderen vollständig ersetzt, insbesondere bei Hirnläsionen im Kindesalter.

Metaphern helfen, unsere Flexibilität zu erhöhen

Neuroplastizität, funktionelle Reorganisation, kompensierende Neumodulation und andere selbstregulierte Operationen unseres Gehirns demonstrieren eindrücklich, dass wir in unserem Gehirn ein Organ haben, das unaufhörlich beschäftigt, veränderungsfreudig und flexibel ist und für das Lernen in Form von Um-, Neulernen sowohl Normal- als auch Wunschzustand beziehungsweise -prozess ist. Gunther Schmidt spricht vom Leben als einem Prozess permanenter flexibler Anpassung (2007). Das Gehirn funktioniert nach diesem Modell.

Da mentale Bilder, Metaphern und andere Sprachbilder unter bestimmten Bedingungen eine Vielfalt an Arealen und Verknüpfungen aktivieren können, eignen sie sich in ausgezeichneter Weise, gewünschte Veränderungen in Denken, Fühlen, Handeln herbeizuführen oder zu flankieren. Dies können wir in unserer Arbeit als Coach oder als Berater nutzen.

Wirkmuster: innere Bilder

Gerald Hüther, Neurobiologe und Leiter der neurobiologischen Forschungsabteilung an der Universitätsklinik in Göttingen, hat 2006 ein Buch publiziert, das den Titel »Innere Bilder« trägt. Ich werde hochgradig selektiv vorgehen und nur jene grundlegend wichtigen Aspekte erwähnen, die für unser Interesse »rund um die Metapher« besonders erhellend, bereichernd oder stützend sind. Ausschlaggebend dafür, der neurobiologischen Herleitung und Fundierung

»innerer Bilder« einen eigenen kleinen Vortrag zu widmen, war Folgendes: Die neurobiologischen Erkenntnisse befruchten das Verständnis von Metaphern und metaphorischer Sprache, das wir bereits kennengelernt haben, nämlich Verständnisweisen aus kognitiver, interaktionistischer, erfahrungsbasierter und ganzheitlicher Perspektive. Diese Erkenntnisse lassen sich folglich konstruktiv verbinden mit der Möglichkeit, Metaphern in der beraterischen Arbeit wirksam und nachhaltig zu verwenden.

Wen übrigens die knappen Ausführungen an die Archetypenlehre von Carl Gustav Jung (1971–1990, besonders die Bände 9, 10, 17) erinnern oder an das Modell der Meme von Susan Blackmore (2000), dessen Assoziationen bewegen sich offenkundig lebhaft im Bedeutungsfeld von »Musterbildung« im neuronalen, sozialen, kulturellen Bereich. Diese Verbindungen sind, mit anderen Worten, weder zufällig noch beliebig, sondern prädestiniert durch das Konzept des vitalen Netzwerks.

Gerald Hüther verwendet den Terminus Metapher ebenso wie den Ausdruck »innere Bilder« mehrdeutig. Eindeutig indes und reich an Beispielen breitet er ihre Macht, ihre Wirkkraft aus und stellt ihre fast deterministisch zu bezeichnenden gestaltenden Einflüsse in Fühlen, Denken, Verhalten heraus.

Der Begriff des »Bildes« bezeichnet oder beschreibt:

Innere Bilder als Muster, Vorlage, Prozess und visuelles Phänomen

- einen genetisch gesteuerten Prozess, der die Gene als Bilder generierende Systeme versteht (zum Beispiel Hüther 2006. S. 40),
- alles, was sich hinter den äußeren, sichtbaren, messbaren lebendigen Phänomenen verbirgt und Reaktionen und Handlungen eines Lebewesens lenkt und steuert (Hüther 2006, S. 19),
- was sich neuronal konstelliert zu Hör-, Tast-, Sehbildern (Hüther 2006, S. 22 f.),
- Pläne, Vorlagen, Muster, die im Inneren angelegt sind und sich auf sämtlichen Ebenen des Lebens finden, also physikalisch, chemisch, zellulär, neuronal (Hüther 2006, S. 33, 43).

Innere Bilder, Muster, Vorlagen, Matritzen lenken die innere Organisation und leiten ihre Matrix zur Strukturbildung an: Dank der Matrix organisieren sie sich selbst, wenden ihre Struktur auf sich selbst an, um sich zu reproduzieren. Sie organisieren Reize oder zu Lernendes, etwa Wahrnehmungen. Sie organisieren alles, was der Organismus lernen kann und wie er es lernt. Die Matrix bringt ein inneres Bild von dem hervor, wie es sein müsste oder werden könnte; sie ist genetisch, epigenetisch determiniert, also vorbestimmt. Hier erkennen wir eine Hintergrundmetaphorik, die in naturwissenschaftlichen Termini und

Herleitungen die philosophische Idee der Entelechie aufgreift, dass nämlich im Organismus die Kraft liegt, die seine Entwicklung und Vollendung bewirkt. Innerhalb seiner individuellen Rahmenbedingungen folgt er also seinem inneren Gesetz oder Gestaltziel.

Die inneren Bilder fungieren zunächst als Strategien, um am Leben zu bleiben; in menschlichen Kontexten sorgen sie dafür, die persönliche Lebensführung sinnhaft zu gestalten. In diesem Zusammenhang geht der Neurobiologe über das strikt Naturwissenschaftlich-Empirische insofern hinaus, als er nicht-biologische Aspekte als mitbestimmende Variablen hervorhebt. Innere Bilder, die sich in entsprechenden neuronalen Verschaltungen und Netzwerken verkörpern, wirken auf allen Ebenen menschlichen Lebens, individuell und kollektiv. In der Form neuronaler Netzwerke stimmen die inneren Bilder überein mit »Vor-stellungen« und »Ein-stellungen«. Sie bringen Überzeugungen, Haltungen und all das hervor, was Menschen dazu motiviert, dies und nicht das zu denken, zu fühlen oder zu tun. Innere Bilder in der Form von Metaphern bewirken das Gleiche, nur auf einer anderen Bewusstseinsstufe. Denn wir arbeiten sozusagen mit neuronalen Wechselbeziehungen, ohne dies zu wissen und tun so, als sei es allein das Visualisierte, das uns antreibt oder behindert.

Die Macht innerer Bilder

In der Betrachtung all dessen, was Menschen bewirken, weitet Gerald Hüther den Horizont aus zu kollektiven Bildern. Damit sind Überzeugungen, die überindividuell sind, Substrate als Resultat traditionsreicher Geschichte, wie etwa Menschen- oder Weltbilder gemeint. Und da er als Neurobiologe nicht nur das explizite Wissen thematisiert, sondern auch das implizite Wissen und damit nichtbewusste Bilder, die gleichwohl ihre Wirkung entfalten, hält er die Idee von kollektiv wirkenden Archetypen für durchaus bedeutsam – und sei es in metaphorischer Manier. Sein Anliegen ist es, darauf hinzuweisen, dass innere Bilder und insbesondere Menschen-, Gesellschaftsbilder existieren; dass sie gemacht sind, als neuronale Bündel beziehungsweise assoziative Muster in unserem Gehirn leben und sie, ob intendiert oder nicht, ihre gestaltende Macht zur Geltung bringen. Es ist genau diese selbst fabrizierte Wirkmacht, die uns zu Fragen anregen soll. Denn gerade weil die leitenden Bilder von uns gemacht sind, können wir uns fragen, ob wir sie am Leben erhalten oder verändern beziehungsweise ersetzen wollen durch andere, die – ebenfalls gelenkt durch, nun aber veränderte, innere Bilder – den Menschen ein soziokulturelles Umfeld und Lebensführung ermöglichen mögen, die sie sich mehr als den Status quo wünschen.

Gerald Hüther beschreibt und zeichnet auf allen Ebenen des Lebens, beginnend bei den Zellen, wie sich innere Bilder als Programme und Muster formen; wie sie das Sein gestalten, wie sie das Werden lenken, kurz: in welcher Weise sie das Individuum und das Kollektiv lenken.

Damit ist das verbindende Moment zu unserem Thema »Arbeiten mit Metaphern« hergestellt. Vielleicht kann diese neurobiologische Sicht einen zaghaft begonnenen Prozess beschleunigen beziehungsweise bereichern, nämlich das vorwiegend sprachwissenschaftliche Projekt, das Phänomen Metapher einzukreisen, noch stärker zu einem interdisziplinären zu machen, in dem neben linguistischen auch kulturwissenschaftliche und material-hirnwissenschaftliche Perspektiven, Empirie und Argumentation integriert werden. Ein solch breitflächiges Fundament kann das praktische Arbeiten mit Metaphern auf Beine und Füße stellen, die festen Schrittes auf solidem Grund gehen und stehen.

Und damit, werte Reisende, habe ich bereits eine Überleitung zu dem Vortrag hergestellt, den vermutlich die meisten von Ihnen dringend erwarten: die Überleitung zu der Frage, wozu das »ganze theoretische Zeug eigentlich nützlich sein soll«?

Zum praktischen Nutzen der Strömungen, Schätze und Zuflüsse

Zu was verhelfen Praktikern die Einblicke in wissenschaftliche Überlegungen?

Ah, ich sehe, dass die Gruppe schon wieder angewachsen ist. Ich freue mich darüber, dass Sie alle so zahlreich erschienen sind. Denn die Frage nach dem praktischen Nutzen von Theoretischem mag den Einen oder die Andere vielleicht doch noch dafür gewinnen, sich zunächst an rein intellektuellen Ausflügen zu erfreuen und an kognitiven Übungen zu trainieren. Die Idee und meine Ambition ist dabei, Ihnen ein wunderbares Erlebnis zu ermöglichen: Das wohlige Gefühl, das sich in Ihnen wellenartig auszubreiten beginnt, sobald Sie bemerken, wie Wissen und Erkenntnis das Repertoire Ihrer Möglichkeiten erweitert. Dieses Wohlgefühl durchfließt alles Intrapersonelle, also Ihre kognitiven, emotionalen und empathischen Möglichkeiten: Sie erkennen und visionieren deshalb einen weiten Raum von Optionen. Und das Wohlgefühl mündet in eine kompetente(re) souveräne(re) Praxis beraterischer Intervention: Sie erhöhen die Wahrscheinlichkeit, dass Sie wissen, was Sie in welchen Kontexten warum tun und unterlassen.

In der Einstimmung 1 (s. S. 168) lade ich Sie mit einem Schmunzeln ein, das Verhältnis von Theorie und Praxis beziehungsweise zwischen Wissen/Erkennen und Handeln kritisch zu beleuchten. Alle drei Einstimmungen akzentuieren einen Aspekt.

Die nächste Einstimmung 2 (s. S. 169) möge Ihnen anhand kurzer Szenen erfahrbar machen, dass der Bedarf an Wissen (Erkenntnis, Erklärung) kontextspezifisch und je nach individueller Relevanz unterschiedlich ausfällt. An Wissen interessiert zu sein, wächst vor allem mit persönlicher Betroffenheit. Wissen via Gießkanne auszugeben, empfiehlt sich also weniger, als es auf Person, Anlass, Situation, Intention und andere Kontextfaktoren abzustimmen.

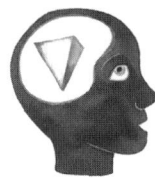

Übung: Einstimmung 1 – Handlungswissen

Lesen Sie bitte den folgenden Text und überlegen Sie, was mich motiviert haben könnte, ihn in unseren thematischenKontext zu stellen:

> »Wenn ich eine Glühbirne installiere, so geschieht dies mit dem Physikwissen eines Anoraks. Ich weiß nichts mehr über die Eigenheiten von Wechselstrom, nicht mal, warum er Wechselstrom und nicht Kirschenstrom heißt […]. Dessen ungeachtet werde ich im weiten Bekanntenkreis zu Lampeninstallationen herangezogen, ja, ich darf mit Bescheidenheit sagen, dass ich in dieser Hinsicht einiges gelte. Vor jedem ›Job‹ ziehe ich Winterstiefel an, da diese als Einzige über eine nennenswerte Gummidicke an der Sohle verfügen. Leider kann ich Nachfragen nach dem Sinn der Gummisohlen nicht beantworten, es ist eher ein Ritual […].« (www.max-scharnigg.jetzt.de, Süddeutsche Zeitung »Ich finde, Energiesparlampen machen irgendwie so kaltes Licht«, 17.08.2009)

Machen, ohne begründen zu können, und Ritualisieren – zuweilen bedarf es wenig, um erfolgreich zu sein und zu beeindrucken. Würden Sie sich einem Berater anvertrauen, der zwar als erfolgreich gilt und somit über viel Handlungswissen verfügt; der jedoch nicht begründen kann, warum ihm vieles gelingt, der also über kein Begründungswissen verfügt? …

> »Iss das gekochte Ei mit einem Plastiklöffel«, mahnt in genervtem Ton die Mutter ihren fünfjährigen Sohn. »Waruuuuum?« fragt dieser neugierig zurück. »Weil … weil man es eben so macht. Silberlöffel färben irgendwie giftige Stoffe ab, und die machen krank.«

Nun, es sind keine Silberlöffel mehr in den meisten Haushalten, und das »Abfärben« des Silbers gehört längst vergangenen Zeiten an. Zuweilen vergessen wir, welche »Be-gründ-ung« eine Tradition hat und wenden sie einfach an. Beratende machen sich über diese Gläubigkeit gern mit einem verborgenen Lächeln lustig, sind allerdings davor keineswegs gefeit! – wie das folgende Beispiel illustriert:

> »Ich arbeite, wie du weißt, schwerpunktmäßig systemisch«, betont der Kollege und erzählt der Coachpartnerin, mit der er in Meta-Gesprächen seine Arbeit reflektiert: »… aber an irgendeinem Punkt, ich habe gar nicht richtig gemerkt, was da abgelaufen ist, hat sie mir dann dermaßen viel Widerstand entgegengestemmt, dass …« – »Wie«, fragt die Coachpartnerin, »wie kann dir ein Klient Widerstand entgegenbringen, wenn du systemisch arbeitest?! Jede Reaktion gilt dem Systemiker als Beziehungsphänomen, Ablehnung oder nicht: Der Klient macht ein Beziehungsangebot. Im Fall der Ablehnung, dem berühmten Widerstand, gibt dir das Hinweise auf das, was mit ihm nicht funktioniert beziehungsweise welche Problemlösungsstrategie mit ihm in einem bestimmten Kontext nicht so funktioniert, wie du es denkst, erhoffst oder erwartest. Probleme, Hindernisse, Schwierigkeiten, welche von dir als ablehnend empfundene Reaktion auch immer: es sind Beziehungsphänomene und -angebote und zudem grundsätzlich kompetente Problemlösungsstrategien des Klienten. Worum es also geht, ist …«

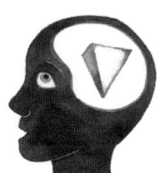

Übung: Einstimmung 2 – Handlungswissen, Begründungs- wissen und Vertrauen

Ihre Ärztin verschreibt Ihnen ein Psychopharmakum, das relativ neu ist. Sie fragen: »Wieso gerade das?« Die Ärztin antwortet: »Scheint gut zu wirken.« Sie: »Aber, wieso sollte es bei mir gut wirken? Und was ist mit Nebenwirkungen?« Ärztin: »Na, nun vertrauen Sie mir einfach. Bisherige Anwender haben es gut vertragen, und sie berichten, dass es ihnen hilft. Also, nur zu!«

Zeichnen Sie bitte eine Skala, die von 0 bis 13 reicht. »0« bedeutet: »interessiert mich überhaupt nicht«. »13« bedeutet: »interessiert mich brennend«. Vergeben Sie Ihre Werte zu folgenden Fragen und tragen Sie auf der Skala ein:

Sie stehen mit dem Werkstattleiter an Ihrem Auto, das soeben repariert worden ist. Er berichtet, was repariert worden ist, und möchte Ihnen ausführlich erklären, wie es zu dem Schaden hat kommen können. (Bitte Wert einzeichnen.) Sodann hebt er an, Ihnen darzulegen, was Sie tun können, um den Schaden zukünftig zu vermeiden. (Bitte Wert einzeichnen.)

Sie beabsichtigen, einen neuen Kühlschrank zu kaufen und möchten sich beraten lassen. Die Fachfrau beginnt, davon zu schwärmen, welche Vorteile ein bestimmtes Fabrikat hat. Sie nennt die Vorteile (Wert notieren) und führt dann aus, welche Technik sich dahinter verbirgt (Wert notieren).

Ihr Neurologe diagnostiziert eine Schattierung, die er auf Ohrhöhe in Ihrem Gehirn abgebildet sieht. Er erzählt Ihnen davon und kommentiert die Diagnose mit den Worten: »Das hört sich schlimmer an, als es ist. Wir kriegen das mit der Operation schon wieder hin.« Bei welchem Wert oder welchen Werten bewegen sich folgende Fragen, die in Ihrem Kopf umherschwirren?

- Wie sicher ist es überhaupt, dass da eine Schattierung ist?
- Woher will er wissen, dass die nicht schlimm ist? Woher bezieht er seinen Optimismus?
- Welche Qualifikation hat er? Warum sollte ich auf seine Kompetenz vertrauen?

Sie haben sich einem Therapeuten anvertraut, weil Sie sich »irgendwie belastet« fühlen und nicht aufdecken können, woran das liegen könnte. Sie sind eine Person, die vor allem denkend durch die Welt geht und vorzugsweise kognitive Strategien anwendet, wenn es darum geht, Probleme zu lösen. Nun schlägt der Therapeut Ihnen vor, sich auf ein hypnotherapeutisch bewährtes Verfahren einzulassen, das körperliche Bewegungen einbezieht. Im Rahmen dieses »Experimentes« sollen Sie auf einen Stuhl steigen und – so etikettieren Sie es in Ihrem inneren Dialog – Verrenkungen machen. Der Therapeut nennt das »Körperhaltungen« einnehmen. Wo liegen Ihre Werte auf der Skala bei den Fragen:

- Was soll denn das?
- Wo liegt der Bezug zu meinem Problem?
- Wieso sollte dieser Hokuspokus wirken?
- Woraus zieht der Belege dafür, dass das ganze Theater mir nützen soll?

Selbstverständlich sind dies nur Beispiele, allerdings exemplarische. Ihre Eintragungen können Ihnen Hinweise darauf geben, inwiefern und in welchen Kontexttypen es für Sie weniger oder mehr bedeutsam ist, Näheres über Hintergründe zu erfahren, sodass Sie nicht nur Handlungswissen in der Anwendung erleben, sondern herleiten können, wieso das Handlungswissen beziehungsweise seine praktische Umsetzung nützlich sein soll.

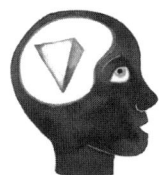

Übung: Einstimmung 3 – Handlungs-, Begründungs-, Grundlagenwissen und Zutrauen in Kompetenz

Stellen Sie sich bitte vor: Sie arbeiten in einem Einzelcoaching mit der Klientin Frau Clara. Es ist das erste Gespräch.

Sie als Coach: »Welche Fragen möchten Sie noch an mich stellen, bevor wir in Ihr Anliegen einsteigen?«

Frau Clara: »Tja, also, ich wüsste gern, wie Sie arbeiten. Zumindest hätte ich gern einige Anhaltspunkte, worauf Sie besonderen Wert legen.«

Coach: »Danke Ihnen für diese Frage. Um Kernpunkte zu nennen: Ich gehe davon aus, dass Sie all das, was Sie brauchen, bereits in sich selbst tragen. Sie verfügen über all die Ressourcen und Antworten, die Sie benötigen, um Ihr Anliegen in für Sie zufriedenstellender Weise zu bearbeiten. Meine Rolle sehe ich daher vor allem darin, Ihnen Angebote zu machen, die es Ihnen ermöglichen, Ihre Ressourcen zu aktivieren, sie zu nutzen. Und um das zu erreichen, gehe ich ferner davon aus, dass Menschen immer ganzheitlich leben und erleben. Das bedeutet, dass wir in unserer Arbeit auf vieles achten: auf Bewusstes und weniger oder gar nicht bewusst Zugängliches, auf Ihre körperlichen Reaktionen und das Wechselspiel von Körper, Seele und Geist; auch Ihr Wissen, Ihre Erfahrungen und Ihr Umfeld beziehen wir mit ein, *beispielsweise* Personen, ihre Beziehungen zu denen und anderes mehr. «

Frau Clara: »Ja, danke. Das hört sich sehr beeindruckend an. Nur, wieso gehen Sie davon aus, dass ich das, was ich zur Lösung meiner Probleme brauche, in mir habe? Und woher können Sie denn wissen, dass es das Unbewusste überhaupt gibt? Das ist ja durchaus umstritten, nicht? Und wieso ist es sinnvoll, meine Beziehungen zu anderen Leuten anzuschauen? Es geht doch um mich, um mich allein!«

Coach: »Ja, Sie stehen im Zentrum. Auf Sie läuft alles zu. Forschungen, theoretische Kontroversen, klinische Arbeit und Experimente zeigen allerdings immer deutlicher, dass in jeder menschlichen Äußerung wechselwirkende Prozesse stattfinden, die im Körper ablaufen, die das seelische und emotionale Befinden ausmachen und die Denkweisen betreffen. Und da wir Menschen soziale Wesen sind, findet das nicht allein in uns, sozusagen abgeschottet statt. Vielmehr bewegen wir uns immer in sozialen Situationen, in Beziehungen – und diese prägen unser Fühlen, Denken und Handeln. Dies nachweisen zu können, verdanken wir Theorien, klinischer Arbeit und Experimenten zum Beispiel aus den Strömungen der humanistischen, psychodynamischen, der Verhaltens- und der Gestaltpsychologie, neuerdings systemischen, körperorientierten und hypnotherapeutischen Therapieformen. Außerdem belegen Forschungen und Erkenntnisse aus den Neurowissenschaften auf materieller, beispielsweise auf chemischer und zellulärer Ebene, dass viele Annahmen aus psychologischen Theorien zutreffen. Kurz und gut: In unserer Arbeit zapfen wir Wissensfässer an, die mit Erkenntnissen aus unterschiedlichen wissenschaftlichen Disziplinen gefüllt sind.«

Verlassen wir hier den Dialog. Gleichgültig, ob Sie den Ausführungen inhaltlich zustimmen: Welche Assoziationen löst die Frage der Klientin in Ihnen aus? Und welche Assoziationen erweckt die gesamte Gesprächssequenz in Ihnen? Bitte notieren Sie Ihre spontanen Gedanken, Gefühle, Impulse.

Ohne Grundlagenforschung keine Teflonpfanne, keine Elektroautos, keine Meniskusoperation; ohne Grundlagenforschung keine Therapie bei Hirnschädigungen und auch keine Behandlung von neurotischen, psychotischen und andersartig als gestört geltenden Menschen. Das Gleiche gilt für seriöse Beratung von Unternehmen, Personengruppen und Personen!

Grundlagenforschung meint genau dies: die Grundlagen von etwas erforschen – zunächst ohne Frage nach praktischer Anwendung. Praktische Erfahrungen lösen Grundlagenforschung häufig aus, fokussieren die Frage nach empirischer Bewährung aber nicht. Grundlagenforschung widmet sich den fundamentalen Fragen. Sie erforscht »Grund-legendes« insofern, als die Bemühungen der Wissenschaftler darum kreisen, etwas in seinen prinzipiellen Abläufen, die Beschaffenheit von etwas und vieles mehr zu verstehen: was es ist, wie es ist, in welchen Kontexten etwas wie ist, warum so und nicht so, wie es sich wann verändert … Erst nach dieser Entdeckungsreise mit ihren zahlreichen Etappen und überraschenden Erkenntnissen werden Fragen nach der Anwendbarkeit und der praktischen Nützlichkeit, nach Utilität, gestellt und werden Geschäftsmodelle entworfen.

Wenn es um naturwissenschaftliche und technologische Grundlagenforschung geht, nicken wir meist verständig. Geht es um geistes-, sozial- oder kulturwissenschaftliche Fragestellungen, werden Achseln gezuckt, und es wird mitleidig gefragt, wie ausgeprägt konservativ und altmodisch man denn sei. Das Interesse an dieser Grundlagenkenntnis ist leider nur wenig ausgeprägt und Praktiker, die vorgeben, Theorien, Modelle, Konzepte aus diesen Wissenschaftsbereichen anzuwenden, winken häufig ab und sagen: »Meine Güte, wozu sollte ich das wissen? Es genügt doch völlig, wenn ich die einzelnen Tools und die verschiedenen Methoden kenne und weiß, was ich tun muss und wie es wirkt.«

Die Frage nach Nützlichkeit ist die Frage nach Nutzen und Nutzbarkeit. Mit im Gepäck schleppt sie die Entscheidung, wie der Beratende sich als verantwortungsvoll Nutzen Bringender versteht.

Theorien bereichern und legen das Fundament für Professionalisierung

Mit der Kategorie Nutzen/Nützlichkeit bewegen wir uns mental und pragmatisch (handlungsorientiert) im Bedeutungsfeld des Tätigseins. In beraterischer Praxis ist das Tätigsein eingebettet in Intentionalität: Wir wollen Wirkungen erzielen, zumeist in der Form, Ziele zu verwirklichen. Die Wirkungen sollen für Klienten oder Kunden hilfreich sein in dem Sinn, dass das, was auf eine bestimmte Weise getan wird, Schritte in Richtung auf das gewünschte Ziel sind. Dies zu realisieren bezeichnet nützliches Tätigsein.

Woher aber wissen wir, was wir wissen? Worauf gründen unsere Annahmen, dass die Art, wie wir tätig werden, im Sinn des Klienten oder Kunden wirkt? Worauf fußen unsere Vermutungen, dass die bestimmte Weise, mit Klienten zu arbeiten, eher förderlich als weniger förderlich sein wird? Wie können wir flexibel mit Klienten arbeiten, ihre Anliegen offen, und das heißt: mit breitem Horizont und perspektivischer Vielfalt, erfassen und dann noch beurteilen, welche Art von Reaktion wir als Intervention (zielführend) anbieten sollten, wenn wir die Landschaft, in der wir uns bewegen, bestenfalls in ihren groben Umrissen, geschweige denn in ihren einzelnen Parzellen und Nachbarschaftskonversationen kennen?

Wenn wir also bestenfalls wissen, dass wir uns in tiefenpsychologischen, humanistisch-psychologischen, verhaltenstheoretischen, neurowissenschaftlichen Gärten aufhalten – nicht aber angeben können, welche Fragestellungen, Axiome und Theoreme, welche Charakteristika den Unterschied ausmachen? … Warum sollten Menschen dann Vertrauen in und Zutrauen zu unserer Kompetenz haben?

Erlauben Sie mir, aus der Perspektive unserer Klienten Fragen zu stellen, deren Beantwortung Hinweise auf das berufliche Selbstverständnis und Ethos gibt: Warum sollten uns Menschen vertrauen, wenn wir vornehmlich Praktisches zu offerieren haben – bar einer soliden Begründung? Woraus speist sich eigentlich »kompetente Praxis«? Worin liegt die Differenz zwischen einem Tun, das reines Handlungswissen ist, und einem Tun, das Begründungen anbieten kann? Das – in einer Metapher formuliert – einen bunten Strauß an praktischen Übungen und »Werkzeugen« offeriert und Erklärungen dafür formuliert, woher die Blumen dieses Straußes kommen? Warum sie es beispielsweise vertragen, so nah beieinander zu liegen und einander an der Entfaltung ihres Blühens nicht hindern?

Nehmen wir an, Sie hätten ein Aquarium. Der Fachhändler berät Sie, welche Fische Sie hineinsetzen und zusammenbringen können. Begnügen Sie sich damit, seinem Rat zu folgen, machen Sie so lange alles zugunsten der Fische, wie der Händler Sie kompetent berät. Sie sind abhängig von ihm, weil Sie nicht über eigenes Mehr-Wissen verfügen: über das bloße Tun hinaus wissen Sie nichts. Lernen Sie jedoch etwas über die Gründe, die wesentlich darüber entscheiden, ob sich Fische vertragen oder kannibalisieren, dann können Sie eigenständig entscheiden, die Empfehlungen des Händlers überprüfen und verfügen über einen erweiterten Handlungsspielraum. Das bedeutet: Wissen öffnet Freiräume. Ganz analog übrigens zu dem Modell des »Führen durch Ziele und Zielvereinbarungen«.

Zu Beginn der Vortragsreihe zu Metapherntheorien bat ich Sie, einige Metaphern zum Verhältnis Theorie und Praxis zu reflektieren. Ich gestehe: Die Vorschläge haben eine Schlagseite, nämlich zu der Seite hin, die das Theoretische in einem sehr attraktiven Profil darstellt. Vielleicht haben Sie eigene konträre Vorschläge hinzugefügt? Wenn Sie mögen, lassen Sie Ihre Metaphern doch einmal an den Fragerichtungen und expliziten wie impliziten Ansichten entlanglaufen, die Sie in den drei Einstimmungen (s. S. 123 ff. und 167 ff.) und in den folgenden Beispielen, Anekdoten und Szenen erkennen können.

Die Auswahl am Beginn dieser Station sowie der Text im Kasten auf Seite 121 ff. konturieren Theorien als Bedingung für eine seriöse, solide, fundierte und kreative Praxis. Theorien liefern ein kohärentes System- oder Modellwissen, mit dem wir Praktisches erforschen können. Sie müssen sich an der Praxis bewähren, etwa Voraussagen ermöglichen. Theorie und Praxis kommunizieren miteinander: Sie stehen in einem ständigen Austausch miteinander. In diesem Prozess des Sich-Bewährens gewinnen wir sowohl »bessere« Theorien als auch eine kompetentere Praxis.

Wenn wir über grundlegendes Wissen verfügen, dann erhöhen wir die Wahrscheinlichkeit, zu wissen, was wir warum mit welchen Effekten in welchen Zusammenhängen zugunsten welchen Ziels tun oder erreichen können. Und wir gewinnen Beweglichkeit in dem, was wir wie betrachten, denken und wie wir agieren oder reagieren.

In der beratenden Praxis konzentrieren wir uns auf Verstehen und Verändern. Die folgenden Überlegungen mögen Sie zusätzlich zu den vorhergehenden Vorträgen anregen, Theoretischem mit Wohlwollen, wenn nicht gar mit Faszination zu begegnen. Ohne den Blick gleich auf den Nutzen oder die Nützlichkeit zu lenken. Ich wähle einzelne Aspekte aus, die wir gemeinsam anleuchten.

Wissen eröffnet Freiräume

Die Kontroversen um die und innerhalb der Substitutionstheorie lassen wir beiseite und legen den Finger auf den gemeinsamen Nenner. Dort heißt es: Metaphern sind Dekoration, überflüssiger Tand, verzichtbar – und wegen ihrer Mehrdeutigkeit unzuverlässig, daher sollte auf Metaphern in Kontexten, in denen es darum geht, zuverlässiges Wissen und Verstehen herzustellen, wie vor allem in Philosophie und Wissenschaft, gänzlich verzichtet werden. In jedem Fall sind Metaphern ersetzbar durch nüchterne Wortsprache.

Diese Position fegt Metaphernarbeit auch in der Erwachsenenbildung mit Schwung vom Tisch. Dieser in der rhetorischen Tradition stehende Standpunkt behauptet, dass Metaphern durch Wortsprache ersetzt werden können, und zwar durch Worte, die durch Präzision im Begrifflichen geadelt und dem Geist eindeutiger Sprechweise verpflichtet sind. Gutmütige Anhänger dieser Position dulden die Verwendung metaphorischer Rede in zwei Kontexten: in rhetorischer Absicht, um das Publikum für sich zu gewinnen, und in Dichtung, Poesie und Kunst.

Diese Theorieströmung befasst sich mit rhetorischen Mitteln und Figuren, die Reden oder Schreiben einprägsam und publikumswirksam gestalten. Die Theorierichtung liefert heutiger Rhetorikforschung nützliches Material, um Reden, Vorträge, Präsentationen verbal eingängiger, eleganter, dialogfähiger und rezeptiver zu machen. Sie sensibilisiert für sprachliche Formulierungen und deren psychologische Wirkung. Gehen wir diesen (vermeintlichen) Umweg einmal mit, dann finden wir heraus, dass der Umweg über das rhetorisch wirksame Moment der Metapher dazu beiträgt, dass wir es allen Beteiligten leichter oder schwerer machen können, wenn wir mit Metaphern arbeiten. Auch wir arbeiten mit Sprache! Wenn wir die psychologischen Wirkungen von Sprache kennen, wenn wir sowohl begrifflich präzise als auch metaphorisch sprechen können und dabei noch darauf achten, uns den Sprachgewohnheiten und den Metaphern unserer Klienten oder Kunden anzuschließen, dann können wir Metaphern systematisch und zielfördernd einsetzen.

NLP integriert einen Teil dieser Erkenntnisse in die Beratung und Therapie

Das Neurolinguistische Programmieren (NLP) integriert einen Teil dieser Erkenntnisse in die beraterische und therapeutische Arbeit.

Insbesondere die kognitiven sprachwissenschaftlichen Theorien, die die Interaktion von Denken/Kognition und Sprache in den Vordergrund schieben, haben das Sprechen in und mit Metaphern erst wieder in den Lichtstrahl der Aufmerksamkeit geholt. Sie haben die Frage neu gestellt, inwiefern Denken und Sprache aufeinander bezogen sind. Dank der fruchtbaren Kontroversen und dank der Bereicherung aus anderen Disziplinen wie der Denk-, Emotions- und Lernpsychologie, ferner der Neurowissenschaften können wir heute davon ausgehen, dass:

- Metaphern eine Modalität des Denkens, eine Verfassung des Geistes sind und Denkmöglichkeiten ebenso aufschließen, wie sie Denken, Fühlen, Handeln kanalisieren (besonders konzeptuelle Metaphern);
- Metaphern keine reinen Sprach- und keine reinen Bildphänomene sind, sondern eine komplexe mehrdimensionale Modalität des Denkens bezeichnen, indem sie bildhaft-symbolische mit kognitiv-sprachlichen, emotionalen und körperlichen Dimensionen verbinden;
- Metapherngebrauch ein eher prozessuales oder dialektisches Denken befördert als ein statisches, faktisches des »Das ist soundso«; metaphorisches Denken ein Übertragen von Bedeutungen ist, das Bedeutungen verändert und insofern einen Qualitätswechsel bewirkt;
- Metaphern allgegenwärtig und daher als anthropologische Konstante zu beurteilen, mindestens heuristisch als solche anzuwenden sind;
- Metaphern Gestalten hervorbringen, vor allem visuell: Sehbilder, auditiv: Hörbilder; gleichzeitig können sämtliche Sinne beteiligt sein, sodass Fühlbilder entstehen, die vorzüglich physisch verankert (somatisiert) sind, bis hin zu Synästhesien;
- Metaphern uns ermöglichen, Dinge, Visionen, Szenen, Empfindungen und Gefühle differenziert(er) zu beschreiben, als es rein begriffliche Sprache könnte; das merken Sie sofort, wenn Sie versuchen, den Geschmack eines Getränks zu beschreiben;
- Metaphern Gefühls- und Gedankenerlebnisse sind;
- Metaphern uns Bewusstseins-, Fühl- und Körperzustände nach dem Muster der Wechselwirkung zwischen Psyche, Kognition und Körper vermitteln.

Die Transporteure dieser Erkenntnisse und Beobachtungen sind Theorien und ist Forschung! Ohne deren grundlegende Arbeit würden wir bestenfalls über Handlungswissen verfügen, das aus der individuellen Praxis entstanden ist, rein empirisch und durch induktive Schlüsse. Begründungswissen hätten wir dann nicht – und deshalb könnten wir nur vermuten, warum etwas besser als etwas anderes funktioniert. Alle jene unter Ihnen, werte Mitreisende, die das Flohhausen-Experiment von Dietrich Dörner (2003) kennen, erinnern sich vermutlich mit amüsiertem Lächeln, welche fast schon esoterisch zu nennenden Begründungen Führungspersonen formulierten, um rational zu begründen, warum sie etwas Bestimmtes getan beziehungsweise unterlassen hatten.

Oh, ich sehe noch immer skeptische Gesichter. Sie meinen, Theoretisches helfe Ihnen in Ihrer praktischen Arbeit nicht? Nun, vielleicht überzeugen Sie die Hinweise und Beispiele in dem folgenden Exkurs.

Exkurs: Metapherntheoretisches in der Anwendung

Den Skeptischen unter Ihnen möchte ich anbieten, einige weitere Komponenten oder Puzzleteilchen aus den Theorievorträgen knapp auf ihre praktische Relevanz hin zu testen. Im Telegrammstil erhalten Sie Hinweise. Diese sind unvollständig, sollen Sie aber zum weiteren Nachdenken ermuntern.

Wenn wir um die Interaktion von Sprache und Kognition wissen, dann können wir auf der Bewusstseinsebene systematisch agieren. Die Bewusstseinsebene gilt als sprachlich strukturiert. Wir können Metaphern bilden, um Verstehens- und Veränderungsprozesse in dem Wechselspiel von Sprache und Denken und Denken und Sprache zu initiieren. Wir können prüfen, wie nachhaltig die Metaphern auf Handeln wirken. Devise: Die bewegende Kraft sprachlich strukturierter Metaphorik.

Ferner: Die umstrittene Differenzierung von Metaphernarten wenden wir praktisch produktiv an. Im selben Zuge binden wir praktisch ein, dass die Metaphernarten (lexikalisch, konventionell, kreativ und innovativ) unterschiedliche geistige Anforderungen an Sprecher und Empfänger stellen. Konventionelle oder lexikalisierte Metaphern wählen wir dort, wo sich Klienten wenig anstrengen brauchen oder sollen – innovative und kreative Metaphern erarbeiten wir (oder die Klienten allein) in Bezug auf all jene Kontexte, die für das Anliegen der Klienten absolut wichtig sind, wo also die Hebelwirkung intensiv sein soll.

In diesem Zusammenhang ist die Unterscheidung von gängigen und konzeptuellen Metaphern durchaus hilfreich. In der beraterischen Arbeit empfiehlt es sich, mit der Fantasie, der Lebenswelt, der Sprache des Klienten vertraut zu werden und sie zu nutzen, um Verständlichkeit und Verständigung, als Kommunikabilität und Dialogfähigkeit zu erleichtern. Lehrt das Neurolinguistische Programmieren (NLP), auf die vorzüglich genutzten Sinneskanäle zu achten, die sich im sprachlichen Ausdruck niederschlagen, können wir ergänzen: Achten Sie zusätzlich auf die Metaphern, in denen der Klient sich mitteilt. Gewöhnliche Metaphern, die lexikalisierten und konventionellen, geben weniger Auskunft über das Partikulare beim Klienten. Es sind – neben neuartigen – konzeptuelle Metaphern, die über die geistige Heimat, die intellektuelle und pragmatische Herkunft und Sozialisation, über die Lebenswelt des Klienten und seine Weltsicht Auskunft erteilen. Dieses Wissen können wir in der verbalen Kommunikation ebenso wie in der konkreten Arbeit einsetzen. Dabei spielt es keine Rolle, ob wir sie schwerpunktmäßig kognitiv einsetzen oder sie mit systemischen, hypnotherapeutischen, körperorientierten Komponenten vereinigen. Zur Verdeutlichung folgendes Beispiel:

Spricht der Klient in dem kognitiven und emotionalen Konzept »Leben als Abenteuerreise« oder in dem Konzept »Leben als Bürde«? Im ersten Fall werden Sie – begleitet von korrespondierender Physiologie – Formulierungen hören wie: »Ich muss und will mich bewähren!«, »Man muss stark und widerstandsfähig sein!«, »Zuweilen braucht es Mut.«, »Ich will in jedem Fall Schwierigkeiten bestehen.«, »Mir liegt daran, wenn nicht als Held, so doch als Beispiel voranzugehen.«.

Die zweite Metaphorik bringt eher Physiologien und Formulierungen hervor wie diese: »Alles lastet auf meinen Schultern!«, »Ich weiß nicht, warum ich mit diesem Leben bestraft wurde.«, »All diese Pflichten, die zu erfüllen sind!«, »Ich fühle eine gewisse Schwermut.«, »Wer kann sich bei diesen Belastungen schon aufraffen, ... zu tun?«

Herkunfts- oder Hintergrundmetaphorik sowie das Erkennen der konzeptuellen Verankerung von Metaphern unterstützen uns dabei, bisherige Bahnungen bewusst zu erkennen, andere Metaphernquellen zu erschließen, anzuzapfen und geistig, affektiv-emotional, leiblich zu prüfen, inwiefern sie bei Veränderungswünschen hilfreiche Dienste leisten können.

Gehen wir davon aus, dass Metaphern »Lücken« im Denken, Wissen, Verstehen, Bezeichnen und Beschreiben füllen können, dann ist es möglich, das (noch vage) Neue und Fremde mit dem Bekannten und Alten sichtbar zusammenzubringen, wie zum Beispiel Auto-PS als Pferdestärken. Das Kombinieren stimuliert unter anderem schöpferische Fantasie und ermöglicht, stets nachvollziehen zu können, aus welchen Elementen eine Metapher gebaut ist, sprich: welche Herkünfte eine Rolle spielen. Da Metaphern zudem konzeptuell wirken, können wir Bedeutungsfelder entdecken und all diese Leistungen in der konkreten Arbeit zusammenlaufen lassen. Dazu einige Beispiele.

»Mein Gehirn funktioniert wie eine Lichtanlage in einer Disco: Lichter gehen an und aus – je nach Reiz und Rhythmus.« Oder: Lange galt die Metaphorik des Telegrafen für das Gehirn und folglich die Idee, dass Hirnwindungen verdrahtet seien und wir im Kopf ein statisches Drähtenetzwerk hätten. Oder denken Sie an die »Rechenmaschine«, die später zum »Computer« wurde.

Eine Klientin beschrieb ihre Befindlichkeit so: »Ich weiß nicht, wie ich es beschreiben soll. Es ist wie ein starrer, fast wie eine vergitterte Wand dichten Regens. Also ich meine, wie wenn der Regen ähnlich ganz langer Eiszapfen vom Himmel fällt. Und ich kann nicht raus.« Später sprach sie von einem »Mentalgefängnis«.

Um Wiederholungen zu vermeiden, erlauben Sie mir bitte den Hinweis: Während unserer Reisestationen und in den Vorträgen haben Sie zahlreiche Anregungen dazu erhalten, welche praktische Nützlichkeit theoretische Diskussionen, Debatten und ihnen entschlüpfte Erkenntnisse entfalten können.

Wenn wir – verkürzt gesprochen – diese Wechselspiele im Sinn der gegenseitigen Beeinflussung von Leib/Soma, Geist/Kognition, Seele/Emotion, Innen- und Außen- oder Umwelt mental stets mitlaufen lassen, dann erweitern wir unser Repertoire um zahlreiche Möglichkeiten. Insbesondere diese: Wir gewinnen an empathischer Kompetenz. Empathie meint in diesem Verständnis nicht nur Fühlen, sondern Mitfühlen und Sich-Hineindenken. Vereinbar mit den Leistungen der »Spiegelneuronen« können wir den Perspektivwechsel oder das Hineinversetzen in den anderen sowohl kognitiv als auch affektiv und emotional entwerfen. Durch Wissen gewinnt Empathie an Zusatzqualität dadurch, dass die Empathischen den Horizont des denkbar Möglichen in einer ersten Annäherung ausweiten. Dies erleichtert es, die viel geforderte »Offenheit« dem anderen gegenüber zu realisieren. Schließlich sei erwähnt, dass sowohl unsere Fantasie als auch die Vielfalt möglicher Interventionsangebote mit Wissen wächst – und damit das Potenzial an Angeboten, probeweise zu denken, zu fühlen, zu handeln, also dem Klienten Angebote zu machen, etwas zu versuchen, zu experimentieren. Und die Flexibilität in unserem eigenen Denken, Fühlen, Handeln nimmt zu.

Darauf sind wir bereits eingegangen, daher hebe ich an dieser Stelle nur einzelne Ausschnitte hervor: Versuchen wir, der Komplexität des Individuums und des sozialen Wesens Mensch in der praktischen Arbeit mit Metaphern gerecht zu werden, dann können wir Metaphern vielfältig nutzen. Wir wissen inzwischen, dass metaphorische Sprache vielsinnig und über das gesamte Gehirn verteilt verarbeitet werden und dass das Körperliche einbezogen ist (Chemie, Physiologie, Hormone, Botenstoffe, Muskeln und einiges mehr). Aus der Traumforschung sowie aus der Forschung, die sich mit den Wechselbeziehungen von Gemütsverfassungen, Einstellungen, Denkhaltungen und Immunsystem beschäftigt oder die Wechselwirkung zwischen Körperhaltungen und mentalen Prozessen und Inhalten untersucht, wissen wir, dass diese Dimensionen unseres Lebens einander beeinflussen; fachlich gesprochen: Primingeffekte erzeugen.

Erlauben Sie mir noch einige kurze Anmerkungen: Die heilende Kraft von Metaphern, ihre Anwendung in der Psychotherapie demonstriert etwa David Gorden sehr anschaulich (1995). Dass wir uns von ihnen nicht nur in der therapeutischen Intervention, sondern auch in der Diagnose leiten lassen und sie unser Denken und Reden konzeptualisieren, führen etwa Tom Levold (2006) und Rudolf Schmitt (2008) eindrücklich aus. Metaphern können wir auch in der Resilienzforschung beziehungsweise in der Therapie verwenden. Das beginnt bereits beim Begriff: Gemeinhin wird Resilienz übersetzt als die Fertigkeit, aus schwierigen Situationen gestärkt hervorzugehen (zum Beispiel Cyrulnik 2001, Welter-Enderlin u.a. 2006). In dieser individualistischen Sichtweise illustriert eine Personifikation das Gemeinte, etwa »Münchhausen« oder eine allegorische Figur wie Bettina von Arnim; auch das »Stehaufmännchen« versinnbildlicht, was der Terminus Resilienz transportiert (Mahlmann 2008).

In der nun folgenden Übung möchte ich Ihnen die Gelegenheit bieten, die Wechselwirkung zwischen Physischem und Psychischem, zwischen körperlichem und geistig-seelischem Befinden zu erleben.

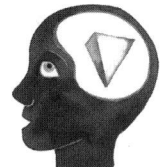

Übung: Wechselwirkungen

Lesen Sie bitte die Übungsanleitung und folgen Sie ihr.

Körperinduzierte Bewusstseins- und Fühlzustände
Schreiten Sie mit festen, stolzen Schritten und erhobenem Haupt, mit ausgestrecktem Oberkörper durch den Raum. Beobachten Sie, welche Empfindungen, Fantasien, Erinnerungen aufblitzen oder andersartig an die Oberfläche tauchen. Sie können den Effekt verstärken, indem Sie lebhaft gestikulieren und laut sprechen.

Tun Sie so, als fühlten Sie sich wie »ein Häufchen Elend«. Kauern Sie zusammen, auf einem Sitzmöbel oder auf einem Boden, mitten im Raum oder in einer Ecke. Beobachten Sie sich wiederum selbst. Was taucht auf? – Besinnen Sie sich auf ein fröhliches Lied. Kauern Sie als Häufchen Elend – und singen Sie das fröhliche Lied! – Geht nicht? Eben! Gerald Hüther weist explizit darauf hin, dass uns Singen nur dann möglich ist, wenn wir frei atmen können, aufrecht sitzen oder gehen und andere Körperbewegungen und -haltungen einnehmen, die für die Koordination von Atmung und Stimmbändern nötig sind.

Metapherninduzierte Zustände
Beobachten Sie bitte in beiden Varianten, was die Repräsentationen in Ihnen auslösen und welche Physiologie und Körperverfassung mit ihnen einhergeht.

Nehmen Sie eine eigene Metapher, die Sie als minderwertig, voller Selbstzweifel konzipiert. Beispielsweise: »Ich, ein Mauerblümchen«, oder »Ich, ein Pechvogel«, oder »Ich, ein Zwerg«. – Nehmen Sie eine eigene Metapher, die Sie in einem sehr souveränen Selbstkonzept zeigt. Beispielsweise: »Ich, die Rose!« oder »Ich, der Bergführer!« oder »Ich, der Sonnenschein!«

Die Metapher, die wir wählen, induziert: Sie löst in unserem gesamten Körper eine Kaskade an Reaktionen aus. Je nach Metapher bereiten wir vor, was und wie wir denken, fühlen und wie wir agieren.

Das in groben Strichen gezeichnete Wissen können wir vielfältig anwenden. Nehmen wir zwei Tatsachen: Aufmerksamkeit ist notwendigerweise selektiv und prinzipiell haben Menschen die Möglichkeit, ihre Aufmerksamkeit oder Achtsamkeit bewusst zu lenken.

Kombinieren wir dies mit einer empirischen Beobachtung, nämlich der, dass unsere spürbare Körperenergie dem mentalen Fokus folgt, dann können wir dies metaphorisch in der Veränderungsarbeit unterstützen oder gar auslösen. Die Synergie verwirklichen wir am ehesten durch Imagination und Bewegungskoordination. Dabei »fließt« etwas zwischen Herkunfts- und Zielmetaphorik. Dieses Fließen wird gefühlt, gesehen, gedacht, und in Bewegungen demonstriert.

Von der Eiche zum Bambus

Als Beispiel möge folgende Metapher dienen: »Ich bin eine Eiche und möchte lieber ein Bambus sein«. Beide Metaphern sind im Botanischen verwurzelt. Gefragt, was den Unterschied für ihn, den Klienten, ausmache, sagte er: »Die Eiche ist zwar stark, widerstandsfähig, mächtig in den Ausmaßen. Als Eiche kann ich meine Mitarbeiter und meine Familie gut schützen – aber leider bin ich als Eiche sehr unflexibel. Der Bambus verkörpert für mich genau diese Beweglichkeit, die ich brauche. Für mich selbst und ebenso für die Führung und in meinem Privatleben. Der Bambus ist äußerst flexibel, ohne sich entwurzeln zu müssen. Als Eiche denke ich immer, ich müsste alle Grundsätze aufgeben, um mich auf veränderte Anforderungen einzustellen. Ich bin halt nicht biegsam. Der Bambus dagegen – der ist elastisch! Und kann trotzdem dort bleiben, wo er ist.«

Unter anderem bat ich den Klienten, die Eiche zu verkörpern, sie zu »sein«. Anschließend ließ ich ihn den Bambus darstellen. Ausführlich beschrieb er mir, was er als Eiche beziehungsweise Bambus fühlte und sah, welche Handlungsimpulse und Chancen er sich vergegenwärtigte.

Um die Kongruenz und die Programmierung des Nichtbewussten zu überprüfen, verkörperte er zu einem späteren Zeitpunkt beide Baumarten im Wechsel. Die Bewegungskoordinationen und Körperhaltungen als Eiche und Bambus wurden begleitet von Unterschieden in Mimik und Prosodie, also Sprachmelodie, in Wortgebrauch und Gefühls-, Denkinhalten sowie in den Visionen, die dem Klienten mitteilten, was für ihn perspektivisch als Eiche beziehungsweise Bambus wahrscheinlich wäre. Die Verbindung als das, was zwischen Eiche und Bambus »floss«, waren für den Klienten vor allem diejenigen Eigenheiten, die ihm wichtig blieben und die beide Baumarten verkörperten, etwa Verwurzelung – Zuverlässigkeit; dichtes Blätterwerk – Schutzangebot.

Fazit: Physisch verstärkte Aufmerksamkeitsfokussierung korreliert – knapp gesagt – metaphernspezifisch mit Gefühlen/Fühlen, Gedanken/Denken und der Attraktivität der Zielmetaphorik. Bei intensiven Imaginationen, die unterstützt werden von körperlichen Bewegungen, bildet sich das, was Antonio Damasio »somatische Marker« nennt, eine Art Körpergedächtnis, dessen Inhalte neuronal und zellulär gespeichert sind. Aus der Gedächtnisforschung wissen wir, dass dabei nicht nur Inhalte, sondern auch Kontextvariablen abgelegt werden. Jeder von uns kennt dieses Körpergedächtnis, das aktiviert wird nach dem Prinzip des Pars pro toto: um ein Detail herum spinnt sich eine ganze Szenerie oder eine Gestalt.

Probieren Sie es aus: Nehmen Sie ein Foto, einen Gegenstand, irgendetwas zur Hand oder schauen Sie das Foto oder den Gegenstand an, das oder den Sie anlässlich eines Erlebnisses aufgehoben haben. Sie werden bemerken, wie ein Lächeln in Ihr Gesicht gezaubert wird. Wenn Sie jetzt die gesamte Szenerie von »damals« vor Ihrem geistigen Auge vorbeiziehen sehen oder bestimmte Geräusche hören oder Gefühle in Ihnen aufsteigen, dann haben Sie erlebt, wie leistungsfähig Ihr Körpergedächtnis ist.

Sie kennen auch dies: Unbedarft plaudern Sie mit einem Bekannten. Plötzlich steigt Ihnen ein Duft in die Nase – und prompt sinnieren Sie: »… an was erinnert mich dieser Geruch bloß?« An Berühmtheit kaum zu übertreffen ist das literarische Beispiel aus Marcel Prousts »Auf der Suche nach der verlorenen Zeit«: die Madeleine-Szene im ersten Band (1983, S. 66 f.). In dieser Szene führt der Genuss einer Tasse Lindenblütentees und einer Madeleine dazu, dass der Ich-Erzähler Szenen seiner Kindheit, einschließlich des Wohnortes, vor seinem geistigen Auge entlangziehen sieht und Gefühle wiedererlebt, die er damals hatte, als seine Tante ihm Tee und Madeleines reichte. Lassen wir es bei diesen Ausführungen bewenden.

Diese Station möchte ich mit folgender Analogie verlassen: Theorie und Praxis verhalten sich wie Ufer und Wasserlauf: Erst beides zusammen ergibt den Fluss.

Das Arbeiten mit sprachlichen Bildern

Willkommen im Park des Erfahrens und Erlebens!

Bitte? Sie vermissen noch Mitreisende, die per Heißluftballon unterwegs sind? Und auch jene, die das Wandern bevorzugt haben? Na, dann füllen wir das Warten doch mit einigen Hinweisen und Anregungen, die uns das Parkgelände überschaubar machen, in dem Sie die praktischen Beispiele kennenlernen werden.

Kommen Sie dazu mit in den Biergarten. Dort finden wir gewiss eine Kollegin oder einen Kollegen, die oder der uns ein wenig Orientierung geben wird. Voilà, da sind wir bereits – und eine Kollegin steht auch schon parat und übernimmt den praktischen Teil.

Einen schönen guten Tag, werte Metaphernfreundinnen und -freunde! Mir wurde bereits mitgeteilt, welche Erkundungen Sie bisher gemacht haben. Na, dann sind Sie ja bestens vorbereitet darauf, praktische Umsetzungen als Beobachtende mit anzuschauen und mental zu proben. Erlauben Sie mir, Ihnen einen Überblick zu geben, was Sie in unserem Parkgelände, das wir als Erfahrungslandschaft bezeichnen, entdecken und erkunden können.

Wie Sie sehen, haben wir Gebäude, die sich in ihrer Architektur sehr voneinander unterscheiden: Sie sehen dort drüben das Haus im Bauhaus-Design, links gibt es eine Jugendstilvilla und rechts die kubistischen Bungalows. Dankenswerterweise durften Wissenschaftler und Praktiker gestaltenden Einfluss auf die gesamte Infrastruktur nehmen. Die Diversität der Formen soll vor allem dreierlei symbolisieren:

- Erstens, dass jeder von uns Individualität und Partikularität grundsätzlich respektiert. Das gilt für Menschen ebenso wie für Arbeitsweisen.
- Zweitens, dass wir Vielfalt bejahen, sogar anstreben. Vielfalt von Perspektiven und Interpretationen gleichermaßen wie Vielfalt von Interventionsangeboten.
- Und drittens werden Sie sehen, dass wir Variation und Variabilität, also Veränderlichkeit, Abwandlung, Abänderung, Abwechslung als grundlegende Haltung in unsere Arbeit einbauen.

Grundannahmen für Interventionen mit Metaphern

Alle drei Prinzipien als grundlegende Einstellungen sollen Sie und Ihre Klienten dazu einladen, Eigentümlichkeit wertzuschätzen; mit Mannigfaltigkeit zu experimentieren und Veränderungsmöglichkeiten mit beflügelnden Gefühlen zu begrüßen.

Etwas gewagt ist die Metapher des Variétés. Diese Metapher beleuchtet vorzugsweise die Buntheit: So, wie das Variété mit einem bunten Programm artistischer, tänzerischer, gesanglicher und anderer Darbietungen das Publikum erfreuen möchte, möchten wir Ihnen eine vielfarbiges Spektrum an Möglichkeiten offerieren, das Ihnen zumindest eine fundierte Vorstellung davon verleiht, wie Sie mit sprachlichen Bildern arbeiten, wie Sie sie einsetzen können. In Ihrer Arbeit können Sie übrigens die Metapher des Variétés durchaus kombinieren mit Facetten des experimentellen oder jeder anderen Form des Theaters, die Ihre Klienten oder Gruppenmitglieder zu Mitmachenden verwandelt, mehr noch: zu Akteuren, die Richtung und Ton angeben.

In den Gebäuden und an den unterschiedlich gestalteten Baum-, Strauch- und Blumenkarrees praktizieren Kolleginnen und Kollegen. Manche arbeiten mit echten Klienten, andere üben im Kollegenkreis im Rahmen von Supervision, um ihre Praxis zu überprüfen und anhand von Rückmeldungen und Diskussionen zu lernen. An der Jugendstilvilla dort vorne hängt eine Tafel. Dort können Sie eintragen, wohin es Sie zieht. Wir haben grob unterschieden zwischen: Sprachliche Bilder

- im Einzelcoaching,
- in der Arbeit mit einem Team aus Abteilungsleitern sowie
- in der Arbeit mit dem Gremium einer Unternehmensführung.

Zur Einstimmung auf die praktischen Dimensionen des Arbeitens mit Metaphern und anderen Sprachbildern zunächst einige Worte zu einem weiteren Pionier, danach ein paar Anmerkungen zur Metaphernanalyse.

Erlebnispädago-
gik und »Outward
Bound«

Stephen Bacon machte in der Welt der Erlebnispädagogik, speziell des erfahrungsbasierten Lernens und Lehrens mit Sprachbildern, Furore mit der Gründung von »Outward Bound«, einer Institution und einem Anbieter für erlebnispädagogische Programme, zunächst für Jugendliche. In seinem Buch »The Conscious Use of Metaphor in Outward Bound« (1983), erstmals 1998 ins Deutsche übersetzt, die zweite Auflage erfolgte 2003 unter dem Titel: »Die Macht der Metaphern«, schildert er Grundlagen der Metaphernarbeit und seine speziellen Arbeitsweisen. Die erlebnispädagogische Inszenierung nutzt Metaphern, Mythen, Archetypen und zielt darauf ab, sowohl den Selbstwerdungsprozess eines Menschen zu unterstützen als auch darauf, die individuelle Sozialkompetenz in den konkreten Lebenskontexten der Persönlichkeiten zu erweitern. Zunächst konzipiert als Outdoor-Training mit Jugendlichen, erfuhr das Konzept im Lauf der Zeit Erweiterungen und Veränderungen und wird heute auch im Bereich der Unternehmensberatung eingesetzt. Außerdem finden wir die Grundidee wieder in szenischen Darstellungsformen, etwa beim Unternehmenstheater.

Metaphern in der
Inszenierung und
in Verbindung mit
hypnosystemischen
Elementen

Auch wenn man nicht allen Annahmen und Verfahrensweisen von Stephen Bacon zustimmen mag, wie beispielsweise der Annahme, dass der Kursleiter hauptverantwortlich für die Wahl der Metaphorik ist, kann heutiges Arbeiten mit Metaphern mühelos an seine wesentlichen Botschaften und Arbeitsweisen anknüpfen. Denn: Er verwendet Konzepte der systemischen und hypnotherapeutischen Gedanken- und Aktionswelt. Zudem plädiert Stephen Bacon, Leiter oder Trainer sollten die Persönlichkeit ihrer Klienten in deren Lebens- und Sprachwelt antreffen, also berücksichtigen, in welchen Kontexten die Personen leben und welcher Sprachgebrauch für sie typisch beziehungsweise ihnen vertraut ist. Sprachbilder sollen gar isomorph sein. Das bedeutet: Sie sollen mit der jeweiligen Erlebniswelt der Klienten übereinstimmen. Denn Sprachbilder dienen als Vehikel, um jeden einzelnen Klienten durch konstruktive Konfrontation an persönliche Potenziale und Kompetenzen heranzuführen. Dies geschieht mithilfe einer Einladung: Die sprachbildliche Schilderung offeriert dem Einzelnen einen Kontext, in dem er sich ganz oder in Aspekten wiederfinden kann. Dies ist die Bedingung dafür, dass er sich mental und emotional öffnet und damit den Veränderungsprozess als Chance nutzen kann, um schlussendlich neue Verhaltensmuster aufzubauen.

Gleichzeitig erkennt Stephen Bacon, dass die Persönlichkeit der Kursleitung im wörtlichen Sinn maßgeblichen Einfluss darauf hat, wie Sprachbilder kommuniziert und eingeführt werden, und folglich darauf, für wen sie einen Resonanzkörper abgeben können. Eine möglichst gründliche Selbstkenntnis und permanente Selbstreflexion gehören somit zwangsläufig dazu, helfen zu können. Sie kennen das aus psychotherapeutischen Schulen. Bei aller Selbstkenntnis und Selbstdisziplin: Sämtliche Aspekte des persönlichen Skripts kann kein Coach, Berater oder Trainer ausblenden, denn jeder sendet unbewusste Signale aus. Sie sollten allerdings auf ein Minimum reduziert werden.

Beratende und Kursleiter in der Metaphernarbeit nach Steven Bacon

> Stephen Bacon erzählt zum Beispiel von zwei Kursleitern, einer Frau und einem Mann. Beide arbeiten mit einer Gruppe Jugendlicher. Sie folgen einer Bergmetapher und betonen: »mountains speak for themselves« (Berge sprechen für sich selbst). Die Kursleiterin »ist passionierte Kletterin. Sie lebt aus dem Koffer und arbeitet immer gerade so lange für Outward Bound, bis sie genug Geld für die nächste Reise zusammengespart hat. [...] Der zweite Kursleiter arbeitet unter dem Jahr als Lehrer für Werkunterricht. Er liebt die Schüler, mit denen er arbeitet, sowohl während des Schuljahres als auch bei Outward Bound. Er hat in der Tat den Ruf eines Lehrers, der seinen Kindern zuhört. Aus dem Grund arbeiten viele seiner Schüler in der Werkstatt, bis es spät geworden ist und erzählen ihm ihren Kummer.« Im Gegensatz zu ihm »scheut die [...] Kursleiterin vor persönlichen Beziehungen zurück. Ihre Teilnehmer werden diese Tatsache unbewusst entdecken und ihre Angst wird unterschwellig das Feuer jedes zwischenmenschlichen Konflikts, der in der Gruppe schwelt, anfachen. Sehr wahrscheinlich wird sie auf eine Kursgeschichte mit persönlichen Konflikten zurückblicken. Der Werklehrer sendet unbewusst eine ganz andere Botschaft aus. Unter Menschen fühlt er sich wohl und er verbreitet ein stummes Vertrauen, dass er mit allen Problemen, die auftauchen könnten, schon zurechtkommt. Im Gegensatz dazu wird die Angst der ersten Anleiterin sie dazu bringen, zwischenmenschliche Konflikte so lange wie möglich zu ignorieren. Sollte sie versuchen, diese zu bearbeiten, so wird sie sich unbeholfen und wirkungslos verhalten« (Bacon 2003, S. 57 f.).

Es kommt also nicht darauf an, dass wir die Aussagen und Hypothesen bejahen, sondern darauf, dass gerade im Arbeiten mit Metaphern »es«, nämlich unsere eigene Fantasie und Begeisterung oder auch unsere Befürchtungen und unguten Gefühle, mit uns durchgehen und folglich am Klienten vorbeirennen kann. Erinnern Sie sich daran, was der »Narr« in Station 1 von sich erzählte? Das ist eine Variante dieses Am-Klienten-Vorbeirauschens.

Ah, wir scheinen vollzählig zu sein! Fein. Dann können wir gemeinsam mit einer kleinen Reflexion weitermachen.

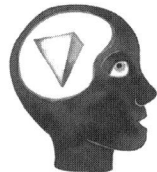

Übung: Selbstreflexion

Diese Übung führt Sie in Ihre eigene Präferenzwelt. Sie können die Übung mit angenehmen Vorstellungen durchführen, die Sie lächeln lassen, oder mit konträren, die Sie traurig stimmen. Ich habe die erste Variante gewählt. Und sofern Sie mitmachen, sorgen wir dafür, dass Sie vorzugsweise Areale in der linken Hirnhemisphäre aktivieren, wo die fröhlichen Gedanken im Whirlpool der planschenden Neuronen assoziative Netzwerke bilden. Gleichzeitig – denken Sie an die Hebb'sche Regel (s. S. 161) – stimulieren wir kognitive Inhalte. Gemeinsam mögen sie stark sein und Sie mit hilfreichen Erkenntnissen versorgen.

Falls Sie bereits Erfahrungen damit gemacht haben, mit Metaphern oder mit »Geschichten«, Parabeln, Gleichnissen, Märchen, Mythen zu arbeiten, nutzen Sie bitte die folgenden Fragen:

- Gab es darunter welche, die Sie besonders begeisterten, von denen Sie sich also emotional in außergewöhnlicher Weise getragen oder berührt fühlten? Oder die Sie intellektuell zu wahrhaft assoziativen Feuerwerken veranlassten? Oder die Sie im Handeln, in der Kooperation mit Klienten, in speziell ausgeprägter Weise steuerten?
- Welche waren dies? In welchen Kontexten geschah dies vornehmlich?
- Woran können Sie in dieser retrospektiven Betrachtung erkennen, dass es mehr »Ihre« Metaphern oder Geschichten waren als die des Klienten?
- Stellen Sie sich jetzt vor, eine Klientin würde, ohne Ihre Vorliebe zu kennen, genau eines dieser Sie euphorisierenden Sprachbilder wählen: Was passiert in Ihnen – und welche Ausläufer bildet dieser affektive Strom?

Falls Sie noch keine Erfahrungen mit sprachbild-basierter Arbeit gemacht haben, fragen Sie sich:

- Gibt es Metaphern oder Allegorien, auch Geschichten, Mythen, Märchen, Parabeln, Gleichnisse, die Sie in ganz ungewöhnlicher Weise berühren?
- Welche sind dies? In welchen Kontexten stellten sie sich ein? Welche Aspekte oder Facetten traten in welchen Konstellationen vornehmlich hervor?
- Woran erkennen Sie die besondere Art der Berührung? Wie wirkt sie?
- Stellen Sie sich jetzt vor, ein Klient würde, ohne von Ihrer Präferenz zu wissen, genau eines dieser Sie euphorisierenden Sprachbilder wählen: Was passiert in Ihnen – und welche Ausläufer bildet dieser affektive Strom?

Kommen wir nun zu einem weiteren, für die Praxis äußerst gewichtigen Bestandteil und Schritt: zur Metaphernanalyse. Sie werden erkennen, dass das Analysieren von Metaphern beziehungsweise Sprachbildern häufig gekoppelt ist mit praktischem Transfer. Das klingt jetzt noch abstrakt, wird aber sogleich konkreter werden.

Lassen wir einige der Ihnen bereits bekannten Grundannahmen Revue passieren:

- In der Metaphernanalyse wollen wir die Verbindungen von Sprache, Bewusstsein, nicht oder wenig Bewusstem, Kenntnissen, psychischen und physischen Erlebnisweisen und Erinnerungen, Gefühlen und Hoffnungen und damit das Zusammenspiel all dessen, was in einem Menschen Metaphern hervorbringt, so zusammenführen, dass die damit verbundenen Sprachbilder Verstehen von etwas ebenso befördern wie Perspektivenwechsel im Sinn geistig-psychischer Flexibilität und daher bei Veränderungsabsichten dienlich sein können.
- In der Analyse läuft latent immer mit, dass Metaphern insofern dialektisch strukturiert sind, als sie einiges erhellen, anleuchten, sichtbar machen, in den Vordergrund schieben, und anderes abdunkeln, ausblenden, im Verborgenen beziehungsweise unsichtbar lassen und auf diese Weise neue Erkenntnisse ermöglichen oder befördern.
- Damit geht einher, dass eine Metapher nie vollständig isomorph sein kann: weder in der Relation Herkunft/Ziel noch in der Kontextgebundenheit. Anders gesagt: Metaphern verschaffen uns durch kognitive und affektive Prozesse Evidenzerlebnisse und ermöglichen uns unter anderem, die Situation besser zu verstehen. Sie haben den Effekt, dass wir plötzlich deutlicher erkennen können, worum es geht, ohne den Anspruch darauf zu erheben, dass das Beschriebene exakt dargestellt, gespiegelt oder repräsentiert wird. Der Zugang wird allerdings erleichtert.
- In der Metaphernanalyse schälen wir heraus, inwiefern Metaphern hilfreich sein können – stets bezogen auf das konkrete Erleben und die Kompetenzmuster der Klienten. Dabei kommt den konzeptuellen Metaphern ein besonderer Stellenwert zu, da sie dem Denken, Fühlen und Handeln zugrunde liegen und sich sprachlich im Rahmen einer Grundmetaphorik vielfältig äußern. Hier können wir ideolektische und ideomotorische Verfahren nutzen. Was dies bedeutet, wird später noch ausführlicher erläutert. Doch an dieser Stelle schon einmal dies zur Information: In ideolektischen Verfahren nutzen wir die Wortsprache, insbesondere in ihrer individuellen Prägung, und kombinieren sie mit Vorstellungswelten oder konkreten Vorstellungen.

Buchtipps: Bei Tom Levold (2006) können Sie einen ersten Entwurf dazu lesen, in welcher Weise Metaphern den mentalen Raum, präziser: Fragen und Annahmen, Diagnosen und die Richtung therapeutischer Interventionen bestimmen. Bei Rudolf Schmitt (2008) finden Sie eine Fülle an Material, das Ihnen zeigt, wie innerhalb welcher Metaphorik im psychotherapeutischen Alltag gesprochen wird.

In ideomotorischer Arbeit nutzen wir den Körper. In beiden Fällen setzen wir auf Effekte der Rückkopplung, der Wechselwirkungen und damit des wechselseitigen Einander-Beeinflussens von Sprache, Vorstellung/Idee und Handlung beziehungsweise Körper, Vorstellung/Idee und Handlung.

- Zuweilen erweist es sich als zieldienlich, Metaphern reflexiv zu wenden: auf sich selbst zu beziehen und zu fragen, was sie über sich selbst mitteilen und gegebenenfalls auch über die Person, die eine handlungsleitende oder Erkenntnis ermöglichende Metapher formuliert. Manchmal wird dies als Meta-Metaphernanalyse bezeichnet. So etwa bei Matthias Lauterbach (2003), der Beispiele dafür bringt, dass es für die Arbeit mit Klienten oder Kunden weiterführend sein kann, wenn gemeinsam gefragt wird, warum beispielsweise einem Firmenchef für das Unternehmen gerade die Metapher des gemeinsamen Schiffs oder der Familie einfällt – oder aber die des Partisanenkrieges.

- Die Bedeutung einer Metapher hängt von vielen Faktoren ab und wird jedes Mal hergestellt – im Dialog zwischen Sender und Empfänger, Metaphernnutzer und Interpret. Zu den Bedeutung gebenden Einflussfaktoren gehören Kontext und Intention sowie (etwaige Neu-) Kontextuierung des metaphorischen Ausdrucks. Eine Metapher kann daher diverse Bedeutungen erlangen. Ihre spezifische Leistungsfähigkeit erweist sie durch Urheber und Interpreten.

Metapherntypologie und ihr Nutzen

Da wir uns im Folgenden vorzugsweise mit dem Komplex »Sprachbilder und Veränderung« befassen, erlauben Sie mir bitte, einen Aspekt nochmals zu betonen: die in der Literatur der Metapherntheorie häufig erwähnte Typologisierung der Metapher. Der Grund für diese Wiederholung liegt darin, Sie vor einem Risiko zu warnen: Es scheint außerordentlich verführerisch, in der Arbeit mit Sprachbildern lexikalisierte und konventionelle Metaphern verächtlich beiseitezulegen und ausschließlich kreative und innovative Metaphern zu suchen und zu akzeptieren.

Besonders Bernhard Debatin weist darauf hin, dass auf diese Weise wertvolle, weil zieldienliche Potenziale verschenkt werden könnten. Ausführlich können Sie dies nachlesen in seinem Buch »Die Rationalität der Metapher« (1995). Im Rahmen einer synthetischen Theorie differenziert er Metapherntypen mithilfe der Kriterien »Emphase« und »Resonanz«, mit Kriterien der Wirkung also.

Lexikalisierte Metaphern, von manchen Autoren auch als »erloschene« oder »tote« Metaphern apostrophiert, entbehren offenkundig der Emphase und der Resonanz. Sie lösen keine sichtbare Reaktionen aus, die den Tiefen des Fühlens und Denkens, der Intuition und des Vorverständnisses entspringen, weil sie in einem Ausmaß tief in unseren Sprachschatz und Sprachgebrauch eingesickert sind, dass wir sie so wenig erkennen, wie wir uns unter normalen Umständen bewusst sind, dass wir Luft atmen. Ein Beispiel dafür ist der Begriff »Organisieren«. Die Hintergrundmetaphorik ist das Lebewesen, ein Organismus, der sich selbst organisiert, also dafür sorgt, dass alles, was passiert, zusammenstimmt. Doch wem fällt die Metaphorik in dem Verb noch auf? Wer empfindet noch einen besonderen emotionalen Schub oder eine besondere erkenntniseröffnende Leistung? Wohl niemandem mehr. Nach Bernhard Debatin sind lexikalisierte Metaphern – gemäß Substitutionstheorie – durch nichtmetaphorische Beschreibungen ersetzbar. Um unser Beispiel aufzugreifen: Wenn wir sagen, wir müssten noch etwas organisieren, könnten wir genauso sagen: Ich muss noch dafür sorgen, dass alle Referenten ihre Vorträge schicken, damit ich sie aufeinander abstimmen kann.

Dass diese Substitution selbst für lexikalisierte Metaphern keinesfalls ausnahmslos möglich ist, mögen die folgenden Beispiele verdeutlichen. Versuchen Sie spontan, die Metaphern »Datenautobahn«, »Motorhaube«, »geflügelte Worte«, »auf dem Kopf herumtanzen«, »Gründungsvater«, »Mutter Erde/Natur«, »die Gesichtszüge entgleisen ihm« durch Wörtliches zu ersetzen.

Konventionalisierte Metaphern atmen und leben noch. Sie können, in neue Kontexte getragen, belebende bis überraschende Wirkung entfalten. Sie haben in Bezug auf Resonanz und Emphase unterschiedliches Gewicht. Denkhilfen etwa wie Eselsbrücken gelten nach Debatin als hochresonant und wenig emphatisch. Idiome, Redewendungen, Sprichwörter wie etwa »Wer zu spät kommt, den bestraft das Leben« – beleben emphatisch, da der bedrohliche Unterton hör- und spürbar ist.

Für die Praxis relevant ist, dass konventionalisierte Sprachbilder in kommunikativen Situationen offenkundig eher in neuartige Zusammenhänge transportiert werden als lexikalisierte. Wenn wir beispielsweise das Sprichwort nehmen: »Der Bauer sagte ›sicher ist sicher‹ und schmierte sich Butter auf den Speck«. Hier drängen sich ein Motiv und ein Handeln in den Vordergrund, die das Bedürfnis nach absoluter, nicht zu erschütternder, nämlich doppelter Sicherheit und Versorgtheit ausdrücken. Überraschend, nahezu deplaziert wirkt es, wenn dieses Sprichwort in einer Konferenz verwendet wird, in der die Geschäftsführung ein neues Geschäftsmodell ersinnen möchte und eine der Füh-

Lexikalische Metaphern werden kaum erkannt und bleiben so leblos

Konventionelle Metaphern können in neuen Kontexten überraschen und beleben

rungspersonen dieses Sprichwort formuliert. Vermutlich wird es zunächst ein Fragezeichen in die Mimik aller anderen Anwesenden zaubern. Erst nach und nach kann es als Plädoyer für Redundanz in Abläufe sowie in der personellen Besetzung von Funktionen verstanden werden, um bestimmte Kernprozesse abzusichern. Die unerwartete Neuplatzierung fordert die Empfänger kognitiv in besonderer Weise heraus – und genau darin kann eine Chance liegen, die Frage nach dem Geschäftsmodell aus bisher vernachlässigten Blickwinkeln zu betrachten.

Innovative und können Neuland erschließen

Innovative und kreative Metaphern: Sie bergen – je nach Präferenz – die Chance oder das Risiko, in den Gesprächspartnern völlig unterschiedliche Assoziationen wachzurufen. Innovative und kreative Sprachbilder sind per definitionem kaum bis gar nicht bekannt. Sie werden somit subjektiv eingebettet in individuelle Vorerfahrungen, in unterschiedliche Zusammenhänge, in verschiedenartigen Sprachgebrauch und werden in ihrer Intentionalität entsprechend unterschiedlich codiert. Ansporn und Anforderungen, Resonanz herzustellen, werden unter anderem durch das emphatische »Feuer« entfacht und befördert. Solche Metaphern entzünden ein Feuerwerk in der Diskussion, der Debatte und Kontroverse und können exakt deshalb ihre Funktion erfüllen, bisher Unbekanntes zu skizzieren, es als Perspektive zu zeichnen und folglich eine – wenn auch noch vage – gerichtete Veränderung auszulösen.

Die Grenzen zwischen den Metaphernkategorien sind fließend. Hilfreich ist die typologische Unterscheidung vor allem aus zwei Gründen: Zum einen sensibilisiert sie für Chancen und Grenzen sprachbildlicher Rede. Zum anderen ermöglicht sie, systematisch und zielbezogen mit Metaphern zu arbeiten, indem die Optionen des jeweiligen Metapherntyps erwartbar oder überraschend genutzt werden können. Dies gilt sowohl für die erforderliche Hirnstimulierung, für neuronale Netzwerke und ihre geistigen, psychischen und physischen Korrelate, als auch für die Wirkung und Modifizierbarkeit von Metaphern. Gleichermaßen gilt: Insofern Bedeutungen bei metaphorischer wie bei wörtlicher Sprache in Kontexten erzeugt werden (pragmatische und interaktionistische Sprachtheorie), unterliegt metaphorische Sprache den gleichen Regeln wie nichtmetaphorische. In beiden Fällen ist Bedeutung ein Ergebnis dynamischer Vernetzung von Relationen. Vereinfacht formuliert: Bedeutung ist eine Art Gemeinschaftswerk. Das erwähnte Netzwerk neuronaler, psychischer, physischer Wechselwirkungen, die Relevanz des Kontextes sowie das Gemeinschaftswerk befinden sich aufgrund der fundamentalen Metaphorizität der Sprache in ständiger Bewegung, in Veränderung und Wandlung:

Bedeutungen verändern sich im Wandel von Kontexten, zu denen auch die Zeit gehört.

Deshalb hebt die Typologie die Differenzen auf der Linie eines Kontinuums hervor; es handelt sich um graduelle, nicht um strikt qualitative Unterschiede (vgl. zum Beispiel Debatin 1995; Lakoff/Johnson 1989; Blumenberg 2005).

Wenn wir nun nach dem praktischen Niederschlag der vorgängigen Erörterungen fahnden, ergeben sich als essentielle Aspekte der Metaphernarbeit für die Analyse von Metaphern die im Kasten ausgeführten Fragestellungen.

Prinzipielle Fragen in der Metaphernanalyse

Unmittelbar praktische Fragen:
- Um welche Metaphern geht es? Welche sind aktuell in welchen Kontexten im Spiel und bestimmen das Wahrnehmen, Denken, Fühlen, Handeln? Zusätzlich zu Metaphern, die die gegenwärtige Situation beschreiben, werden Metaphern gewählt, die die Zielvision darstellen.
- Wodurch, in welcher Weise wirken die gewählten Metaphern? Wohin richten sie unsere Wahrnehmung aus? Was wird ein-, was ausgeblendet?
- Was davon ist in welchen Kontexten für was hilfreich?
- In welcher Beziehung stehen »alte« und »neue« Metapher? Beispielsweise: Muss die »alte« Metapher gänzlich ersetzt werden durch die neue? Gibt es Überlappungen? Was bietet welche Metapher in Relation zu dem, was benötigt beziehungsweise gewünscht wird?
- Braucht es Alternativen, weitere Metaphern (Metaphernpluralität) oder Übergangsmetaphern, um den Horizont zu erweitern, den Zielzustand zu befördern, den Akteur in Bewegung zu setzen?

Fragen zur Reflexion von Metaphern:
- Welcher Hintergrundmetaphorik erwächst die Metapher? In welche ist sie eingebettet? Woraus leitet sie sich ab?
- Wie lässt sich die Metapher weiterspinnen, ausbuchstabieren, ausmalen?
- Was passiert, wenn die Metapher als isomorph, als »Abbild« der Situation und insofern wörtlich genommen, streng analogisiert wird?
- Welche Wirkungen hat es, wenn die Metapher mit anderen, antagonistischen, alternativen, einer anderen Hintergrundmetaphorik entstammenden konfrontiert wird?

Neben diesen prinzipiellen Fragen werden Sie in den einzelnen Vorträgen und Arbeitsszenerien, die Sie gleich kennenlernen werden, weitere finden. Denn je nach Anliegen, Beratungssetting, Rahmenbedingungen schieben sich verschiedene Fragerichtungen ins Rampenlicht der Arbeitsbühne.

Nun also los zu den Praktikern in Aktion. Wer zu Fuß flanieren möchte, wird zu allen Orten mindestens 15 Minuten benötigen; wer radeln möchte, braucht etwa sieben Minuten. Wer sich für Coachingsettings interessiert, der möge sich zum runden Bungalow »Tandem« (s. S. 195 ff.) aufmachen. Um Teamleiter in der Sandwichposition geht es im Gebäude »Vita« (s. S. 210 ff.), das im Bauhausstil inmitten eines Gartens steht, dessen Pflanzen wild wuchern. Sie können das Gebäude nicht verfehlen. Und wer sich für strategisch relevante Arbeit im Kreis von Unternehmensführern erwärmt, der mache sich auf zu unserem »Paradox« (s. S. 217 ff.): dem kubistischen Gebäude im geometrisch angelegten Park. Nach den Arbeiten komme ich Sie einsammeln. Bis dahin wünsche ich Ihnen eine an Metaphern reiche und bereichernde Zeit!

Einzelcoaching

Willlkommen im Tandem-Haus! Meine Kollegin und ich möchten Ihnen vorstellen, wie wir in zwei Fällen im Einzelcoaching mit Metaphern gearbeitet haben. Ich werde beginnen mit einem jungen Mann, der erstmalig eine Führungsaufgabe übernehmen sollte. Meine Kollegin wird Ihnen ein Beispiel für die Arbeit mit einer Allegorie skizzieren. Wir haben uns darauf geeinigt, dass wir Ihnen unsere Erfahrungen mit Konzentration auf das schildern, was wir für das Wesentliche, für jene Schlüsselmomente halten, die im Umkreis der Metaphernarbeit liegen. Wir werden also auf andere bedeutsame Aspekte, die in unserer Arbeit ebenfalls wichtig sind, hier nicht eingehen, beispielsweise auf den Wechsel zwischen Interventionsformen, auf Neben- oder Untertöne, den Wortgebrauch wie »müssen«, emotionale Implikationen.

Vom Marathon zum Handball

Der junge Mann, nennen wir ihn Johannes, schilderte mir sein Anliegen so:

> »Also, in Kürze, nämlich in zwei Monaten, soll ich ein Team übernehmen, immerhin 17 Leute. Ich kenne die meisten recht gut, weil wir seit Jahren in derselben Firma arbeiten. Bisher habe ich noch nie Leute geführt und mir ist ein wenig mulmig dabei. Worauf soll ich denn besonders achten?«

Im Verlauf unserer Arbeit fragte ich ihn, wie er sich selbst metaphorisch beschreiben würde. Nach einigem Überlegen – er pendelte zwischen unterschiedlichen Einzelsportarten – entschied er sich:

> »Ich fühle mich eigentlich als Radrennfahrer oder Marathonläufer. Ja, Marathonläufer passt eigentlich sehr gut.«

Die Hintergrundmetaphorik ist also in diesem Fall die Lebenswelt des Sports, zunächst nicht des Mannschafts-, sondern des Einzelkämpfersports. Im Anschluss erforschten wir, was dieses »Bild« für ihn bedeutete, für ihn transportierte: Wann er sich als Marathonläufer fühle und wann dies mehr und wann weniger der Fall sei. Wir kreisten, mit Konzentration auf seine Berufsidentität, um Fragen wie:

- Worauf fußt die aktuelle, die Ist- Wahrnehmung?
- Welche Szenarien, Geschichten, Erfahrungen, Erlebnisse verbinde ich mit meiner Metapher? (Denken, Fühlen, Grundhaltungen, Werte, Normen, Bestrebungen, Bereitschaften, Visionen, Handlungen). Und worin, wann, innerhalb welcher Rahmenbedingungen zeigen sie sich oder lebe ich sie am ehesten?
- In welchen Kontexten erfahre ich meine Metapher des Marathonläufers besonders intensiv?
- Was erhellt diese Metapher insbesondere? Was springt mir sozusagen umgehend ins Auge, wenn ich sie sehe? Was macht sie für mich wertvoll?
- Was hält sie im Verborgenen oder verdunkelt sie? Auch: Was passt weniger zu mir?

Johannes – ich verdichte die Antworten – kommentierte dies folgendermaßen:

Die Metapher
»Marathon« und
ihre Facetten

»Als Marathonläufer habe ich extrem viel Selbstdisziplin und Ausdauer. Ich kann mich selbst motivieren und brauche andere dafür nicht. Na ja, ich laufe auch bei öffentlichen Läufen mit, und wenn das Publikum klatscht, finde ich das schon prima, und der Applaus und das Anfeuern spornen mich noch mehr an, besonders im Endspurt. Aber im Grunde genommen ist das nur eine hübsche Beigabe. Ich würde auch ohne Publikum mein Bestes geben, um meine eigenen Ansprüche zu erfüllen.

Ich genieße es, dass ausschließlich meine eigene Leistung entscheidend dafür ist, ob und wie ich Ziele erreiche. Es kommt allein auf mich an, ich habe die volle Kontrolle über alles: über meine Vorbereitung, meine Motivation, meine Qualität, meine Leistung und das Ergebnis. Ich kann allein arbeiten, mein Tempo selbst bestimmen, die Qualität definieren, Abläufe auf meine Rhythmen abstellen und Ähnliches mehr.

Beim Laufen bin ich eins mit der Luft, der Natur – die anderen kümmern mich nicht. Ich konzentriere mich völlig auf den Lauf, auf das Hier und Jetzt, und weiß, dass ich es schaffen werde.

Und genau so arbeite ich auch. Bisher jedenfalls. Ich war bisher kein Leiter, sondern einfach ein Experte unter anderen. Wir können bei uns relativ unabhängig voneinander arbeiten, sodass mein Fokus auf meinen eigenen Aufgaben liegt. Und wenn ich fertig bin, gehe ich zu meinem Chef, der dann mit den Ergebnissen weiterarbeitet, also sie zum Beispiel koordiniert mit den Sachen der Kollegen.«

Auf die Frage, inwiefern ihm das Selbstverständnis als Marathonläufer oder Ausschnitte und Facetten daraus bei seiner neuen Aufgabe dienen könnte beziehungsweise könnten, teilte er mit:

»Tja, na ja, ich habe das Gefühl, dass das nicht so richtig geht. Also, was ich nutzen kann, ist sicher meine Selbstmotivation und die Disziplin, auch meine Ausdauer, oder? Aber das reicht natürlich nicht ganz aus, das ist mir klar. Ich glaube, meine Selbstbezogenheit muss ich wohl aufweichen. Ich meine, ich kann als Leiter ja nicht mehr Maß aller Dinge sein, nicht? Und ich muss das Einzelkämpfertum vermutlich aufgeben. Ich muss stärker schauen, was meine Mitarbeiter wollen. Ich werde wohl mehr mit den Leuten reden und Rücksicht nehmen auf die Einzelnen. Und es ist dann auch meine Aufgabe, dass die einzelnen Arbeiten zusammengeführt werden – das, was mein Chef jetzt macht. Also, ich glaube, der Marathonläufer hat dann ausgedient, was?«

Nein, nicht ausgedient – einige seiner Präferenzen und Stärken kann Johannes weiterhin nutzen. Die Metapher des Marathonläufers allein genügt allerdings nicht, um ein Team zu führen. In einem weiteren Schritt näherten wir uns dem, was er seine Wunschmetapher nannte. Die bezogen wir zunächst allein auf sein Selbstverständnis – und Sie werden sehen, wie rasch sein metaphorisches Denken und Fühlen ihn von seinem Selbstverständnis in den Zusammenhang des Teams schiebt. In diesem gesamten Komplex berührten wir neben den genannten Fragen auch den Horizont erweiternde Gesichtspunkte, nämlich bezogen auf den gesamten Zielkontext »Teamleiter und Team«. Inhaltlich kamen Aspekte hinzu wie:

»Marathonläufer« als Metapher genügt nicht

- Was ist Johannes besonders wichtig als Leiter eines Teams, also in seinem Führungsverständnis, und damit in der Kooperation mit den Teammitgliedern?
- Was ist ihm ein besonderes Anliegen in der Zusammenarbeit als Team? (Mit Fokus darauf, wie die Teammitglieder miteinander, mit ihm und als Gruppe agieren.)
- Welche Metaphorik könnte die Zielvision am ehesten beschreiben?

Johannes: »Ganz besonders wichtig ist es für mich, dass die anderen eigenverantwortlich und diszipliniert arbeiten; dass sich jeder auf den anderen verlassen kann und jeder zuverlässig ist. Dazu gehört für mich, dass sich alle an die geltenden Abläufe halten und achtsam, präsent in der Arbeit sind. – Ich mache Yoga, wissen Sie, und deshalb finde ich die konzentrierte Präsenz so bedeutungsvoll. – Und erwarten tue ich zudem, dass keiner leicht aufgibt, sondern sich auch mal durchbeißt, wenn es schwierig wird. Ich will die Ziele erreichen, und zwar zusammen mit den Leuten. Ja, und ich möchte Vorbild sein. Ich möchte ein menschenorientierter Teamleader werden, dem die Mitarbeiter vertrauen. Und ich möchte gerecht, kooperativ oder demokratisch führen: Jeder soll seine Meinung sagen, jeder hat Mitbestimmungsrecht – nicht immer, aber meistens. Ich meine, ich bin ja nun mal der Chef und muss die Verantwortung für mein ganzes Team übernehmen. Mein Vorbild ist übrigens Jürgen Klinsmann: Ich mag seine ruhige und sachliche Art.

Wechsel der Sportart   So, wie es ausschaut, kann ich als Metapher ja nun nicht mehr den Marathonmann nehmen, der sich nur um sich selber kümmert. Am ehesten fällt mir da ein Mannschaftssport ein, Handball oder Volleyball. Ich habe früher selbst Handball gespielt – ich nehme das.«

Johannes wechselt also die Sportart: vom Einzel- zum Mannschaftssport. Das Handballspiel verläuft nach anderen Regeln als das Laufen. Da wir uns im ersten Schritt auf sein Selbstverständnis und sein Verhalten konzentrieren, werden Fragestellungen wie die folgenden akut:

- Welche Unterschiede erkenne und fühle ich, wenn ich *Ist* und *Wunsch* in Beziehung zueinander setze – und was bedeutet das für mich?
- Was macht die Wunschvision für mich attraktiv? Anziehend? Was in ihr entfaltet für mich eine Sogwirkung?
- Wie und in welchen Kontexten können mir meine beiden Metaphern, Marathon und Handball, im Rahmen meiner beruflichen Ziele und Anforderungen helfen? Mir assistieren? Wie können sie mich motivieren und unterstützen?
- Welche Folgerungen ziehe ich aus diesen Erkenntnissen? Wie kann ich sie praktisch nutzbar machen?

Johannes: »Beim Handball sehe ich mich als Trainer und Mitspieler zugleich. Es gibt im Handball ja den Spielertrainer, dessen Aufgabe es ist, Taktik und Anregungen des außenstehenden, beobachtenden Trainers (sozusagen meines Chefs) im Spiel umzusetzen. Dann habe ich zwei Rollen, zwischen denen ich wechseln muss. Das wird verdammt schwierig! Wie soll ich das denn für die Mitarbeiter deutlich machen? Als Trainer habe ich Führungsfunktion und sorge dafür, dass die Spieler nach ihren Kompetenzen eingesetzt werden und zusammenspielen – immer mit Blick auf die Ziele, die wir erreichen müssen. Und dass sie flexibel sind, ist auch wichtig. Denn wir können ja nicht nur nach Plan handeln. Kein Mensch kann voraussehen, wie das Spiel laufen wird. Es wird – das zeigt die Praxis – immer wieder Störungen geben oder plötzliche Veränderungen in den Prioritäten. Als Trainer muss ich außerdem das ganze Spiel, den Spielverlauf im Auge haben. Und ich muss Rat geben können.

Vom Einzel- zum Gruppensport

Aus dem Marathon nehme ich all das mit, was jetzt, beim Handballspiel, wichtig bleibt: Ich muss und will weiterhin zuverlässig und ausdauernd sein. Ich lebe Disziplin und Mut und Eigeninitiative vor. Was mir noch fehlt, sind Dinge, die ich als Führungskraft brauche. Wie ich mich in der Gruppe durchsetze und was ich tun muss, um die Spieler so zu führen, dass sie nicht immer gleich zu mir gerannt kommen, – sonst kann ich meine Aufgaben nicht mehr erfüllen. Ich will kein Babysitter sein oder – um beim Handball zu bleiben – keine Jugendmannschaft trainieren. Ich habe es mit erwachsenen Leuten zu tun, die sich selbstständig organisieren sollten. Klar, ich werde durchaus auch kontrollieren, das muss man als Führungskraft, nicht? Aber ich will nicht Händchen halten.

Zieldienliches in den Metaphern Marathon und Handball

Tja, und als Spieler fühle ich mich irgendwie als Primus inter pares. Ich muss dann höllisch aufpassen, dass ich nicht in meine Expertenrolle zurückfalle, ich meine, mich auf meine Aufgaben als Spieler konzentriere. Als Mitspieler will ich zeigen, dass ich immer noch meine fachliche Kompetenz habe und dazu beitrage, unsere Ziele zu verwirklichen. Und mir ist wichtig, dass mich meine Mitarbeiter auch als Kollegen sehen – ich will keine Chefallüren entwickeln!

Veränderte Identität und ihre Attraktoren

Was macht die Metapher für mich attraktiv? Gute Frage. Wenn ich ehrlich bin, so ganz spontan, erstmal nicht viel. Na ja, Führungskraft zu werden, das finde ich einerseits schon prima. Sozusagen Zugpferd spielen. Das habe ich beim Marathon sogar ab und zu getan. Jedenfalls sagten mir das Läufer, die ganz kurz nach mir ins Ziel liefen. Hm, das war allerdings nicht beabsichtigt. Aber immerhin. Andererseits habe ich einen riesigen Respekt davor, dass ich dann auch für andere und nicht nur für mich selbst verantwortlich bin. Und was mir nicht so liegt, ist das ganze Soziale, dass ich mit den Leuten mehr und intensiver reden, Small Talk machen und auf Gefühle eingehen soll und so weiter. Ich bin mehr der sachliche Typ, der nicht viel Aufhebens macht, sondern nur daran interessiert ist, die Aufgabe zu erledigen. Wenn ich an bestimmte Leute denke, die in meinem Team sind, kriege ich schon jetzt Gänsehaut. Da sind einige, die viel gestreichelt werden müssen; andere sind sich untereinander zwar nicht gerade feindlich gesonnen, haben aber das Heu nicht auf derselben Bühne. – Aber eigentlich, na ja, ich habe in etlichen Fällen bereits erfolgreich vermittelt. Wie mein Chef mit denen umgeht, finde ich nicht sonderlich effektiv. Das werde ich in jedem Fall anders machen – mehr mit offener Kommunikation, nicht hintenrum. Zwar habe ich ein wenig Schiss davor. Gleichzeitig, je mehr wir darüber reden und ich mich in die Situation versetze, freue ich mich sogar schon ein bisschen darauf. Zwar mit Bammel, aber spannend ist es schon!«

Noch einmal: In diesen Ausschnitten, die ich Ihnen berichte, gehe ich nicht darauf ein, was der Klient und ich zur Thematik des Selbstverständnisses als Führungsperson und des Führens, der Führungsphilosophie und dergleichen detailliert erarbeiteten und in welcher Weise wir Anregungen aus unterschiedlichen Interventionskonzepten nutzten. Ich schließe nun an den »Bammel« von Johannes an.

Johannes und ich durchlaufen einige Szenen, vergegenwärtigen Erfahrungen, imaginieren und simulieren Gesprächssequenzen und spezielle herausfordernde Situationen, sodass er erfährt, wo ihm die Marathon- und wo die Handballmetaphorik helfen kann. Dabei beachten wir besonders, die Handballmetapher mit ihm als Trainer und Mitspieler mental zu vergegenwärtigen und zunehmend kognitiv und sprachlich zu konkretisieren. Auf diese Weise kann er einige Aktionen, die er sich vorstellt, ausprobieren. Dennoch bleibt ein Unbehagen.

> *Johannes:* »Ganz ehrlich, Marathon und Handball liegen doch recht weit auseinander, nicht?«

Wir suchen daher eine »Übergangsmetapher«. Diese soll es Johannes ermöglichen, sich auf den Weg zu machen, sie soll ihn anspornen. Eine Übergangsmetapher soll leisten, dass er die (partielle) Transformation seines Selbstverständnisses imaginativ erfahren kann und dass er spürt, wie kraftvoll sie ihm dabei assistiert, sein Ziel zu verwirklichen. Wir halten Ausschau nach Metaphern, die seinen gewählten Weg mit Erfolgserlebnissen pflastern. Nach diversen Versuchen entscheidet er sich für den Staffellauf. Der Staffellauf versinnbildlicht für Johannes ein Kontinuum, eine, wie er es formulierte, »echte Brücke« zwischen Marathon und Handball. Wieso und inwiefern?

Übergangsmetaphern helfen weiter

Fassen wir zusammen, was Johannes dazu meinte:

> *Johannes:* »Also, der Staffellauf ist für mich so eine Art Übergang: vom Einzelläufer zum Mannschaftsläufer. Und wenn ich mir hier vorstelle – was ja in der Wirklichkeit nicht so ist – dass ich sowohl Trainer als auch Läufer bin, dann fühle ich mich bei dieser Metapher besser und traue mir den gesamten Prozess und meine Entwicklung eher zu. Denn einerseits kann

ich mich auf mich selbst und meine Leistung konzentrieren und all das nutzen, was ich als Marathonläufer supergut kann. Und gleichzeitig muss ich mich beim Laufen zumindest mit dem nächsten Läufer absolut präzise abstimmen, dem ich die Staffel während des Laufs übergeben muss. Wenn das nicht klappt, gehen wertvolle Millisekunden oder mehr verloren – und ich wäre dann schuld daran, dass die Übergabe nicht perfekt wäre. Ich kann alle meine Marathonstärken nutzen und mich schon mal ein bisschen darin üben, mich mit dem nächsten Läufer zu koordinieren.

Der metaphernreiche Weg bis zum Wunschziel

Und in der Analyse des ganzen Laufs, in meiner Trainerrolle, kann ich meinen Blick für das Ganze schärfen und zum Beispiel fragen, was für eine noch bessere Koordination und Synchronisation von wem getan werden könnte. Und was beim Handball für mich etwas diffus war, kommt hier noch nicht vor: Beim Staffellauf haben wir alle nur sehr begrenzte Spielräume. Es kann nicht so viele Überraschungen wie im Handballspiel geben, auf die wir uns – ich als Trainer und die anderen als Spieler oder Läufer – prompt einstellen müssen. Ich habe etwas mehr Kontrollmöglichkeiten oder sagen wir, Steuerungsmöglichkeiten. Das, was möglich ist, kann ich grundsätzlich noch überschauen. Das wäre dann ja auch schon ›Führung‹. In dieser Funktion des Analytikers bin ich außerdem nicht allein. Es geht darum, den Lauf der Mannschaft zu optimieren, also müssen wir gemeinsam schauen, wie der bisherige Lauf war. Dann kann ich meine eigenen Ansprüche mit denen der Mitläufer mindestens klären und abstimmen und im Gespräch mit allen vereinbaren, welches Ziel wir definieren und was wer und wir zusammen beim nächsten Lauf anders machen wollen. – Wenn ich mir das alles so vorstelle, dann hilft mir der Staffellauf sehr gut dabei, mir Meilensteine zu setzen, besonders auf meinem Weg zum Trainer einer Handballmannschaft. Der Staffellauf gibt mir zudem das Gefühl, nicht alles sofort können zu müssen, was eine Führungskraft können sollte. Ich fühle fast den Schwung des Laufs!«

So weit Johannes. Im Anschluss an diese Entscheidung haben wir uns dem zugewandt, was für ihn bedeutsam ist, was er sich umgehend anzugehen zutraut. Dann widmeten wir uns dem Prozess vom Marathon zum Staffellauf und bezogen ein, wie er die Zwischenziel- oder Übergangsmetapher in der Praxis nutzen möchte. Er entschied sich dafür, mit seiner Gruppe einen Tag zu reservieren, an dem er seinen Entwicklungsweg für sich selbst und bezogen auf das Team mithilfe der drei Metaphern erklären würde.

Die funktionale Relevanz von Übergangsmetaphern, jenen Metaphern, die dafür sorgen, dass sich ein Mensch überhaupt traut, ermutigt fühlt, sich auf den Weg zu machen, weil er die Möglichkeit des Erfolges im wörtlichen Sinn »sieht« – diese funktionale Relevanz wird gemeinhin zu wenig erkannt, geschweige denn genutzt. Die praktische Arbeit mit Metaphern lehrt indes, dass wir uns mit dieser Komponente konfrontieren sollten. Denn Ist- und Wunsch-Metaphern liegen häufig weit auseinander oder scheinen einander nahezu wesensfremd. Unter der Annahme, dass sie ein Etwas verbindet, ist es unsere Aufgabe, einen inneren Sinnzusammenhang in der Weise herstellen zu helfen, dass der Klient die Verbindung explizit aufspüren und eine oder mehrere Metaphern angeben kann, die ihm als Meilensteine, Zwischen-, Etappen- oder Teilziele dienen können. Um dies zu konkretisieren, lade ich Sie zu einer Übung ein.

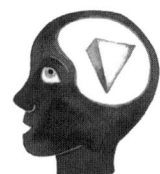

Übung: Übergangsmetaphern

Schritt eins: Lesen Sie zunächst den folgenden Fall.
- Stellen Sie sich vor, Ihre Klientin, Leiterin einer Abteilung von 32 Personen, antwortet auf die Frage nach ihrer persönlichen Metapher, die sie als Person am besten beschreibt: »*Sonnenblume*«.
- Nehmen Sie an, dass diese Klientin auf die Bitte, ihre momentane Berufsidentität metaphorisch zu formulieren, antwortet: »*Kutscherin mit einer Peitsche*«.
- Sie fragen dann nach einer Metapher für ihr gewünschtes berufliches Selbstverständnis und hören: »*Trainerin einer Formationstanzgruppe*«.
- Schließlich fragen Sie die Klientin nach einer Metapher, die ihre gesamte Persönlichkeit beschreibt, wie diese in der nahen Zukunft sein soll. Sie vernehmen: »*weise alte Frau*«. Ein Archetypus also.

Schritt zwei: Wählen Sie aus den skizzierten Antworten jene aus, die Sie bearbeiten möchten.
Zunächst liegt die Konzentration darauf zu erfassen, was die einzelnen Metaphern auf die Bühne stellen, was sie hinter die Kulissen verbannen, ver- oder behindern beziehungsweise ermöglichen, fördern. Denken Sie daran, dass bisweilen die Hintergrundmetaphorik eine relevante Rolle spielt. Machen Sie sich Notizen. Anschließend können Sie zur weiteren Anregung meine Anmerkungen zu den einzelnen Metaphern lesen.

- *Sonnenblume:* Pflanze mit sonnenartiger Erscheinung und Ausstrahlung(!): Lächeln, Wärme, Helligkeit, gute Laune, Gesundheit, freundliche Menschen; verwurzelt (immobil), vom Klima und damit von außen abhängig, external gesteuert, kaum internal und wenig eigenständige Gestaltungsmöglichkeiten, eingeschränkte Selbstwirksamkeit …
- *Kutscherin mit Peitsche:* Anspornen, Vorankommen; Alleinverantwortung, (Bereitschaft zu) Brutalität, Antreiben mit Aggression; Kraft, Mut, Macht, Ge-

staltungswillen, Durchsetzungsstärke, hohe Selbstwirksamkeit und externale Steuerung …

- *Trainerin einer Formationstanzgruppe:* Musik, Leichtigkeit, Tanz und Bewegung, Lebendigkeit, lachende Vitalität, Freude: die Tänzer und die Trainerin, die sich mit freuen kann; Elan, Verantwortung, Spielräume definierend und kontrollierend, Vorgaben machend, Regeln Geltung verleihend; Bereitschaft zu Strenge; Autorität; Kontakt mit Tänzern …
- *Weise alte Frau:* Gelassenheit, sein lassen können, Loslassen, ein Los akzeptieren …; Erfahrungsreichtum, Abwägen/Multiperspektivität; Autorität durch Persönlichkeit; Gestaltungsfreiraum nach eigenen, internen Maßstäben und Maßgaben …

Schritt drei: Achten Sie nun darauf, dass sich das Fragenbündel des Übergangs stellt.

- Von welcher Metapher zu welcher?
- Worin liegen Attraktivität, Bindungskraft, Motivation der Metaphern? In welchen Kontexten?
- Was haben sie gemeinsam? Wo Kohäsion? Wechselseitige Stärkung? Synergie?
- Worin unterscheiden sie sich eklatant, kompromisslos, unvereinbar?
- Welche möglichen Wegemetaphern können den Übergang von … zu … wahrscheinlicher machen? In welchen Kontexten? Aufgrund welcher Kriterien oder Stärken? Mit welchen Zielen oder Visionen?

Der folgende Text bietet Ihnen eine Allegorie und deutet an, wie Sie mit allegorischen Szenerien arbeiten können.

Labyrinth

Werte Mitreisende, lassen Sie sich den folgenden Text vorlesen und erlauben Sie Ihren Assoziationen ein ungehindertes Fließen.

Allegorischer Text eines Top-Managers

»Mit freudigem Gefühl näherte sich dem Gebäude und betrachtete es mit neugierigen Augen. Seine Augen krabbelten mit raschen Schrittchen die gen Himmel ragende Fassade hoch und glitten an den glatten Flächen und riesigen Fenstern, in denen sich der leicht bewölkte blaue Himmel spiegelte, sanft wieder hinunter.

Er betrat das Gebäude und wurde sehr freundlich empfangen. Der Direktor wurde gerufen und ließ es sich nicht nehmen, ihn ausgiebig herumzuführen. Flure, Einzelbüros, Konferenzzimmer waren zwar sehr verwinkelt angeordnet; dennoch erschien alles übersichtlich und geplant, aufgeräumt und geordnet. Er wurde durch geräumige Konferenzzimmer, ausgestattet mit der neuesten Tagungstechnik, geführt; durch helle Flure, zuweilen Schluchten ähnlich, von denen, oft in überraschenden Winkeln, hübsche Büros abzweigten. Die Menschen, denen Direktor und Geführter begegneten, trugen alle ein Lächeln auf dem Gesicht. Er fühlte sich willkommen geheißen und dachte: ›Wenn alle hier so vergnüglich und zufrieden aussehen, müssen Klima und Stimmung vortrefflich sein.‹ Der Direktor schloss den Rundgang damit ab, dass er dem Geführten dessen Büro zeigte. ›Leicht zu finden‹, dachte er, ›weil ich mich nur an dem Piktogramm für das Café orientieren muss.‹

Schließlich marschierte der Direktor mit ihm in einen – ebenfalls seinem Büro nahe liegenden – Meetingraum. Dort warteten die Mitarbeiter des Direktors und die neuen Kollegen bereits auf beide Personen. Der Neue wusste, dass eine für das Unternehmen strategisch relevante Entscheidung vorbereitet werden und er aufgrund seiner Position sofort dabei sein sollte. Das Begrüßungszeremoniell fiel – der Anspannung korrespondierend – kurz und nüchtern aus. Er war umgehend mittendrin im Strudel der Argumente, Interessen, Sichtweisen. Zunächst sah er als Zuschauer, wie sich einige der Debattierenden wechselseitig an den Schultern schüttelten und miteinander rangelten, fast kämpften. Eine ganze Weile blieb er ruhig. Doch nachdem er die erste Berührung an seiner Schulter gefühlt hatte, rüttelte und focht er mit – und wurde seinerseits dermaßen durchgeschüttelt, dass er sich kaum an seinen eigenen Namen erinnerte.

Als er nach diesem langen und anstrengenden Meeting, der Kampfübung in der Arena der Geschäftsführung, sein Büro aufsuchte, irrte er umher. Labyrinthisch erschien ihm die Architektur, verwirrend die zahlreichen Wege, Fluchten, winkligen Anordnungen von Türen und Piktogrammen mit ihren Pfeilen zu allen Seiten. Zielstrebig stampfte er einzelne Flure entlang. Nach einer langen Weile gestattete er sich, die lächelnden Gesichter, denen er begegnete, nach dem Weg zu fragen. Die aber lächelten schweigend und nickten freundlich zurück, ohne ein Wort zu sagen. Kein Ariadnefaden, nirgendwo. Irgendwann, durstig und erschöpft, stolperte er in den Empfangsraum. Völlig erstaunt schaute er sich um.«

Soweit der Text, werte Zuhörende. Diese Allegorie schrieb eine Führungsperson, die im Top-Management eines größeren mittelständischen Unternehmens tätig ist. Der Text mag sich wie der Versuch lesen, kafkaeske Situationen nachzuahmen. Ich bitte sie, davon abzusehen, ihn binär nach »Nachahmung

gelungen/misslungen« zu codieren. Sondern den Text ernst zu nehmen und wertzuschätzen als einen Versuch, sich schreibend und narrativ über einen Zusammenhang und ein Erleben klarer zu werden; und als einen Versuch, kompetenter mit dieser Erfahrung umgehen und in einem bestimmten Kontext agieren zu können.

Allegorie als Beschreibung und Reflexionsmedium

Lassen Sie uns einige Komponenten hervorheben: Auf der wörtlichen Ebene gelesen, handelt der Text von einem Menschen, der offenkundig seinen Arbeitsplatz in einer neuen Firma antritt und in der Hierarchie des Unternehmens weit oben einsteigt. Er scheint voller Vorfreude zu sein; die Wölkchen am Himmel ziehen freundlich dahin und nicht bedrohlich – und diese zuversichtliche Gestimmtheit lässt ihn das Gebäude, Außen- wie Innenarchitektur, Infrastruktur und die Menschen als ihm zugewandt erscheinen: Architektur und Infrastruktur bedienen sein Faible für Klarheit, Ordnung, Übersicht, und das Lächeln und die Freundlichkeit, die er von den Menschen erlebt, repräsentieren für ihn sowohl ein Unternehmensklima der Sympathie als auch der Kooperation.

Erste Schatten auf diese sonnenbestrahlte Seite fallen im Zusammenhang mit dem Meeting. Dass das Begrüßungszeremoniell »kurz und nüchtern« ausfällt, steht in einem krassen Missverhältnis zu der Zeit, die sich der Direktor zum Herumführen genommen hatte, sowie zu der warmen Freundlichkeit derjenigen, die Direktor und Protagonist bei ihrem Flanieren getroffen haben. Ferner: Die Diskussionskultur erfährt unser Protagonist weniger als eine konstruktive in einem kollektiven Geist des und im Dienste des Unternehmens. Vielmehr wird unser Protagonist verwirrt von der Diskrepanz des zuvor Erlebten, Vorgestellten, Vermuteten mit der stark auf Eigeninteressen bezogenen Kontroverse, ja, dem Zank, dem Kampfähnlichen und der physisch beschriebenen Rivalität im Meeting (schütteln, rütteln, rangeln).

Diese Erfahrung kann als eine traumatisierende bezeichnet werden. Denn nach dem Meeting weiß der Protagonist vor lauter Konfusion nicht, wo sich sein Kopf befindet, wer er ist beziehungsweise wohin er sich orientieren soll, um in sein Büro zu gelangen, und wohin ihn seine Füße tragen. Das Durchgeschüttelt-worden-Sein ebenso wie sein Rütteln von anderen hat ihn dermaßen durcheinandergebracht, dass er nicht nur den Weg nicht findet, der ihm zuvor, als noch alles in Ordnung schien, so einfach vorkam. Er findet den Weg nicht – seine Hoffnungen, Annahmen und Erwartungen wurden nicht nur nicht erfüllt, ihnen wurde nicht nur nicht entsprochen, sondern sie wurden durcheinandergewirbelt. Nichts in ihm im Rahmen dieses Komplexes ist auch nur annähernd so, wie es vorher war. Unser Protagonist betritt insofern Neuland – alles scheint undurchschaubar verwinkelt und labyrinthartig. Die Piktogramme helfen ihm genauso wenig wie die ihm begegnenden Menschen, sein Büro zu finden. Solange er so tut, als ob er zielstrebig auf dem Weg ist (»zielstrebig stampfte er«) und sein Ziel erreichen kann, findet er es nicht. Und erst stolpernd und erschöpft spuckt ihn das Labyrinth aus: an die Rezeption, wo sein (Irr-)Weg begonnen hat. Er blickt erstaunt und wundert sich.

Die wörtliche Lesart bietet eine in sich abgeschlossene »Geschichte« mit einem offenen Ende. Vielleicht gibt es eine Fortsetzung vom Schriftsteller, vielleicht aber will dieser es dem Leser überlassen, die Szenerie narrativ weiterzuspinnen.

Als der Klient und ich während eines Spaziergangs den Text und jene Aspekte besprachen, die diese Allegorie in ihm motiviert und erzeugt hatten, schilderte er mir dies in bewegten und mich bewegenden Worten und Bildern. Dieser Schilderung darf ich speziell jene Hinweise entnehmen, die für ihn ausgezeichnete Ausdrucksstärke und die Energie hatten, ihn zu rütteln, nun allerdings positiv konnotiert:

Allegorische Text-lektüre und ihre Auswirkungen

> *Klient:* »Was mich vor wenigen Wochen zu dieser Allegorie bewog, war – neben der Ermunterung durch unsere Gespräche, mir so etwas zu überlegen – ein Vorfall, der mich geradezu hineinschmiss in das Tohuwabohu in diesem geschäftsführenden Gremium. Nein, es war, präzise gesagt, meine echte Verwirrung und meine Ratlosigkeit und im Anschluss daran meine Fragen an mich selbst: Was hat dich eigentlich dazu gebracht, in diesen

Laden zu wechseln? Was genau macht dir Bauchschmerzen und nervt dich auf der sachlichen und intellektuellen Ebene in einer Weise, die dich fast kaputt macht? – Plötzlich wechselte mein innerer Dialog in die Ich-Form: Will ich etwas ändern? Wenn ja, was und mit welchem Ziel?

Dieser Vorfall war in der Tat eine Sitzung. Zum x-ten Mal kauten wir in bewährten Feindschaften und Allianzen und in Argumenten, die wir alle im Schlaf rückwärts oder in bewusstlosem Zustand hätten herunterleiern können – zum x-ten Mal also kauten wir dasselbe Thema in derselben Weise durch. Zuerst nahm ich die Metaebene ein. Ich beobachtete den chaotischen Diskussionsverlauf, das fast schon bizarre gestische Gewusel bei den Stehenden und Sitzenden gleichermaßen, versuchte, einen roten Faden oder mehrere davon zu entdecken, um die Diskussionsinhalte für alle zu rekapitulieren. Allerdings hielt ich dieses Bemühen irgendwann nicht mehr durch. Ich dachte wirklich: ›Gleich drehe ich durch! Wie können so kompetente und kluge Menschen einen derartigen Unsinn verzapfen und sich zum x-ten um sich selbst drehen?!‹ Und ähnlich weiter. Bevor ich zu platzen drohte, begann ich also, mich einzuschalten. Ich wollte sehr konstruktiv sein, alle einbinden und so weiter – alles vorbildlich. Nur: Keiner ließ mich. Sie butterten mich dermaßen unter, dass ich den Eindruck gewann: ›Die wollen gar nicht, dass du ihnen hilfst!‹ Die wollen nicht vorankommen und entscheiden; die wollen viel lieber um sich selbst kreisen. Hektisch tun, ohne entscheiden zu müssen. Und das auf der Ebene und mit der Verantwortung dieses Gremiums! – Mein Sohn würde kommentieren: ›unterirdisch‹ und damit das meinen, was meine Tochter nennt: ›geht gar nicht‹. Jedenfalls resignierte ich irgendwann. Schein und Sein hatten keinerlei Chance, sich wechselseitig zu befruchten. Führungsleitlinien, Strategiebroschüre, Kulturdeklaration – alles da und eben doch nicht vorhanden, weil nicht wirksam! Ich fühlte mich, als sei ich hereingefallen auf einen Illusionär (den Direktor im Text), auf alle anderen Illusionisten beziehungsweise, ja, ich weiß es heute und kann es inzwischen auch aussprechen: auf mich selbst, auf meine Hoffnungen und Erwartungen, auf meine eigenen Überzeugungen und Werte in Bezug auf verantwortungsbewusstes Arbeiten, auf Hilfsbereitschaft in einem Unternehmen und so weiter. Wissen Sie, ich hatte nämlich genau deshalb mein altes Unternehmen verlassen! Und jetzt war ich wieder in eine Firma gestolpert, in der so ganz andere Normen praktiziert wurden, als es den Anschein und ich es erhofft hatte!

Übrigens war mir all das, was ich Ihnen gerade eben erzählt habe, keineswegs von Beginn an klar. Ihre Ermutigung zur Allegorie hat mich ja erst

> veranlasst, einmal ganz anders auf das gesamte Geschehen zu schauen. Die geistige Auseinandersetzung mit der Situation und mit mir als wichtigem Akteur und Reakteur hat mir sehr dabei geholfen, erst einmal mir selbst verständlich zu machen, was da passiert ist. Mithilfe dieser Erzählung konnte ich mir etwas erzählen. Plötzlich verstand ich näher, worin mein Beitrag liegen könnte, sowohl zu der Situation, wie ich sie erlebe, als auch dazu, sie zu verändern. Erst jetzt, das merke ich, bin ich bereit, mit Ihnen grundlegend zu schauen und zu prüfen, was ich wirklich anvisieren möchte.«

Erlauben Sie mir, werte Zuhörende und Lesende, es bei diesen Hinweisen bewenden zu lassen. Dieses Beispiel mag Ihnen unter anderem nahebringen, welche spezifischen und sich von der Metapher abhebenden Wirkungen eine Allegorie haben kann.

Wenn wir einen allegorischen Text verfassen möchten, gehen wir von der Idee: vom Allgemeinen, vom Abstrakten, vom Kognitiven oder Intellektuellen aus. Wir kleiden einen nackten Körper an, hüllen das Gerüst eines Hauses mit Materialien ein, sodass das gewünschte Gebäude entsteht. Wir nähren eine Idee, indem wir sie füttern. Indem wir das tun, können wir nicht anders, als unsere kognitiven und sprachlichen Fertigkeiten aktivieren. Erst allmählich gesellen sich imaginative Künste dazu, die uns in die Erinnerung, zurück in der Zeit, führen und uns motivieren, uns prospektiv auszurichten, in die Zukunft gewandt. Geist, Seele und Körper wechseln dabei zwischen zwei Ebenen der Bedeutung. Beide befruchten einander, im Entstehungsprozess wie im Prozess der Deutung und schließlich in der Veränderungsabsicht und deren Realisierung.

Übung: Sphinx

Nun können Sie versuchen, sich in einen Menschen hineinzuversetzen, der seine Führungssituation allegorisch mit der Sphinx darstellen möchte. Der Kontext ist so gedacht, dass Sie als Führungsperson meinen und fühlen, erst aus Trümmern etwas sinnvoll und wertvoll Neues schaffen zu können.

Vielleicht können Sie folgende Stichwörter inspirieren: Erstarrung – Ruinen – Trümmer – Orakel – Sphinx – aus der Asche und den Ruinen zu neuem Leben.

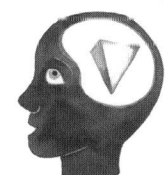

Mit dem nächsten Beispiel verlassen wir die individuelle Ebene und schauen uns an, wie wir in der Gruppe mit Metaphern arbeiten können.

Teamcoaching

Willkommen in der Villa »Vita«! Ohne Vorrede lege ich gleich los: Das Leitungsteam, von dem ich berichte, setzte sich aus Bereichsleiterinnen und Bereichsleitern eines Großunternehmens zusammen. Vertreten waren die Bereiche: Vertrieb und Verkauf, Marketing, Controlling, Forschung und Entwicklung, Personalentwicklung, Produktion, Projekt- und Qualitätsmanagement. Dieses Team hatte einen Auftrag von der Geschäftsleitung erhalten, den es bedauerlicherweise nicht realisieren konnte. Der Auftrag blieb gleichwohl bestehen, sodass die Frage, woran es haperte, nicht zu umgehen war. Nach mehreren Anläufen bestand der Minimalkonsens in der Diagnose: »Jeder von uns arbeitet an seiner eigenen Agenda, und wir kooperieren nicht im Sinn eines Teams und dessen Auftrag.«

Metaphern im Teamcoaching

Unter anderem einigten wir uns darauf, uns der Frage über die sukzessive Arbeit mit Metaphern zu nähern. Als erstes Ziel formulierten die Kollegen: »Wir agieren als Team und nehmen nebenbei unsere Vorbildaufgabe gegenüber unseren Mitarbeitern wahr.« Unter anderem einigten wir uns darauf, uns diesem Ziel über die sukzessive Arbeit mit Metaphern zu nähern. Im Folgenden zeichne ich Ihnen in groben Strichen, inwiefern Metaphern im Prozess hilfreich waren, um gemeinsam Lösungen mit einer hohen Akzeptanz zu finden. Dieser Aspekt ist selbstverständlich nur ein – allerdings als notwendiger Hebel wirkender – Ausschnitt der gesamten Arbeit.

Drei Tatsachen empfahlen den Einstieg über individuelle Metaphern: Jedes Team wirkt durch die Mitglieder. Im konkreten Fall waren die Mitglieder zusätzlich Führungspersonen. Die Mitglieder arbeiteten mehrheitlich zwar seit vielen Jahren zusammen, wenn auch in unterschiedlichen Positionen und Kombinationen, und kannten einander dennoch wenig. Die Mehrheit plädierte daher dafür, zuerst das Selbstverständnis als Bereichsleiter beziehungsweise Bereichsleiterin metaphorisch darzustellen. Folgende Fragestellungen bahnten die Denk-, Fühl- und Vorstellungsprozesse in die gewünschte Richtung. Die Personen reflektierten zeitweise allein, diskutierten dann wieder in Paaren, arbeiteten in Kleingruppen und schließlich im Plenum.

In der Einzelarbeit waren die folgenden Fragen relevant:

- Welche Metapher(n) zeichnet mein Selbstverständnis als Leiterin beziehungsweise Leiter des Bereichs X am besten?
- Welche Metapher(n) skizzieren am ehesten, wie ich meinen Bereich sehe, verstehe, führe?

Darüber wurde dann auch paarweise diskutiert. In den Kleingruppen, die sich aus drei, maximal vier Personen zusammensetzten, lauteten die Aufgaben:

- Notieren Sie, welche Metaphern Sie Ihrem Gegenüber (Kollegin, Kollege) zuschreiben würden, zum einen für das Selbstverständnis im Sinne des »Ich sehe mich als Person als ...« sowie in der Leitungsrolle für den Bereich.
- Widmen Sie sich mit den folgenden Fragen jeder Person. Beginnen Sie bitte bei sich selbst, und diskutieren Sie anschließend mit den anderen darüber:
    - Was rücken die Metaphern in den Vordergrund? Was beleuchten sie besonders? Was stellen sie heraus?
    - Inwiefern bestimmen diese Metaphern mein Wahrnehmen, Denken, Fühlen, Handeln? Welche Einstellungen und Haltungen transportieren sie? Welche Indizien gibt mein Sprachgebrauch (zum Beispiel Lieblingswendungen, typische Idiome)?
    - In welchen Rede- und Verhaltensweisen manifestieren sich die Metaphern innerhalb meines Bereichs und in meiner geschriebenen und gesprochenen Sprache, meinem Verhalten und meinen Erwartungen den Kolleginnen und Kollegen gegenüber? Welche Vorstellungen, Deutungen, Redewendungen oder Ähnliches liegen mir eher mehr, welche eher weniger? Wenn ich die Person X fragen würde, was würde die als typisch für mich formulieren?
    Was vernachlässigen die Metaphern? Was lassen sie eher im Dunkeln? Was möchte ich lieber ignorieren?
    - Welche Metapher(n) schreibt/schreiben mir mein(e) Gegenüber zu – und warum: Welche Indizien münden in die Zuschreibung(en)?
- Bitte setzen Sie Ihre Metaphern in Beziehung zueinander:
    - Wo treffen sich die Metaphern in dieser Kleingruppe? Wo gibt es Ähnlichkeiten? Überlappungen? Anknüpfungspunkte?
    - Wo laufen sie auseinander? Wo sind Trennungslinien? Unvereinbarkeiten?
    - Wo gibt es Bereicherungen? Inwiefern?
    - Welche Erkenntnisse hat diese Betrachtung befördert?
    - Was nützen sie im Alltag der Zusammenarbeit?
    - Wobei, in welchen Kontexten können sie helfen?

Fragen und Aufgaben in der Arbeit mit individuellen Metaphern

Anschließend erfolgt der Perspektivenwechsel im Plenum: Stellen Sie die Metapher(n) einer Kollegin beziehungsweise eines Kollegen in den Kernpunkten vor.

Während dieser Arbeit kamen bemerkenswert differente bis antagonistische Metaphern zusammen. Damit Sie sich eine bessere Vorstellung davon machen können, hier einige Beispiele:

Auswahl individueller
Metaphern

- Pfadfinder, Abenteurer, Christoph Columbus – der Held und kompetente Führende.
- Staatsoperndirektor, der dafür sorgt, dass die Show perfekt läuft, während hinter der Bühne vorher und während der Show intensiv gewuselt und mit hohem Aufwand dank des Direktors für Koordination gesorgt wird.
- Prophet, der ins gelobte Land führt und dabei beharrlich, überzeugend und zuverlässig vorausgeht und die wesentlichen Entwicklungen kennt und verkündet.
- Dirigent von Solisten, der zuweilen an den partikularen Launen und Wünschen verzweifelt und der es dennoch schafft, die Solisten auf eine Melodie zu verpflichten.
- Gärtner mit dem Fokus Fördern, Vielfalt und Pflege.
- Baum, dessen feste Verwurzelung für Solidität, Stabilität und Kontinuierlichkeit sowie für Schutz sorgt.

- Indische Gottheit mit sechs Armen, die gleichzeitig jonglieren.
- Iglu, der sich von allen anderen Kollegen unterscheidet und für sich selbst sorgt.
- Rasende Reporterin einer überregionalen Zeitung, die für zahlreiche Themen zuständig ist.

Die zweite Metaphernetappe stand im Zeichen des Teams. Meine Bitte lautete, erste metaphorische Ideen zu sammeln, die eine Vorstellung davon vermitteln, wie es funktionieren, wie es sein könnte, als Team zu operieren. Diese Aufgabe kombinierten wir mit dem Konzept »Zielprojektion in der Zeit«. Die Teilnehmenden erhielten als Einstimmung folgenden Text:

Zweite Metaphernetappe

> »Nach einer längeren Reise und zahlreichen Bemühungen, Versuchen und Korrekturen sind Sie alle am Ziel angekommen: Sie erleben, wie Sie als Team im Inneren agieren und wie Sie nach außen wirken. Sie haben Ihr Motto verwirklicht: ›Wir stellen den Teamauftrag in den Vordergrund und ziehen am selben Seil in dieselbe Richtung.‹ Und zudem gilt: ›Jeder leistet zuverlässig seinen effektiven Beitrag dazu, den Teamauftrag zu realisieren.‹«

Dann erhielten alle Teammitglieder folgende Aufgaben:

- Wählen Sie eine metaphorische Einkleidung, die Ihre Vorstellung versinnbildlicht. Stellen Sie sich vor, dass Sie die metaphorisch ausgekleidete Szene bereits »leben«.
- Bleiben Sie mental in der Metaphernwelt, und vergegenwärtigen Sie sich:
  - Woran erkennen wir, dass wir mithilfe der Metapher das Ziel erreicht haben? Wobei hat uns die Metapher geholfen?
  - Was haben wir getan, was hat uns darin unterstützt, um alle ans Ziel zu gelangen? Was genau in der Metapher spornte und zog uns an, sie zum Leben zu erwecken?
  - Haben wir auf dem Weg weitere Metaphern genutzt? Was ist Besonderes passiert, und wie sind wir damit umgegangen?
  - Welche Kontextvariablen erleichterten uns den Weg zum Ziel?
- Welche Aspekte (Wahrnehmen, Denken, Reden, Handeln, Leistungen) rückt unsere Metaphorik in den Vordergrund?
- Welche Optionen und welchen Mehrwert erzeugen unsere Aktionen, die wir im Bedeutungskontext unserer Zielmetapher unternommen haben – im Vergleich zum Status quo und seiner Metapher? Worin liegt der besondere Nutzen der Zielmetapher? Was ist anders?

- Welche Handlungsimperative sind der Metapher implizit? Wie sind wir mit den Anforderungen umgegangen? Und zwar unter anderem in Bezug auf:
  - die Zusammenarbeit,
  - das Voneinander-Lernen,
  - die Organisation von Zeit und persönlichem Einsatz im Sinne der Einheit sowie
  - die Übernahme von Verantwortung über den eigenen Bereich hinaus.
- Welche Aspekte vernachlässigt unsere metaphorische Beschreibung? Welche wollen wir mit welchen Wirkungen und Zielen anleuchten?

Beispielhafte Teammetaphern

In dieser Phase wurden zum Beispiel folgende Metaphern diskutiert:

Formel 1: Eine Gruppe entschied sich nach sehr fantasievollen Metaphern für die der »Formel 1: Wir gewinnen, wenn der Formel-1-Fahrer gewinnt«. Der Boxenstopp versinnbildlichte, dass der Fahrer nur dann siegen kann, wenn alle Beteiligten ihre Spezialaufgabe beherrschen und hochkompetent, minutiös, zuverlässig und akkurat koordiniert in Sache und Zeit zusammenarbeiten. Entsprechend wurden als Haltungen, Normen und Leistungen exponiert: schnell, professionell; Kollegen vertrauen sich blind – verständigen sich nur durch Blikke; arbeiten unter Höchstlast, mit höchster Präzision und nach verbindlichen Regeln. Jeder und alle reagieren rasch auf Anforderungen von außen; es gibt Phasen der Entspannung und Freude.

Zur Frage der Übergangsmetapher »Wie sind wir dahin gekommen?«, wurden Metaphern wie »Fluss«, »Gleiten« (zum Beispiel Segelflugzeug), »Ameisenvolk« genannt, die das unterstützten, worauf das Team großen Wert auf dem Weg zum Ziel legte: Es zählt nur, dass der Fahrer schnellstens aus der Box heraus ist, also kein Wettbewerb unter den einzelnen Kollegen. Teamziel rangiert vor Individualziel. Wir wissen, was der andere kann und faktisch tut; wir kennen einander und wissen, wie jeder reagiert, besonders, wenn er unter Höchstlast Leistung bringt. Wir haben den anderen erlebt, gespürt und erleben einander als zuverlässig; wir teilen das Commitment zur Grundhaltung der Kooperation und zu Regeln dafür, um das gemeinsame Ziel zu erreichen.

Seilschaft, Zirkus, Rennstall: Eine andere Gruppe diskutierte gleich drei Metaphern.

- Als Erstes wurde die *Kletterseilschaft* genannt: verbindendes Seil, Angewiesensein aufeinander; Zusammenarbeit und Vertrauen notwendig, individuelle Kompetenzen nötig, ebenso Zuverlässigkeit und Trainiertheit (Kondition für den Berg). Dazu gehört das Bewusstsein: »Ich schaffe das nicht allein.«

- Die zweite Metapher war *Zirkus, Zirkusmanagement*: Unterschiedliche Nummern (Vorstellungen) mit verschiedenen Eigenschaften und Perfektionsgraden. Als Beispiel wurde Zirkus Krone angeführt: »Eure Gunst ist unser Bestreben« in Bezug auf Zuschauer, also die Kunden. Als Ziel wurde formuliert: »Jeder ist Weltklasse mit Betonung auf individuelle Leistung; Notwendigkeit, dass wir uns auf die Rollen, die jeder von uns hat, einigen. Wer ist Artist oder Manager oder beides?«

- Die dritte Metapher war schließlich der *Rennstall* (analog der Metapher »Formel 1«): Fokus auf Teamgewinn und(!) Einzelleistung; nicht alle im Team machen das Gleiche, sondern unterschiedliche Beiträge führen zum Teamziel, einschließlich unterschiedlicher Leistungsbeurteilung und Rollen im Rahmen des eigenen Beitrags zum Teamziel.

Diese Einstiegsphase schloss mit einer gemeinsamen Runde ab, die in Kleingruppen vorbereitet worden war. Die Fragestellung lenkte die Aufmerksamkeit darauf, die »Einheit in der Vielheit« zu suchen: nach Überlappungen, Vereinbarkeiten, Anknüpfbarkeiten, Möglichkeiten der Integration beziehungsweise danach zu Ausschau zu halten, inwiefern Unterschiedlichkeit bis hin zu Gegensätzlichkeit in der Metaphorik einander bereichern könnten:

- zwischen den individuellen Metaphern untereinander,
- zwischen individuellen und Teammetaphern.

Zudem ging es, ausgehend von der metaphorischen Beschreibung des Status quo der Arbeitswirklichkeit, um prospektiv wirksame Entscheidungen:

- Auf welche Zielmetapher(n) einigen wir uns als Vision?
- Welche Aspekte (Wahrnehmen, Denken, Reden, Handeln, Leistungen) rücken die Metaphern in den Vordergrund? Springen gleichsam ins Auge? Sind nicht zu überhören?
- Bezogen auf den Auftrag, den unser Team zu erfüllen hat:
  - Welche Chancen eröffnen diese Metaphern perspektivisch für unsere Zukunft als Team mit einem Auftrag?
  - Was gewinnen, was verschenken wir, wenn jeder von uns und damit wir alle gemeinsam diese Metaphern als Orientierungsraum vorläufig (bis wir etwas anderes beschließen) beibehalten?
  - Brauchen wir Übergangsmetaphern, um unsere Zielmetapher zu erreichen?
  - Wenn ja: wofür, in welchen Kontexten, und welche erscheinen uns zieldienlich?

Integration von Metaphern in den Alltag

Soweit zum Metapherneinsatz im Zielhorizont einer Teamentwicklung. Dieser Ausschnitt soll illustrieren, wie Sie einen Einstieg finden können, der bei Betroffenen erfahrungsgemäß rasch und intensiv wirkt. Gelingt es Ihnen zudem, sämtliche sensorischen Kanäle zu öffnen und sinnlich zu stimulieren, können Sie diesen Effekt über das unmittelbare Erleben zusätzlich forcieren.

Ich verwebe ein solches Vorgehen zuweilen mit szenischen Dar- und Vorstellungen, die die Grundinspirationen von Ideolektik und Ideomotorik nutzen. Hier verbinde ich die je eigene Sprach- und Fantasiewelt, körperliche Modulation und Koordination, samt der selbstprogrammierenden Rückwirkung, sowie »schau-spielerischen« Expositionen im weitesten Sinn, mit und ohne narrative oder epische Elemente in der Metaphorisierung.

Als letztes Beispiel möchte ich Sie bekannt machen mit einer Variante, wie Metaphernvielfalt und Übergangsmetaphern einem Gremium dabei assistieren können, sich als das Unternehmen führende Gremium besser selbst zu organisieren und zu steuern, und damit schlussendlich das Unternehmen wirklich zu führen.

Coaching einer Unternehmensführung

In diesem Beispiel, werte Wissensreisende, werde ich Ihnen ein Teilspektrum gemeinsamer Arbeit mit einem Gremium präsentieren, das ein Unternehmen führt. Die Unternehmungsführung bestand aus neun Mitgliedern, von denen jedes einen Bereich der Firma repräsentierte. Jedes Mitglied hatte die Doppelfunktion: Unternehmensleiter (als Mitglied der Unternehmensführung, die hier kollektiv organisiert war) und Bereichsleiter (als alleiniger Leiter einer Business Unit).

Die Mehrheit der Mitglieder war mit Effizienz und Effektivität des Gremiums unzufrieden. Daher engagierten sich Einzelne dafür, einen Workshop zu veranstalten, in dem entworfen werden sollte, wie es gelingen kann, dass das Gremium auf operativer und strategischer Ebene wie »aus einem Guss« agiert und in den regelmäßigen Sitzungen stringent und vor allem sachbezogen diskutiert wird.

Der Vorschlag, sich dieser Fragestellung mithilfe von Metaphern zu nähern, wurde erfreut angenommen. Denn erstens war diese Herangehensweise noch nicht versucht worden (»mal was anderes«), und zweitens – dank vorhergehender Interviews – wusste ich von einem veritablen Reservoir an Metaphern bei den meisten der Führungspersonen.

Die ersten Schritte referiere ich gerafft, um anschließend ausführlicher zu schildern, auf welche Metaphern sich das Gremium in welchen Hinsichten einigte. Insgesamt erarbeiteten wir Metaphern zur Beschreibung des Wirklichen (Status quo); zu dem, was für möglich und wünschenswert gehalten beziehungsweise angestrebt wurde (Vision, Ziel); zur Beschreibung und Anbahnung von Veränderungen; zur Beschreibung des Weges. Zudem wurden Prozess- und Übergangsmetaphern entwickelt.

Erste Schritte in der Metaphernarbeit

Im Vorlauf hatte ich aus unterschiedlichen Quellen im Unternehmen, in Bereichen und in den Teams häufig verwendete Metaphern gesammelt: lexikalisierte und konventionelle sowie solche, die den unternehmensspezifischen Sprachgebrauch spiegelten. Im Kontext der Zusammenarbeit in dem Gremium bat ich jede Führungsperson, sich selbst und jeden Kollegen metaphorisch zu beschreiben, jeweils eine Ist- und Soll-Metapher. Danach galt die gleiche

Fragestellung dem Gremium oder dem Team, ebenfalls Ist und Soll. Einzelne Fragen aus dem Repertoire, das Sie bereits kennen, hob ich hervor; etwa die Frage nach dem, was im Vordergrund beziehungsweise Hintergrund stehe und in welchen Zusammenhang welche Facetten der Metapher in besonderer Weise wirksam werde, sowohl förder- als auch hinderlich auf das Ziel bezogen.

Um Ihnen einen Eindruck von der Vielfalt des gesamten metaphorischen Reservoirs dieses Gremiums zu vermitteln, nenne ich hier einige Beispiele:

- Ich beziehungsweise der andere als: Rad im Getriebe, Dirigent, Kapitän eines Kreuzfahrtschiffes, Kapitän eines Abenteuerfrachters, Jäger, Sammler, Schlange, Murmeltier, Spielemacher, Gummiball.
- Gremium als: Schiffscrew, Wolfsrudel, Walschwarm, Familie, Regierung, Sportmannschaft.

Hintergrund- oder Quellenmetaphorik

Sie erkennen, dass als Reservoire oder Hintergrundmetaphoriken, die die Einzelmetaphern bergen, vorzugsweise folgende dienen:

- *Mechanik:* zum Beispiel Rad im Getriebe, je nach Schiffsmodell auch: Kapitän, Schiffscrew – mit Präferenzen wie Anweisung, Kontrollierbarkeit/Kontrolle, Vorhersagbarkeit und das noch bis in jüngste Zeit popularisierten Modell von Führungsaufgaben: Planen – Entscheiden – Anweisen/Delegieren – Kontrollieren; bürokratische Administration, Ursache- Wirkungs-, monokausales Denken.
- *Familie und Erziehung:* zum Beispiel Dresseur – mit Präferenzen ähnlich dem des Dompteurs aus Station 1; Familie – dazu gibt es ausführliche Informationen in Station 1 (s. S. 53 ff.).
- *Seefahrt:* zum Beispiel Kapitän Kreuzfahrt- beziehungsweise Abenteuerschiff – mit, wie Sie in Station 1 in der Galerie vernahmen, durchaus komplett unterschiedlichen mentalen und behavioralen Vorzeichen: zielakkurate Steuerbarkeit in sicheren, kartografierten Gewässern versus Steuerbarkeit mit Freiraum zu Zielkorrekturen in unsicheren, nicht kartografierten Gewässern.
- *Welt des Tieres:* Beute, zum Beispiel Jäger, Schlange, Murmeltier, Wolfsrudel, Walschwarm – mit Präferenz für Aggression und Hierarchie als zieldienliche Kraft (Jäger, Wolf, Wal – einzeln und kollektiv); mit Betonung auf Verschlagenheit und Falschheit (Schlange).
- *Welt des Sports:* zum Beispiel Spielemacher, Gummiball – mit Präferenz für Moderation und Koordination von Stärken und Schwächen in einem dynamischen System (Spielemacher) beziehungsweise der Hilflosigkeit, des

Opferdaseins und externaler Gesteuertheit sowie unkontrollierbarer Bewegungsverläufe (Gummiball).

- *Welt der Politik:* Regierung – mit Fokus auf Verantwortung für den regierten Staat, die Bürger und entsprechende Ansprüche auf Instrumente wie Gewaltenteilung und Gehorsam.

Da Sie sich mit konzeptuellen oder konzeptuell wirkenden Metaphern und der Wechselwirkung von Sprache, Kognition, mentalen Modellen sowie Wahrnehmen, Fühlen, Denken und Handeln bereits ausgiebig beschäftigt haben, sei an dieser Stelle im Kontext des Beispiels anhand der Hinweise zu »Fokus« nur erinnert an innere Zusammenhänge: Die Metaphorik, innerhalb derer gelebt wird, baut die Filter unserer Wahrnehmung und definiert die Selektivität unserer Aufmerksamkeit. Ferner bestimmt sie, wo wir Herausforderungen und Chancen, Probleme, Schwierigkeiten und Risiken sehen; welche Vorstellungen von Lösungen wir bevorzugen, für möglich halten und anstreben. Dies im Sinn zu haben, hilft dabei, den Lichtkegel über das jeweils gesamte zu betrachtende Gelände zu schwenken, um unser Sichtfeld zu vergrößern.

Nach diesen Ausarbeitungen sollten sich die Teilnehmenden – zumindest vorläufig – auf eine Metaphorik einigen, die Haupt- und Nebenstrecken, auch eventuelle Umwege und das Ziel beschreibt. Metaphernpluralität und Übergangsmetaphern waren ausdrücklich erlaubt. Schwerpunkte in der Metaphorik, einschließlich Schlüsselmetaphern, konnten ebenfalls genutzt werden.

- Die Gruppe vereinbarte, zunächst eine metaphorische Beschreibung eines Zielkomplexes zu suchen. Ziel eins: Metaphern für das Gremium.
- Ziel zwei: Metaphern für die Kommunikation und Konflikthandhabung (Kultur) im Gremium.
- Ziel drei: Metaphern für die Personen beziehungsweise Rollen, die individuellen Beiträge.

Metaphern für das Gremium

Im Verlauf der Arbeit wurden populäre Metaphern verworfen. Einige davon stelle ich Ihnen vor, jeweils mit dem Haupteinwand, warum sie nicht brauchbar waren.

- *Symphonieorchester:* Wir sind keine Solisten, die zusammen eine Melodie spielen sollen, sondern Führungskräfte, die selbst Gruppen führen und sich

Gremienmetaphern

nicht auf ein Instrument konzentrieren können. Außerdem spielen wir eine Doppelrolle: Unternehmens- und Bereichsleiter.

- *Gehirn oder Netzwerk:* zu chaotisch und undurchschaubar. Das Gehirn funktioniert ja nicht nach einer Hierarchie, sondern mehr wie eine ständig wechselnde Projektorganisation. So arbeiten wir aber nicht und so wollen wir auch nicht arbeiten.

- *Fußballmannschaft:* Könnte zwar für unser Gremium nützlich sein, berücksichtigt aber zu wenig unsere Doppelrolle und ist im Zusammenhang mit dem Unternehmen nicht stimmig.

Die Gruppe entschied sich für die Metapher »Regierung« eines Staates, der der repräsentativen Demokratie mit basisdemokratischen Elementen (Volksentscheide) nahekommt. Die ausschlaggebenden Argumente, die für diese Metapher plädierten, ergaben sich aus den Antworten auf Fragen, die wir an die Metapher richteten. Damit Sie das gut nachvollziehen können, folgen nun einige der Schlüsselfragen sowie die Kernbestandteile der Antworten.

Unser Gremium als Regierung

Was spricht für die Metapher »Unser Gremium als Regierung«? Was steht für uns im Vordergrund, wirkt als Attraktor, um uns an der Metapher zu orientieren?

Was erhellt die Metapher »Gremium als Regierung«?

- *Regierung:* Verantwortung für das Volk, also das Unternehmen und die Mitarbeiter
- *Gewaltenteilung:* funktionale Zuordnung und Differenzierung der Bereiche mit klar definierten Zuständigkeiten und speziellen Verantwortlichkeiten und der Notwendigkeit, unter bestimmten Bedingungen eng zusammenzuarbeiten, und zwar im Sinn der Staatsform und der Bevölkerung, also von Unternehmenszielen und Mitarbeitern (Jobsicherheit, Zufriedenheit, motivierende Rahmenbedingungen für exzellente Arbeit).
- *Institutionalisierte Reglements:* Die Kalkulierbarkeit in der Zusammenarbeit und eine einheitliche Qualität wird gesichert.
- *Trotz Institutionalisierungen keine versteinerte Bürokratie:* Für nötige Flexibilität sorgen Parlamentarier als Vertreter der Interessen in der Bevölkerung und Umfragen bis hin zum Volksentscheid. Also: Wir als Regierung verabschieden zwar Gesetze, Vorschriften im Unternehmen, zum Beispiel Führungsleitlinien und Projekt-, Qualitätsmanagement; gleichzeitig müssen wir offen sein, Regeln zu verändern, sobald von der Basis, den Leuten an der Front (an den Maschinen, in der Entwicklung, beim Kunden) fundierte Hinweise kommen. Diese Kommunikation ist wesentlich, um uns zu helfen, das Unternehmen so zu führen, dass es sich den Erfordernissen am Markt anpasst. Außerdem sollen Mitarbeiterumfragen uns als Regierende mit Informationen versorgen, die uns darin unterstützen, die Mitarbeiter so zu führen, dass sie in möglichst optimalen Rahmenbedingungen Leistung bringen können und wollen, also engagiert sind. Dazu zählt auch, dass Umfragen uns helfen, entsprechende Managementtools zu erarbeiten.
- *Multikulturalität:* Wir regieren nicht eine homogene Menge von Menschen, sondern Individuen, die unterschiedlichen Nationalitäten zugehören. Eine unserer Bemühungen muss also darin bestehen, das Individuelle, sogar das Partikulare von Menschen integrativ zu berücksichtigen. Standardisierungen müssen auf ihre allgemeingültige Akzeptierbarkeit und Zumutbarkeit überprüft werden. Unser Diversity-Management sollte der Devise folgen: »So viel Standardisierung wie möglich und so viel Exzeptionalität wie nötig«. Eine verantwortungsvolle Regierung und unser Ehrgeiz, das Unternehmen erfolgreich im internationalen Umfeld zu führen, erfordert, dass wir neben Gemeinsamkeiten und Verträglichkeiten oder Kompatibilität auch das Verschiedenartige und Unvereinbare respektieren. Die Kür liegt darin, das Unterschiedliche konstruktiv zu nutzen.

Was verdunkelt die Metapher »Gremium als Regierung«?

Was lässt die Metapher eher im Dunkeln? Was schiebt sie in den Hintergrund oder blendet sie aus, das wir dennoch beachten sollten?

- *Basisdemokratische Elemente:* Wir müssen aufpassen, dass wir unsere Verantwortung als Regierende und Vertreter unserer Bereiche nicht in rein basisdemokratischer Manier wahrnehmen. Das würde zu Stillstand führen wegen der überwältigenden Masse an Wünschen, Anregungen und Erwartungen. Oder zu einem unsortierbaren Chaos an Erwartungen und Wünschen. Da keiner allen Wünschen gerecht werden kann, müssen wir als Regierungsmitglieder und als Repräsentanten unseres Bereichs dafür sorgen, dass das Recht auf Mitsprache nicht missverstanden wird als Wunschkonzert. Auf prinzipielle und für alle geltende Dinge müssen wir uns einigen.
- *Repräsentativität:* Als Regierende neigen wir dazu, uns zu sehr von der Basis zu entfernen. Wenn wir das Unternehmen so führen wollen, dass wir das Wissen und Können und das Engagement kompetenter Mitarbeiter einbeziehen und nutzen, dann müssen wir dafür sorgen, mit ihnen im Gespräch zu bleiben. Wir sollten den Fehler vermeiden zu denken: »Ich bin als Regierungsmitglied und Repräsentant die Person, die den Überblick und mehr Informationen hat als mein Mitarbeiter. Also weiß ich immer schon am besten, was sinnvoll ist oder nicht.« Stattdessen sollte sich jeder von uns angewöhnen, den besten Experten zu befragen.
- *Gewaltenteilung:* Jeder von uns muss aufpassen, dass er sich nicht primär darum kümmert, dass sein Macht- und Einflussbereich in Ordnung ist, funktioniert und expandiert. Bereichsegoismen münden zwangsläufig dahin, dass die Kooperation zwischen den Bereichen leidet. Keiner kann ohne den anderen, und mal stehen die einen, mal die anderen auf der Bühne und sind speziell gefordert. Das bedeutet auch: Jeder von uns muss sich selbst bei seinen Eitelkeiten packen!
- *Multikulturalität:* Hier lauert die Gefahr, dass wir uns verzetteln und vor lauter Ausnahmen den Überblick und den roten Faden verlieren. Die oben genannte Devise soll uns davor schützen.

Weitere Reflexionen galten dem konkreteren Ausbuchstabieren einzelner Aspekte. Das galt für:

- die spezifischen Aufgaben der Regierung,
- die Befugnisse der Regierungsvertreter sowie der Bereichsleiter,
- die leitenden Normen für die Arbeit als Repräsentanten des regierenden Gremiums sowie der Bereichsleiter,

- die erlaubten Maßnahmen und gewünschten Instrumente, um der Regierung, ihren Mitgliedern und den Bereichsleitern eine synergetische Führung sowohl der Institution (Unternehmen) als auch der Bevölkerung (Mitarbeiter) zu ermöglichen. Dazu gehörten Aktivitäten, Regularien, Werte und Normen, die dafür sorgen, dass die Bürgerinnen und Bürger – mit Immanuel Kant gesprochen – die Fesseln der Unmündigkeit ablegen und sich als mündige Bürger am Regieren beteiligen können. Auf das Unternehmen bezogen, geht es folglich um die Frage nach fachlicher, methodischer, sozialer, intellektueller Weiterbildung, um das Gebot der Partizipation, also der aktiven Mitgestaltung innerhalb des Ethos der repräsentativen Demokratie mit basisdemokratischen Elementen, verwirklichen zu können;
- die Haltungen in Wahrnehmung, Denken, Fühlen und Handeln sowie die kritischen Sichtung der persönlichen Hauptstile besonders im Denken sowie den sprachlichen Ausdrucksformen der persönlichen Überzeugungen und Eigenheiten.

Metaphern für Kommunikation und Konfliktkultur im Gremium

In diesem Zusammenhang waren zwei Aspekte wichtig: Präferenzen und Muster in Wahrnehmen, Denken, Fühlen und Handeln des Einzelnen sowie in den Beziehungen zwischen den Personen. Ein dritter Aspekt betraf die Beziehung des Gremiums nach außen, sowohl zu Mitarbeitenden als auch zu unternehmensexternen Personen und Gruppen. Der augenblickliche Fokus lag aber auf dem Gremium und der internen Kultur.

Von »Statements« zu Metaphern

Im Vorfeld hatte ich dank Supervision in unterschiedlichen Kontexten und dank dem Einblick in verschiedenste andere Quellen Gelegenheiten, den Sprachgebrauch zu analysieren. Diese Sammlung und die Analyse schauten wir gemeinsam an und ergänzten sie um Redeweisen, die von Mitgliedern des Gremiums zusätzlich benutzt wurden. Dazu gehörten folgende Kostproben:

- Den Mitarbeitern muss man klare Ansagen machen.
- Die Kollegen gilt es, mit Samthandschuhen anzupacken.
- Jeder von uns sollte bei seinen Mitarbeitern Streicheleinheiten verteilen.
- Ich musste den Rückzug antreten.
- Wir kabbeln mal wieder in Verteilungskämpfen.
- Ich wehre mich gegen Angriffe, je nach Gegner, durch Rückzug oder aggressive Verteidigung.
- In der Sitzung war es zu einer Pattsituation gekommen.

- Wir sollten besser informieren.
- Die Soldaten formierten sich im Bereich X schon – kaum, dass ich meine Leute ins Feld geschickt hatte.
- In unserem Umgang sollten wir mehr darauf achten, Argumente auszutauschen und die Perspektive des anderen zu übernehmen. Nur dann haben wir eine Chance, überhaupt zu verstehen und Konflikte zu vermeiden.
- Ich finde es unsinnig, dass wir uns in Konflikten aufreiben. Besser wäre es, wenn wir uns mehr darum bemühen, Konflikte als Chance zu sehen: dafür, dass bisher nicht geäußerte Interessen zur Sprache kommen.
- Unsere Kommunikationskanäle sind zeitweise verstopft. Besonders zwischen den Bereichen X und Y. Kommunikation muss aber ungehindert fließen! Wie können wir dafür sorgen? Wo helfen Staudämme, wenn Diskretion nötig ist, und wo können wir auf sie verzichten?
- Konflikte sind so unnötig wie ein Kropf! Sie stiften nur Unheil. Ich fahre lieber auf dem Schiff namens Harmonie.
- Manchmal ist es ganz gut, nicht auf jeden Konflikt aufzuspringen, sondern ihn einfach zu ignorieren.
- Wir hatten in der Phase der Reorganisation ziemlich viele und bisweilen schwere Konflikte. Es hat auch Verletzte gegeben. Trotzdem: Manche Kämpfe waren nötig und heilsam. Ohne sie wären wir heute im Schlamassel.
- Er ist mal wieder mit der Dampfwalze oder dem Panzer durch die Abteilung gerast!

Im Sprachgebrauch – von ihm schließen wir zurück unter anderem auf innere Einstellungen – manifestierten sich unterschiedliche Grundauffassungen, die sich untereinander nicht alle vertrugen und die mit der Metapher der Regierung eines partiell basisdemokratischen Unternehmens nur schwierig oder gar nicht in Einklang zu bringen waren.

Solche unverträglichen Redewendungen sind beispielsweise die folgenden drei Aussagen:

- *Den Mitarbeitern muss man klare Ansagen machen.* Das ist eine monologische Kommunikationsrichtung mit imperativem Charakter.
- *Die Kollegen mit Samthandschuhen anpacken.* Das ist zwar interpretierbar als Bemühen um Empathie, aber im Tenor des großzügigen und überlegenen Chefs handelt es sich eher um eine asymmetrische Beziehung.
- *Jeder von uns sollte bei seinen Mitarbeitern Streicheleinheiten verteilen.* Es gilt Ähnliches wie bei der Aussage vorher, zusätzlich mit dem Hinweis auf die normative Verpflichtung des Chefs zu loben.

Als Metaphorik im Hintergrund wirkten unterschiedliche Vorstellungen, verschiedene Grundeinstellungen und auch unterschiedliche Empfindungen, die wir in den metaphorischen Beschreibungen wiedererkennen konnten, die die Gruppe für Kommunikation und Konflikt beziehungsweise die Kultur diskutiert hatte.

Kommunikation:
- Kommunikation ist Austausch.
- Kommunikation ist Händereichen.
- Kommunikation ist Argumentieren (als: auf Grund und Boden stellen, begründen).
- Kommunikation ist Senden (Geben).
- Kommunikation ist Frieden (Übereinstimmung).

Kommunikationskultur:
- Kommunikationskultur ist Gewässer, Fluss.
- Kommunikationskultur ist Pflege.

Das Konzept Kommunikation wurde in den Metaphorisierungen offenkundig recht homogen verstanden. In Bezug auf die Konfliktkultur dominierte die Idee des ungehinderten Laufs kommunikativer Inhalte. Daher das Gewässer: Kommunikation soll frei fließen.

Evident und prägnant erschien diese Grundauffassung in der Wendung: »Unsere Kommunikationskanäle sind zeitweise verstopft. Besonders zwischen den Bereichen X und Y. Kommunikation muss aber ungehindert fließen! Wie können wir dafür sorgen? Wo helfen Staudämme, wenn Diskretion nötig ist, und wo können auf sie verzichten?«

An diese Formulierung schlossen sich Arbeiten an, die darauf abzielten, behinderungsfreies Fließen, Offenheit von Staudämmen und das Gegenteil, nämlich Verstopfung und Grenzen sowie das systematische Öffnen und Schließen von Schleusen im Alltagskontext zu definieren. Insoweit erfuhr die Metapher eine Spezifizierung: Nicht ungehindertes Fließen in alle Richtungen zu jeder Zeit, sondern kontextuell und zielspezifisch bestimmte Freiheit des Fließens (Kommunizierens) und systematische Kanalisierung von Kommunikationsformen (schriftlich, mündlich, formell, informell) und Inhalten sollten die kommunikative Kultur prägen. Kommunizieren sollte also zwar dem dialogischen, symmetrischen und demokratischen Prinzip der Gleichwertigkeit gehorchen. Dennoch sollte sie nicht gänzlich frei und damit ohne begrenzende Markierungen fließen können. Sie sollte – situations- und zielbezogen – durchaus präformierten Bahnen und Flussbetten folgen.

Kommunikation als »Pflege« stellte heraus, dass jedes Regierungsmitglied und jeder Bereichsleiter aufmerksam beobachtet und beachtet, wie die Mitglieder im Unternehmen, im Gremium miteinander kommunizieren: sowohl die je eigene als auch die Art der anderen soll fortlaufend registriert werden – ähnlich einem Gärtner, der seinen Garten betrachtet und durch vielfältige Interventionen so gestaltet und kultiviert, bis er seinen Wünschen entspricht. (Metaphernpluralität!)

Die grundsätzlich gewünschte und mit der Regierungsmetapher vereinbarte Architektur des Kommunizierens wurde symmetrisch gedacht – als Austausch unter Gleichen. Dies schloss alles aus, was der Logik des Oben/Unten, des Befehl/Gehorsam zugeordnet ist. Die Beispiele des gewöhnlichen Sprachgebrauchs demonstrierten, dass einige Mitglieder des Gremiums von dieser Auffassung noch entfernt waren.

Daher diskutierten wir den Fragenkomplex: Was ist an der Metapher »Kommunikation ist Austausch unter Gleichen« attraktiv? Was gewinnen gerade diejenigen, denen diese Beziehungskonzeption bisher fremd war? Was verlieren sie? Wie können wir anderen sie unterstützen, das implizite Beziehungsangebot anzunehmen, die bisherige asymmetrische Beziehungsdefinition allmählich in eine symmetrische, vertrauensvolle zu verwandeln? – Solche und ähnliche Fragen bearbeiteten wir mit wechselnden Akteuren, szenisch untermalten metaphorischen Darstellungen und Simulationen von Alltagssituationen.

Folgende Konfliktmetaphern wurden in der Gruppe genannt:

- Konflikt ist Kampf – es gibt Sieger und Verlierer, Rivalen kämpfen.
- Konflikt ist Wettstreit – als sportliche Konkurrenz.
- Konflikt ist Bewegung – als richtungs- und wertneutrale Dynamik; alles ist möglich.
- Konflikt ist Blitz, Donner und Regen – als reinigendes Gewitter.
- Konflikt ist Gift – als tödliches Geschehen.
- Konflikt ist Hammerschlag oder Bombenwurf – desasträs mit »Kollateralschäden«.
- Konflikt ist Retter – Ermöglicher von als unmöglich Gedachtem oder Gefühltem.

Konflikt als zerstörerische, zu vermeidende Kraft und als Streit oder Kampf, bei dem es um Siegen oder Verlieren geht, transportierten eindeutig die folgenden Wendungen, die ich jeweils mit einem knappem Kommentar versehen habe:

- *Ich musste den Rückzug antreten* – andernfalls hätte ich meine Niederlage oder einen Kampf riskiert.
- *Wir kabbeln mal wieder in Verteilungskämpfen* – und jeder achtet eifersüchtig darauf, dass er und sein Bereich nicht zu kurz kommen.
- *Ich wehre mich gegen Angriffe je nach Gegner durch Rückzug oder aggressive Verteidigung.* – Ich wäge ab, in welchen Situationen sich ein Kampf lohnt und ich zumindest Siegeschancen habe.
- *Die Soldaten formierten sich im Bereich X schon – kaum, dass ich meine Leute ins Feld geschickt hatte.* – Soldaten wie befehlender Offizier sind auf kriegerische Konfrontation eingestellt, stehen zum Kampf bereit.
- *Konflikte sind so unnötig wie ein Kropf! Sie stiften nur Unheil. Ich fahre lieber auf dem Schiff namens Harmonie.* – Diese Haltung prädestiniert dafür, Konflikte erst dann wahrzunehmen und sich ihnen erst dann zu stellen, wenn sie nicht mehr zu übersehen und folglich meistens bereits eskaliert sind.

Hinweise auf Konfliktbehandlung im Gremienalltag

Konfliktauffassungen gemäß der Metaphern, die den Konflikt wertneutral beziehungsweise in seiner Funktion betrachten, dass er etwas aus den Tiefen des Meeres expliziter wie impliziter Kommunikation an die Oberfläche tragen kann, deuten sich in den folgenden Redeweisen an:

- *In unserem Umgang sollten wir mehr darauf achten, Argumente auszutauschen und die Perspektive des anderen zu übernehmen. Nur dann haben wir eine Chance, überhaupt zu verstehen und Konflikte zu vermeiden.* – Der konstruktive Grundton, der Konflikte als Anlass begreift, die Anstrengungen zu verstärken, um zunächst einmal einander zu verstehen, dieser Grundton vibriert durch die Primärpräferenz, Konflikte zu vermeiden. Dennoch: Hier werden Konflikte weder bewusst ignoriert noch trivialisiert oder unter den Tisch gekehrt, als Müll behandelt, der keinerlei Nutzen hat. Vielmehr ist die Neigung ausgeprägt, möglichst präventiv zu agieren beziehungsweise Eskalationen konstruktiv zu wenden (vgl. Mahlmann 2001).

- *Ich finde es unsinnig, dass wir uns in Konflikten aufreiben. Besser wäre es, wenn wir uns mehr darum bemühten, Konflikte als Chance zu sehen: dafür, dass bisher nicht geäußerte Interessen zur Sprache kommen.* – Hier gilt Ähnliches wie beim Punkt vorher skizziert.

- *Manchmal ist es ganz gut, nicht auf jeden Konflikt aufzuspringen, sondern ihn einfach zu ignorieren.* – Ähnlich wie oben: Prinzipielle Bereitschaft zu weiterführender Konfliktbehandlung, allerdings ohne Jubelschrei »Hurra, wir haben einen Konflikt!«. Konflikte sind nicht immer eine Chance für Verbesserung.

Nach derjenigen Metapher gefragt, die am ehesten zutraf und am besten die Metapher der Regierung eines zum Teil basisdemokratischen Staates befruchten und realisieren helfen konnte, fanden die Mitglieder der Gruppe reibungslos den Konsens in der Metapher »Konflikt als Blitz, Donner und Regen – als reinigendes Gewitter«.

Metapher »Konflikt als reinigendes Gewitter«

Konflikt als Blitz, Donner und Regen – als reinigendes Gewitter

Was sprach dafür? Welche Implikationen der Metapher waren auch für jene Personen akzeptabel und erstrebenswert, die einen Konflikt eher in Kategorien von Zerstörung und Verunreinigung dachten oder empfanden? Im Folgenden nenne ich Kernantworten, anhand derer Sie wieder auf Metaphernpluralität und Analogien aus anderen Konzepten stoßen.

- Konflikt als reinigendes Gewitter lässt mir Spielraum für die Abwägung, ob das Gewitter ein reinigendes werden könnte.
- Je nach Einschätzung, ob reinigend oder nicht, erlaubt mir die Metapher, den Konflikt einfach unbeachtet oder schlicht auslaufen zu lassen; ihn zu entdramatisieren und an die Leute zu appellieren, sich wie mündige und kluge Menschen selbstdiszipliniert zu verhalten, oder eben zu schauen,

wie ein Aus- und Ansprechen des Konflikts in konstruktiver Weise, also lösungsorientiert möglich wäre. Außerdem kann ich mir immer einen Moderator holen.

- Das Reinigende am Gewitter habe ich selbst schon öfter erfahren – die Metapher lenkt meinen Blick auf diese positiven Erfahrungen.
- Die Metapher von Donner, Blitz und Regen lässt mich zwar einerseits das Unangenehme erfahren, andererseits rieche ich die Frische der Luft geradezu, die dann über die nassen Wiesen weht und den Duft des frischen Rasens in meine Nase lenkt. Dieses Sowohl-als-auch ist es, das meine Abwehr gegen Konflikte mildert.
- Ich lenke meinen Blick vor allem darauf, dass ein offener Konflikt Dinge ans Licht und an die Oberfläche bringen kann, die vorher tief in der Erde vergraben lagen. Sozusagen: Wir wundern uns, warum auf dem Feld nichts wächst, weil wir nicht wissen, dass dort eine Mülldeponie war, die die Erde vergiftet.
- Ich muss mir gegenüber – und ich denke, das gilt für die meisten von uns – erst einmal zugeben, dass ich lieber Sieger als Verlierer bin. Und dass ich oft entweder keine Lust oder keinen Drive dazu habe, Konflikte offen auszutragen. Manchmal sticheln wir doch, um uns selbst als besonders smarte, schlaue Schlitzohren zu beweihräuchern! Wir feixen mit unseren Allianzpartnern, wenn wir »es« einem Kollegen »gezeigt« haben; wenn wir ihm gezeigt haben, wo der Bartl den Most holt, wie die Bayern sagen. Ich glau-

be, das wird das Schwierigste sein: dass wir Konflikte offen austragen, die Karten auf den Tisch legen, sodass jeder sehen kann, was für ein Blatt der andere hat, und das heißt eben auch offenzulegen, welche Bedürfnisse und Interessen wir jeweils verfolgen. Wenn wir uns wirklich als verantwortungsvoll Regierende und Repräsentanten verstehen, dann bleibt uns nur dieser selbstkritische Weg. Und er hat was: Keiner muss mehr taktisch lavieren oder sich Täuschungsmanöver ausdenken und so weiter!

Wie vorher, entwarfen wir auch hier Ideen und erprobten Praktiken, um in umrissenen Kontexten unterstützende, flankierende und hilfreiche Inputs von Kollegenseite zu erhalten.

Metaphern für die Personen beziehungsweise Rollen

Rollenmetaphern zur Prüfung des Status quo und als Leitfaden für Zielvorstellungen

Als drittes Ziel hatte sich die Gruppe vorgenommen, Metaphern für die Personen beziehungsweise Rollen zu finden. Als Brennpunkt identifizierten die Führungskräfte jene Rollen, die sie in ihrer Eigenschaft und Position als Regierungsmitglieder und speziell in den Gremiensitzungen übernehmen wollten. Wir näherten uns dem Ziel, indem wir zunächst fragten, welche Rollen sie überhaupt bräuchten, um die Meetings und die Regierungsarbeit in gewünschter Weise zu führen und zu optimieren. Danach suchte sich jeder Rollenanzüge aus, die ihm am ehesten passten und in denen er sich selbst gefiel.

Alle kannten die tierische Sitzungsfauna, eine Abbildung, die unterschiedliche Typen als Tier präsentiert. Die Regierungsmitglieder waren sich einig, diese Fauna nicht zu verwerten, sondern eher im Rahmen ihrer gewählten Metaphorik zu bleiben. Auf diese Weise, so die Begründung, werde die Kohärenz der bearbeiteten Aspekte deutlicher und vor allem spürbarer. Dieser Versuch wurde allerdings aufgegeben, weil die Rollen innerhalb einer Regierung, wie die Gruppe sie verstand und brauchte, als zu starr und formalistisch befunden wurden. Die Befürchtung war zu groß, dass politische Ämter und Funktionen, einschließlich der Befugnisse, die »Regierungsmitglieder« in zu engen Bahnen denken und agieren ließen. Eine gewisse Flexibilität in den Rollen abzubilden, war ein ausgeprägtes Bedürfnis. Deshalb entschieden sich die Manager dafür, auf andere metaphorische Felder auszuweichen und Metaphernpluralität zuzulassen. Hier ein Ausschnitt der unterschiedlichen Rollenmetaphern:

• *Dirigent:* In jedem Meeting gibt es einen Moderator, der dafür sorgt, dass Diskussionen in die vorab definierte Zielrichtung laufen.

- *Bergführer:* Der CEO wirkt mit Richtlinienkompetenz und sorgt dafür, dass die Kollegen, die er führt, alles haben, was sie für eine erfolgreiche Gipfelbesteigung brauchen. In den Meetings hat er das letzte Wort; er hat Letztentscheidungskompetenz.
- *Jazzkapellist:* Jeder spielt sein Instrument bestmöglich, das heißt, er führt seinen Bereich kompetent. Gleichzeitig sorgt jeder dafür, dass sich der individuelle Beitrag in das Ganze, in die gesamte Komposition und damit in den Auftrag des Gremiums einfügt.
- *Netzwerker:* Jeder nimmt seine Verantwortung wahr, in Kommunikation und Kooperation dafur zu sorgen, dass alle am Netz knüpfen, sprich: Verbindungen herstellen und pflegen, die der Zielorientierung und dem Unternehmenserfolg dienen.
- *Narr oder Clown:* Einer von uns übernimmt die Rolle dessen, der uns kritisch und offen, ungeschminkt und ungeschönt den Spiegel vorhält. Seine kritischen Bemerkungen zielen darauf, bei strategischen Entscheidungen Fragen zu stellen und Hinweise zu geben, die alles, was wir bis dahin gedacht und getan haben, revolutionieren können. Diese Rolle vergeben wir kontextspezifisch: Jeweils der für das Sachgebiet Kompetenteste oder – konträr – derjenige, der am weitesten vom Thema entfernt ist, übernimmt diese Rolle.
- *Argusauge* (personifizierte Allegorie): Der Riese Argus mit seinen einhundert Augen beobachtet unaufhörlich und unermüdlich. Er lässt nichts aus

den Augen und bemerkt alles. Argus soll dafür stehen, dass wir sowohl intern, in unserem Qualitätsmanagement, immer auf der Höhe der Zeit sind und extern, zum Kunden, verdeutlichen, dass unsere Anstrengungen der Zufriedenheit des Kunden dienen und für und mit dem Kunden arbeiten. Das impliziert, dass die Rolle Argus oder Argusauge auch uns beobachtet und korrigiert, zurechtweist und kritisiert.

- *Helikopter:* Einer unter uns sorgt dafür, dass wir in unregelmäßigen Intervallen und immer bei Bedarf in die Metaperspektive wechseln, um Art und Muster zu erkennen, wie wir zusammen funktionieren, wie wir miteinander umgehen und kommunizieren. Der Helikopter soll sicherstellen, dass wir als Beispiele für eine gute Kommunikations- und Konfliktkultur vorangehen können. Er befähigt uns dazu.
- *Tarnkappe:* Die graue Eminenz im Hintergrund; der Weise, der nicht zu sehen und dennoch da ist, um Rat und Anregungen zu geben. Das kann jeder von uns im Alltag sein: Jeder fühlt sich mitverantwortlich dafür, dass der andere seine Funktion bestens ausfüllen und erfolgreich agieren kann. Die Tarnkappe kann auch eine externe Beratung sein, die jeder von uns jederzeit ansprechen kann, sozusagen ein Sparringpartner, der stand-by ist.

Die Rollenmetaphern beleuchten, um der Lösungsvision näherzukommen

Um sich das Leben in Richtung auf die Metapher der Regierung und das Ausgestalten dieser Metapher, das Leben in ihr, zu erleichtern, überlegten wir alle gemeinsam, worin die Kohärenz angesichts der Vielfalt der Rollenmetaphern liegen könnte. Das Fazit dieser Überlegung war die Hypothese, sich auf die Funktionen, den Beitrag der Rollen zu besinnen, die entscheidend dafür sind, eine gute Regierungsarbeit leisten zu können:

- *Bergführer:* oberste Führung und Entscheidungsmacht.
- *Dirigent:* Verantwortung für ziel- und prozessorientierte Moderation der Zusammenarbeit.
- *Jazzkapellist:* Individual- und Kollektivinteressen verbinden.
- *Netzwerker:* auf der Beziehungsebene persönliche Kontakte herstellen und pflegen.
- *Narr oder Clown:* Enfant terrible oder Advocatus Diaboli, der den radikalen Perspektiven- und Paradigmenwechsel vollzieht.
- *Argusauge:* Überwacher, Kontrolleur in puncto Qualität der Produkte und Dienstleistung sowie der Ausrichtung auf den Kunden und seine Zufriedenheit.
- *Helikopter:* Metakommunikation gewährleisten, um gegebenenfalls Korrekturen einzuleiten.

- *Tarnkappe:* fokussiert sowohl die Mitverantwortung für alles, was der Fall ist, für die Kollegen sowie die grundsätzliche Beraterrolle untereinander. Eingedenk des Eingeständnisses, nicht ausnahmslos und zu allen Zeiten alles selber klären, regeln, organisieren, aufgleisen zu können, hat jedes Mitglied in seiner Doppelrolle Anspruch auf einen externen Sparringpartner.

Damit möchte ich es bewenden lassen. Ich hoffe, dieser Ausschnitt einer durchaus komplexen Beratung der Führungscrew eines Unternehmens konnte Ihnen zumindest einen konkretisierenden Eindruck von dem verschaffen, wie Sie mit Metaphern auf dieser Ebene arbeiten können.

Inzwischen ist es Abend geworden. Als Dankeschön für Ihr Interesse darf ich Sie zu einem Abendessen der besonderen Art einladen: zu einem originellen und erstmals fabrizierten, nein: komponierten Büffet und Barbecue. Es möge – begleitet von einigen Aufführungen unserer Akrobaten – Ihre Sinne erfreuen.

Wer seinen oder ihren Ausflug in die Welt der sprachlichen Bilder gern mit einer Revue abschließen möchte, möge bitte morgen in das kleine Barockschloss kommen. Dort haben wir die Hauptetappen Ihrer Exkursion zusammengestellt, sodass Sie Ihre Reise »Revue passieren« lassen: noch einmal anschauen, vor sich und ihrem geistigen Auge vorüberziehen und sich von dem einen und anderen Zusatzgedanken anregen lassen können.

Reiseerinnerungen

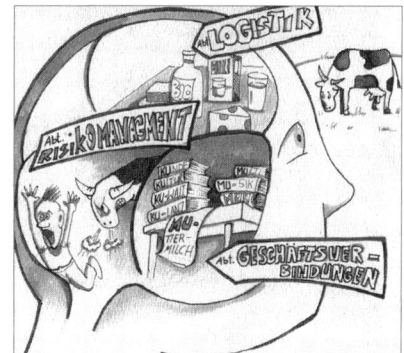

Einen schönen guten Morgen!

Ein an Metaphern reicher Morgengruß

Einen schönen guten Morgen! Wachte jemand von Ihnen heute mit einem Gefühl auf, das Sie als himmelhochjauchzend beschreiben würden? Oder wer hat heute am frühen Morgen und dank des Fönwindes die Wolkenkratzer am Horizont gesehen? Hat sich jemand ermuntern lassen von der blinzelnden aufgehenden Sonne unten am Flussbett, nahe der Promenade, zu flanieren? Oder wer begrüßte den Morgen damit, dass er seine baumartig verzweigten Neuronen bereits mit einem Gehirnjogging zum Feuern gebracht und daher das Gewirr an neuronalen telegrafenähnlichen Kabeln und Verbindungen angewiesen hat, sich neu zu verdrahten? Was erwarten Sie von diesem Tag an Erfahrungen, die Ihr Gedächtnis als Schatzkammer um weitere Juwelen bereichern könnten?

Mir kam, auf meinem Weg zum Fluss, eine warm eingepackte Gestalt entgegen, die mich fast erschrecken ließ; denn sie schien mir zunächst als rätselhaft und undurchschaubar, als Buch mit sieben Siegeln. Beim Näherkommen erkannte ich allerdings eine Kollegin, die lachte: »Dein Gesicht schaut aus, als müsstest du umgehend heiße Kastanien aus einem lodernden Feuer holen! Hast du etwas Schwieriges zu lösen?« Aber nein, hatte ich keinesfalls. Und nach diesen einführenden Worten lassen Sie uns Ausschau halten nach dem Potpourri an Möglichkeiten, die wir Ihnen anbieten möchten. Selbstverständlich würden wir uns sehr freuen, wenn Sie sich im Verlauf des heutigen Tages mental öffneten, den einen oder anderen Gedankengang und den einen oder anderen neuen Einfall zu begleiten. Indem wir uns Spotlights, ausgewählte Etappen unserer Reise vor Augen führen und – dank der Tonaufnahmen – erklingen lassen, können wir bedeutsame, wirkmächtige Details unterstreichen und vertieft begreifen.

In diesem Sinne begrüße ich mit Ihnen diesen noch jungen und letzten Tag unserer Reise in unserem kleinen Barockschloss! Da Sie im Verlauf Ihres Ausfluges in die Welt der Sprachbilder wesentliche Ansichten, Erkenntnisse und praktische Hinweise wiederholt erlebt, gehört, selbst ausprobiert haben, finden Sie Erinnerungen an Ihre Expedition im Sinne des Pars pro Toto in den Räumen des Schlosses verteilt.

Es liegen Fotografien und Hör-CDs aus, die vor Ihrem geistigen Auge beziehungsweise Ohr oder in Ihrem Körper die dazu gehörigen Szenen entstehen, Ausführungen ertönen und Emotionen spüren lassen mögen. Ferner sollen Schachteln mit beschriebenen Karten terminologische Klärungen kognitiv verankern helfen. Und im Zusammenhang mit der Einladung an Sie, hier und dort die kulinarischen Angebote zu gustieren, mögen einzelne Episoden in Ihnen wiederbelebt werden, die Ihnen besonders wertvoll waren. Für jene, die das Lustwandeln beginnen oder abschließen möchten mit einem prägnanten Vortrag, ist das ehemalige Empfangszimmer am Eingang vorbereitet. Der jeweils Vortragende läuft mit Meilenstiefeln unsere Exkursion mit großen Schritten ab. Der erste Vortragslauf startet in acht Minuten und wird Ihnen am späten Nachmittag noch einmal zum Mitlaufen angeboten.

Metaphern in unserem alltäglichen Wirke

In diesem kurzen Vortrag möchte ich Ihnen in Erinnerung rufen, wie allgegenwärtig metaphorisches Sprechen ist, zum Teil verborgen, zum Teil manifest. Außerdem nehme ich einige Aspekte auf, die im Diskurs um Metaphern große Bedeutung haben und daher wirkmächtig sind. Neben zusammenfassenden Wiederholungen erlaube ich mir, den einen oder anderen Akzent verändert zu setzen. Dies tue ich mit Formulierungen und Bezügen, die Ihnen neu erscheinen mögen, inhaltlich im Verlauf unserer Reise indessen bereits diskutiert wurden.

Die folgenden Ausführungen mögen Ihre Neugier noch einmal entfachen und Sie dazu verführen, sich dem Phänomen Sprachbild beziehungsweise Metapher elanvoll zu nähern.

Hans Blumenberg, ein von mir sehr geschätzter und 1998 verstorbener Philosoph, der in Münster lehrte, verdanken wir zwei Schriften, die intellektuell scharfsinnig wie sensibel und zudem rhetorisch elegant von Metaphern handeln. Eine Abhandlung widmet sich dem »Schiffbruch mit Zuschauer« (1979) und damit einer bereits in der Antike populären Daseinsmetapher, deren Hintergrund oder Quelle die Metaphorik des Lebens als Seereise ist. Die zweite Abhandlung erörtert »Paradigmen zu einer Metaphorologie« (1998). Wer sich für philosophische Gedankenführung innerlich engagieren kann, dem sei vehement empfohlen, sich der Führung durch Hans Blumenberg anzuvertrauen und begeistern zu lassen von seiner Analyse der Genese und Metamorphosen von Metaphern, etwa von »Wahrheit« oder »Wahrscheinlichkeit«.

Weil »es« – meine davon faszinierte Teilpersönlichkeit – sich nicht unterdrücken lassen will, hier ein klitzekleines Puzzleteilchen einer in ihrer Gänze großartigen Erörterung der Metapher »Wahrscheinlichkeit«:

> Wir halten Dinge, Geschehnisse für wahrscheinlich – a) scheinbar für wahr: es könnte wahr sein oder auch nicht; es könnte auch anders sein; b) für offenkundig wahr: die Wahrheit scheint; der Schein der Wahrheit ähnlich wie Strahlen der Sonne darauf schließen lassen, dass es die Sonne als Ursache für die Strahlen wahrhaft gibt.

Haben wir es mit dem metaphorischen Begriff »Wahr-schein-lichkeit« mit einer gleichsam unauffälligen, kaum noch als solche erkennbaren Metapher zu tun, zeigt uns die Metapher der Seefahrt dies deutlicher. Als Metapher, die das Dasein beschreibt, beeinflusst sie unser Fühlen, Denken, Reden und Handeln und folglich das existenzielle Sich-in-der-Welt-Positionieren. Dass diese Wirkung den privaten Raum mühelos verlassen kann, möchte ich Ihnen an einem Beispiel demonstrieren, das Hans Blumenberg notiert. Es ist ein humoriger Ausschnitt im Zusammenhang einer politischen Debatte im Bundestag 1975.

»In der Haushaltsdebatte schildert ein Abgeordneter der Regierungskoalition den festen Kurs, den das Staatsschiff dank der koalierten Besatzung habe, und vergleicht die Opposition mit unruhigen Passagieren, die einen Nachholkurs in Navigation nehmen müssten, um eines Tages wieder auf die Kommandobrücke zu kommen. Zwischenruf der Opposition: ›Wir sitzen nicht in einem Boot.‹ – Redner: ›Ich spreche von dem Schiff unseres Landes, und dazu gehören Sie doch!‹ – Zwischenruf Wehner: ›Er ist ein blinder Passagier!‹ – Zwischenruf Opposition: ›Sie sitzen bald auf Grund, wenn Sie so weitermachen.‹ – Als der Redner seinen Vortrag mit nochmaligem Gebrauch der Metapher schließt: ›Weil dieses Schiff den richtigen Kurs hat und damit es weiterhin gute Fahrt macht …,‹ bekommt er beim Abgang als letztem Ruf: ›Und Sie sind der Klabautermann.‹ – Ein Paradebeleg für die Art, wie Metaphern dirigieren, führen und verführen, jedenfalls die bloße Fortsetzung einer Gedankenkette antreiben und anleiten.«
(Blumenberg 1979, S. 13)

Das Staatsschiff auf der Seereise im Deutschen Bundestag

Und ein »Paradebeleg«, ein Paradigma dafür, was wir – mit Hans Blumenberg von 1998 – eine »absolute Metapher« nennen können.

Eine absolute Metapher kommt dem sehr nahe, was wir kennengelernt haben als »konzeptuelle Metapher« (Lakoff/Johnson 2007), zuweilen auch Wurzelmetapher oder auch Hintergrundmetapher genannt.

Zunächst gehe ich auf die auffälligen Gemeinsamkeiten ein. Absolute Metaphern sind – metaphorisch gesprochen – ursächlich ansteckend: Sie infizieren unser Wahrnehmen, Fühlen, Denken und Handeln. Sie erzeugen oder wachsen sich aus zu Metaphergeflechten: Seefahrt als Lebensreise – Abenteuerreise und vieles mehr – Schiffe als Institutionen – Menschen mit definierten Aufgaben, Funktionen und Positionen als Kapitäne, Offiziere, Matrosen; wir sind auf hoher See, legen das Schiff gegen den Sturm, fühlen uns wie ein Korken in der Brandung oder wie die Schaumkrone auf einer Welle. Absolute Metaphern durchdringen uns umfassend – ähnlich wie Blut alle Kapillaren durchfließt.

Absolute, konzeptuelle, Wurzel- oder Hintergrundmetaphern manifestieren sich sprachlich in Ableitungen und Verzweigungen. Ein weiteres Beispiel ist die Lichtmetaphorik im Bereich von Verstehen und Wissen/Erkenntnis: Verstehen ist Licht: Aufklärung – Licht der Vernunft – Erleuchtung als diesseitige, irdische sowie als transzendente Erfahrung – ein Licht geht mir auf; Verstehen ist Sehen – ein Sachverhalt wird erhellt, beleuchtet, damit er sichtbar wird und ich den Durchblick erhalte. Das Helferlein von Daniel Düsentrieb, dem genialen Erfinder bei Donald Duck, ist eine Glühbirne!

Kurzresümee Metaphernbegriff
In der Tradition der aristotelischen Rhetorik erscheint die Metapher als Residualkategorie. Bernhard Debatin (1995) schält in seinem philosophischen, partiell philosophiehistorischen Diskurs paradigmatische Positionen heraus. Eine Position, die Aristoteles zugeschrieben wird, bezeichnet Metapher als »ornamentale Paraphrase« eines wörtlichen, begrifflich scharfen Ausdrucks. Erinnern wir uns: In der griechischen antiken Rhetorik erscheint die Metapher einerseits als Schmuck, der überflüssig und ersetzbar ist. Die Metapher ist gebrandmarkt als uneigentliche und vage, nebelhafte, gar irreführende Rede – für öffentliche Auftritte glanzvoller Brilliant, für Wissenskontexte, vor allem Wissenschaft, völlig unbrauchbar.

Doch so eindeutig, wie es scheint, verhielt es sich nicht. Bernhard Debatin drösel das geflochtene Seil der Rede über Metapher in drei paradigmatische Theoriestränge auf, die er bis zum »linguistic turn«, der linguistischen Wende in der Sprachphilosophie, gezogen sieht: Metapher als irrational und überflüssig – sie ist Dekoration. Metapher als rational und notwendig: So etwa Giambattista Vico, der die Metapher als eine Struktur der rationalen Sprachform betrachtet; mit Aristoteles gemeinsam ist er beeindruckt von der schöpferischen und kognitiv praktischen Erkenntnisfunktion der Metapher. Metapher als notwendig und irrational – insbesondere in der Tradition Friedrich Nietzsches.

Während die rhetorische Einbettung die Metapher auf die Kategorie der Trope stutzt, stimmen Metaphernforscher heute weitestgehend überein, die Metapher als »genuine Verständnisform« (Debatin 1995, S. 10) zu verstehen und ihre synthetisierende Kraft und ihre Unvermeidlichkeit zu akzeptieren. Debatin demonstriert eindrücklich sowohl die Rationalität der Metapher und den Umstand, dass diese selbst metaphorisiert wird: Metapher(n) der Rationalität.

In der Rhetorik rangieren Metaphern als »Restbestände«, als »Rudimente auf dem Wege vom Mythos zum Logos« (Blumenberg 1998, S. 10) und damit als begrifflich substituierbar. Die absolute Metapher kommt einer Kontrasterfahrung gleich. Zusammenfassend möchte ich den Philosophen sprechen lassen, der in seiner Schrift: »Paradigmen zu einer Metaphorologie« ausführt:

»Aufgabe einer metaphorologischen Paradigmatik ist … die einer Vorarbeit zu jener noch obliegenden ›tieferen Untersuchung‹. Sie sucht Felder abzugrenzen, innerhalb deren man absolute Metaphern vermuten kann« (Blumenberg 1998, S. 12). Absolute Metaphern sind: »Grundbestände der philosophischen Sprache, ›Übertragungen‹, die sich nicht ins Eigentliche, in die Logizität zurückholen lassen« (S. 10). Und: Sie erweisen, »… sich gegenüber dem terminologischen Anspruch als resistent …, (weil sie, RM) nicht in Begrifflichkeit aufgelöst werden können« (S. 12). Die penetrierende Äthereigenschaft von Metaphern – wir leben in ihnen und durch sie – bestätigt Hans Blumenberg mit den Worten: »Metaphorologie sucht, an die Substruktur des Denkens heranzukommen« (1998, S. 13); die »absolute Metapher … springt in die Leere ein, entwirft sich auf der tabula rasa des theoretisch Unerfüllbaren« (S. 193).

Die Essenz dessen, was Metaphern leisten, können wir, vereinfacht formuliert, so fassen: Grundsätzlich gehören Metaphern zum menschlichen Leben. Sie äußern sich visuell und sprachlich. Gleichzeitig erfassen wir Metaphern nicht rein durch Sprache, weil sie zusätzlich zu dem, was sich verbalisieren lässt, anderes, Bedeutungsvolles, Sinnhaftes transportieren. Sie gehen in den sprachlichen Formulierungen nicht restlos auf. In ihrem Verweisungscharakter berühren sie uns nicht nur intellektuell, sondern zudem intuitiv oder affektiv. Genau darin liegt ihre wirkende Macht und ihre gestaltende Kraft, die uns unter anderem in beraterischen Situationen hilft, neben Denkprozessen Möglichkeiten zu eröffnen, emotional und intuitiv Bedeutungs-, Deutungs- und Interventionsräume zu erschließen.

Retrospektive:
Ein flotter Gang durch unsere Stationen

Zu Beginn unserer Exkursion sollten Anekdoten, Beispiele aus Literatur und Praxis Sie mental einstimmen. Nach unserem Aufbruch haben wir in der Station 1 Subjektmetaphern untersucht, dann Berater-Ich-Metaphern und drittens Metaphern für Unternehmen beziehungsweise Organisationen(!). Dort konnten wir erkennen und nachvollziehen, wie vollkommen metaphorische Beschreibungen unser Sein und Wirken durchdringen und prägen. Außerdem haben wir uns mit Fragestellungen bekannt gemacht, die jede Metaphernanalyse und den beraterischen Einsatz von Metaphern begleiten sollte.

Station 2 war so abwechslungsreich wie anstrengend. Denn hier überwogen Vorträge und Reflexionen zu terminologischen und theoretischen Bestimmungen zu einzelnen Sprachbildern: Metapher, Allegorie/Personifikation, Vergleich und Analogie. Diskurse aus unterschiedlichen Wissenschaften, vor allem Ausläufer und Hauptströmungen der kognitiven Linguistik, den Neurowissenschaften und – latent wirkend – der Philosophie bannten unsere Aufmerksamkeit (nun ja: nicht von allen, schmunzel).

Die Einladungen zu Übungen und zu Überlegungen, welche praktische Bedeutungen die theoretischen Erkenntnisse und Kontroversen haben, ermöglichten, das vermeintlich Abgehobene und Abstrakte zu konkretisieren und auf den Boden des Empirischen zu ziehen. Insbesondere die Denkfiguren des Systemischen: Kommunikation, Interaktion, Beziehung, Wechselwirkung, Kontext halfen uns, das Zusammenwirken von Körper, Geist (Kopf-, Bauchgehirn), Kognition, Sprache und Emotionalität sowohl eines Menschen als auch zwischen Menschen vertieft zu verstehen und folglich diverse theoretische Konzepte zusammenlaufen zu lassen und in der Praxis flexibel zu handhaben. Die Hauptleistung dieser Station bestand darin, Ihnen als Praktikern Gelegenheit zu geben, Ihr Handeln zu fundieren und somit die Wahrscheinlichkeit zu erhöhen, dass Sie wissen, was sie warum in welchem Zusammenhang mit welchen Zielen tun.

Die dritte Station unserer Reise vermittelte Ihnen verschiedene exemplarische Anlässe, in denen mit Metaphern beziehungsweise sprachlichen Bildern beraten, gecoacht und trainiert werden kann.

Abschließend spannten wir den Bogen vom Aufbruch bis zu unserem heutigem Abschied, indem wir zur Einführungsszene rückblenden: zu dem Coach und der Klientin, die in der Wassermetaphorik schwimmen.

Coach und Klientin bleiben in der Metaphorik des Wassers und Tauchens – einschließlich der unterschiedlichen Optionen und Grenzen, die Schnorchel beziehungsweise Tauchausrüstung bieten. Beide Gesprächspartner senken sich in die tiefe See hinein und treiben wieder hinauf, um an die Oberfläche zu holen, was jede der beiden Teilmetaphern (Schnorchel, Tauchausrüstung) im Kontext der speziellen Situation und Zielsetzung besonders fokussiert. Beide nutzen eine Taucherlampe, die einiges anstrahlt und hervorhebt und anderes im Dunkel lässt.

Zu der Fortsetzung der eingangs skizzierten Gesprächssequenz noch einige Hinweise, die unter anderem die inspirierende Wirkung von Metaphern verdeutlichen.

> Eingangs erkannte die Klientin: Der Schnorchel hilft kurzfristig zum Luftholen und folglich zum Überleben. Mit seiner Hilfe kann die Klientin ihren Ort im Meer und damit die Richtung auswählen, in die sie schwimmen möchte. Sie eröffnet sich Optionen für Ansicht, Voraussicht, auch Rücksicht, um Handlungsalternativen zu entwerfen.
>
> Aufgrund der nur begrenzten Hilfe des Schnorchels wünscht sich die Klientin eine Taucherausrüstung mit einer »prall gefüllten Sauerstoffflasche«. Denn, so die Klientin: »Mit einer Tauchausrüstung kann ich länger unter Wasser sein. Ich kann sogar in Ruhe erforschen, was es da so gibt und kann Freude an der Schönheit genießen. Ich kann so lange in der Tiefe bleiben, wie ich es möchte und bei Gefahr fliehen, indem ich so rasch wie mir möglich auftauche. So eine Ausrüstung könnte mir auch die Möglichkeit einräumen, mir selbst auszusuchen, wann ich unter Wasser sein will, wie lange und so – sie würde mir Wahlmöglichkeit einräumen – und ich könnte mich zu einer neugierigen Taucherin in meinem Meer entwickeln … So bin ich ja eigentlich auch.«
>
> Die Klientin erweitert ihren Optionsraum: Zunächst im Wasser, in den Tiefen und damit in ihren persönlichen Tiefen möchte sie sich neugierig umschauen. Gleichzeitig will sie so schnell auftauchen können, wie es beim Hochtauchvorgang lebensdienlich ist. In diesem Sinn zügig auftauchen möchte sie dann, wenn sie sich innerhalb ihres intrapsychischen Meeres Bedrohlichem nähert – oder sich Gefahren ihr nähern. Ihr geht es zunächst einmal darum, wieder mehr Selbstwirksamkeit beziehungsweise Selbstbestimmung über ihre Tauchgänge zu erlangen.

Metaphern retten vor dem Ertrinken

Verlassen wir die Arbeitsszene hier. Sie demonstriert, wie Metaphorik auf unbewusster wie bewusster Ebene hilft, den Status quo sowohl mit all seinen Qualitäten als auch Aktionsmöglichkeiten zu beschreiben, um zu einem gewünschten Stadium der persönlichen Handlungskompetenz zu gelangen.

Wenn Ihnen diese Reise das eine und andere Souvenir geschenkt hat – dann freue ich mich mit Ihnen. Vielleicht lesen Sie ab und zu in Ihren Notizen wie in einem Buch mit Reiseerinnerungen. Ihnen wünsche ich auf jeden Fall: eine gute und bereichernde Weiterreise in der lichtdurchfluteten Welt sprachlicher Bilder!

Literaturverzeichnis

Bacon, Stephen: Die Macht der Metaphern. Ziel Verlag, Augsburg, 2. Auflage 2003.

Berger, Peter L./Luckmann, Thomas: Die gesellschaftliche Konstruktion von Wirklichkeit. Fischer, Frankfurt am Main 1980.

Blackmore, Susan: Die Macht der Meme. Oder: Die Evolution von Kultur und Geist. Wissenschaftliche Buchgesellschaft, Darmstadt 2000.

Blumenberg, Hans: Paradigmen zu einer Metaphorologie. Suhrkamp, Frankfurt am Main 1993, 3. Auflage 2005.

Blumenberg, Hans: Schiffbruch mit Zuschauer. Suhrkamp, Frankfurt am Main 1979.

Böhme, Gernot: Goethes Faust als philosophischer Text. 10 Vorlesungen an der TU Darmstadt, Hörbuch, Auditorium Netzwerk, Müllheim/Baden 1999. (2007 als Hörbuch erschienen.)

Coenen, Hans: Analogie und Metapher. Grundlegung einer Theorie der bildlichen Rede, de Gruyter Studienbücher, Berlin, New York 2002.

Covey, Steven R.: The 8th Habit. Simon&Schuster, New York 2004.

Cyrulnik, Boris: Die Kraft, die im Unglück liegt. Goldmann, München 2001.

Debatin, Bernhard: Die Rationalität der Metapher, Gruyter; Berlin 1995.

Deleuze, Gilles/Guattar: Rhizome. Merve, Berlin 1976.

Deppert, Alex: Die Wahl der Metaphern: Kontextbedingte Bedeutungsverschiebung bei Metaphern mit unterschiedlichem Lexikalisierungsgrad, in: metaphorik.de 05/2003, S. 62–89. (AlexDeppert@gmx.de)

Dörner, Dietrich: Die Logik des Misslingens. Rowohlt, Reinbek, 8.Auflage 2003.

Finke, Peter: Misteln, Wälder und Frösche: Über Metaphern in der Wissenschaft, in: metaphorik.de 04/2003, S. 45–65. (Peter.Finke@uni-bielefeld.de)

Flämig, Michael: Naturwissenschaftliche Weltbilder in Managementtheorien. Chaostheorie, Selbstorganisation, Autopoiesis. Campus, Frankfurt am Main, New York 1998.

Foucault, Michel: Die Ordnung des Diskurses. Fischer, Frankfurt am Main 1991.

Foucault, Michel: Die Ordnung der Dinge. Fischer, Frankfurt am Main 2008.

Foucault, Michel/Köppen, Ulrich: Archäologie des Wissens. Fischer, Frankfurt am Main 2009.

Friederici, Angela, D.: Der Lauscher im Kopf. In: Gehirn & Geist 2, 2003, S. 35–42.

Fuchs, Helmut/Huber, Andreas: Metaphoring. Komplexität erfolgreich managen. Gabal, Offenbach 2002.

Gassen, Hans G.: Das Gehirn. WBG, Darmstadt 2008.

Gerbig, Andrea/Buchtmann, Patricia: Vom »Waldsterben« zu »Geiz ist geil«: Figurativer Sprachgebrauch im Paradigmenwechsel von der ökologischen zur ökonomischen Handlungsmotivation. In: metaphorik.de 04/2003, S. 97–114. (AndreaGerbig@aol.com; PBuchtmann@aol.com)

Gilich, Benedikt: Rezension: Katrin Kohl: Metapher. J.B. Metzler, Stuttgart/Weimar 2007. In: metaphorik.de 05/2008, S. 181–186. (beni.gilich@web.de)

Goodman, Felicitas D.: Wo die Geister auf den Winden reiten. Binkey Kok, Haarlem 2007.

Gordon, David: Therapeutische Metaphern. Junfermann, Paderborn, 5. Auflage 1995.

Grotlüschen, Anke: Vom Unbehagen mit der Netzwerkmetapher. In: Büchter, Karin; Gramlinger, Franz (Hrsg.): Implementation und Verstetigung von Netzwerken in der Berufsbildung. Eusl, Paderborn 2004.

Hachenberg, Katja: Rezension: Eva Gehring, 2004. Medienmetaphorik: Das Internet im Fokus seiner räumlichen Metaphern. Berlin, dissertation.de. In: metaphorik.de 10/2006, S. 161–167. (katjahachenberg@aol.com)

Hörisch, Jochen: Was sind und wie funktionieren Medien? Originalvorträge, Hörbuch, Auditorium Netzwerk, Müllheim/Baden 2008.

Huch, Ricarda: Der Fall Deruga. Kiepenheuer&Witsch, Köln 1967. Fassung der Süddeutschen Zeitung/Bibliothek, München 2007.

Hüther, Gerald: Die Macht der inneren Bilder. Wie Visionen das Gehirn, den Menschen und die Welt verändern. Vandenhoeck & Ruprecht, Göttingen 2006.

Hüther, Gerald/Schmidt, Gunther/Büntig, Wolf: Gehirn und Körper. Ein interdisziplinärer Diskurs. Auditorium Netzwerk. Müllheim/Baden 2008.

Interview mit Prof. Dr. Astrid Schütz, »Optimisten treiben sich selbst in den Burnout.« In: ManagerSeminare Heft 119, Februar 2008, S. 14 f.

Jäger, Ludwig: Ohne Sprache undenkbar. In: Gehirn&Geist 2/2003, S. 36–42.

Jäkel, Olaf: Wie Metaphern Wissen schaffen: Die kognitive Metapherntheorie und ihre Anwendung in Modell-Analysen der Diskursbereiche Geistestätigkeit, Wirtschaft, Wissenschaft und Religion. Kova, Hamburg 2003.

Jost, Jörg: Wann verstehen, wann interpretieren wir Metaphern? In: metaphorik.de 15/2008, S. 125–140. (j.jost@isk.rwth-aachen.de)

Jung, Carl Gustav: Gesammelte Werke C. G. Jung. Walter, Olten 1971–1990 (besonders Bände 9, 10 und 17).

Kadritzke, Ulf: Herrschaft in Unternehmensnetzwerken. Vom Schwinden einer Kategorie in Theorie und Praxis. In: Sydow, Jörg (Hrsg.): Arbeit, Personal und Mitbestimmung in Unternehmensnetzwerken. Reiner Hamp, München und Mehring 1999.

Kennedy, Carol: Management Gurus. 40 Vordenker und ihre Ideen. Gabler, Wiesbaden 1998.

Kohl, Katrin: Metapher. Metzler Verlag, Stuttgart, Weimar 2007.

Kimminich, Eva (Hrsg.): Metaphern der Macht – Macht der Metapher. Shaker, Herzogenrath 2008.

Konersmann, Ralf (Hrsg.): Wörterbuch der philosophischen Metaphern. WBG, Darmstadt 2007.

Kriz, Jürgen: Grundkonzepte in der Psychotherapie. WBG, Darmstadt, 6. Auflage 2007.

Kuhn, Thomas: Struktur wissenschaftlicher Revolutionen. Suhrkamp, Frankfurt am Main 2007.

Kurz, Gerhard: Metapher, Allegorie, Symbol. Vandenhoeck & Ruprecht, Göttingen 1997; 6. Auflage 2004.

Lakoff, George/Johnson, Marc: Leben in Metaphern: Konstruktion und Gebrauch von Sprachbildern, Carl Auer, Heidelberg 1998, 6. Auflage 2008.

Lankton, Carol H./Lankton Stephen R.: Geschichten mit Zauberkraft: Die Arbeit mit Metaphern in der Psychotherapie. Klett-Cotta, 6. Auflage 2008.

Lauterbach, Matthias: Die Kunst, (sich) auf das richtige Pferd zu setzen – Metaphern zum Ritt durch die Lösungsräume. (Erweiterte Version eines Vortrags vom 18.9.2003, Magdeburg), aus dem Internet 2009.

Levold, Tom, Metaphern der Resilienz. In: Welter-Enderlin, Rosmarie/Hildenbrand, Bruno (Hrsg.): Resilienz – Gedeihen trotz widriger Umstände. Carl Auer, Heidelberg 2006, S. 230–254.

Luhmann, Niklas: Liebe als Passion. Zur Codierung von Intimität. Suhrkamp, Frankfurt am Main 1984, 6. Auflage 1994.

Mahlmann, Regina: Homo Duplex. Die Zweiheit des Menschen bei Georg Simmel. Königshausen & Neumann, Würzburg 1983.

Mahlmann, Regina: Liebe als Code und Diskurs. In: Wiener Zeitung, 17.01.1992.

Mahlmann, Regina: Zur medientheoretischen Formulierung der Wandlungen im Verständnis von Liebe. In: System Familie 5, 1992, S. 105 ff.

Mahlmann, Regina: Selbsttraining für Führungskräfte. Ein Leitfaden zur Analyse der eigenen Führungspersönlichkeit und eine Anleitung zum »persönlichen Change Management«. Beltz, Weinheim und Basel 1998, 2. Auflage 2001a.

Mahlmann, Regina: Konflikte managen. Psychologische Grundlagen, Modelle und Fallstudien. Beltz, Weinheim und Basel, 2. Auflage 2001b.

Mahlmann, Regina: Work-Life-Balance. Kritische Gedanken zu einer Mode. In: io new management 4, 2006.

Mahlmann, Regina: Resilienz – Ein Thema für Helfer? In: Freie Psychotherapie 2/2008, S. 7–9.

Mahlmann, Regina: Resilienz in praxi. Beispielhafte Situationen. In: Freie Psychotherapie 4/2008, S. 18–20.

Mahlmann, Regina: Zauber des Bildes: Nutzen Sie die gestaltende Macht von Metaphern im Führungsalltag. In: Gesellschaft für Arbeitsmethodik, April 2009.

Mahlmann, Regina/Pelz, Bernd F.: Erfolgsplanung KMU. Souveräne Unternehmensführung durch systemische Erneuerung. Rosenberger, Leonberg 2006.

Mahlmann, Regina/Pelz, Bernd F.: Manager im Würgegriff. Eine Aufforderung zum Nachdenken in turbulenten Zeiten. Rosenberger, Leonberg 2007.

Markowitsch, Hans-Joachim, Dem Gedächtnis auf der Spur. WBG, Darmstadt 2002.

Markowitsch, Hans J./Welzer, Harald: Das autobiographische Gedächtnis. Klett Cotta, Stuttgart 2005.

McLuhan, Marshall/Quentin, Fiore: The Medium is the Message. Penguin Books, London 1967.

Michl, Werner/Schödlbauer, Cornelia u.a. (Hrsg.): Metaphern – Schnellstraßen, Saumpfade und Sackgassen des Lernens. Ziel, Augsburg 1999.

Mohl, Alexa, Metaphernlernbuch. Geschichten und Anleitungen aus der Zauberwerkstatt. Junfermann, Paderborn 2007.

Müller, Ralph: Rezension: Hans Erich Bödeker (Hrsg.) 2002. Begriffsgeschichte, Diskursgeschichte, Metapherngeschichte. Mit Beiträgen von Mark Bevir, Hans Erich Bödeker, Lutz Danneberg, Jaques Guilhaumou, Reinhart Koselleck, Ulrich Ricken und Rüdiger Zill. Göttingen: Wallstein, 421 S. In: metaphorik.de, 11/2006, S. 133–141. (Ralph.Mueller@unifr.ch)

Müller, Rudolf: Geld und Geist. Suhrkamp, Frankfurt am Main 1977, 2. Auflage 1981.

Negri, Antonio: Autonomie und Separatismus. Netzwerke der Produktion und die Bedeutung des Territoriums im italienischen Nordosten. In: Atzert, Thomas (Hrsg.): Umher-
schweifende Produzenten. Immaterielle Arbeit und Subversion. ID, Berlin 1998.

Pessoa, Fernando: Das Buch der Unruhe des Hilfsbuchhalters Bernardo Soares, hrsg. von
Richard Zenith, Büchergilde Gutenberg, Frankfurt am Main, 2. Auflage 2006.

Proust, Marcel: Auf der Suche nach der verlorenen Zeit. Suhrkamp, Frankfurt am Main
1983.

Ratey, John J.: Das menschliche Gehirn. WBG, Darmstadt 2001.

Regenbogen, Arnim/Meyer, Uwe (Hrsg.): Wörterbuch der philosophischen Begriffe, WBG,
Darmstadt 1998.

Reiter, Hanspeter/Mahlmann, Regina: Wie schaffen Führungskräfte den Spagat zwischen
beruflicher Herausforderung und privater Lebensführung? Türkheim, unveröffentl.
Studie 2004.

Reiter, Hanspeter: Effektiv telefonieren. Tools, Tipps und Gesprächstechniken für den Busi-
nessalltag. Gabal, Offenbach 2008.

Revenstorf, Dirk: Universität Tübingen, Implizite Informationsverarbeitung in Trance,
Traum und Rausch. Aus dem Internet 2009.

Robertson, Ian: Das Universum in unserem Gehirn. Piper, München 2002.

Roßbach, Nikola: Rezension, metaphorik.de 05/2003, S. 185–188: Greber, Erika, Textile
Texte. Poetologische Metaphorik und Literaturtheorie. Studien zur Tradition des Wort-
flechtens und der Kombinatorik. Böhlau, Köln/Weimar/Wien 2002.

Rust, Holger: Geist. Gabler, Wiesbaden 2007.

Sartre, Jean Paul: Der Existentialismus ist ein Humanismus und andere philosophische
Essays 1943–1948, Hrsg. Werner Bökenkamp, Hans G. Brenner, Margot Fleischer. Rowohlt, Reinbek 2005.

Scheer, August-Wilhelm: Manager sollen improvisieren lernen. In: managerSeminare, Heft
139, Oktober 2009, S.10.

Schiewer, Gesine Lenore (gesine.schiewer@germ.unibe.ch): Sprache und Metapher in der
Konzeption historischer Semiotik und psychologischer Ökologie. In: metaphorik.de
04/2003, S. 141–195.

Schmieder, Christian: Die Spermien und das Meer: Metaphernanalyse als qualitative Me-
thode (cschmieder@mail.colgate.edu).

Schmidt, Gunther: Systemische und hypnotherapeutische Konzepte für Organisationsberatung, Coaching und Persönlichkeitsentwicklung, Auditorium Netzwerk, Müllheim/
Baden 2007.

Schmidt, Gunther/Hüther, Gerald/Büntig, Wolf: Gehirn und Körper – Ein interdisziplinärer
Diskurs. Auditorium Netzwerk, Müllheim/Baden 2008.

Schmitt, Rudolf: Rezension: Kopp, Richard R. (1995). Metaphor Therapy. Using Client-
Generated Metaphors in Psychotherapy, Bristol, Brunner/Mazel, in: metaphorik.de
01/2001, S. 107–110. (r.schmitt@hs-zigr.de)

Schmitt, Rudolf: Fragmente eines kommentierten Lexikons der Alltagspsychologie: Von
lichten Momenten, langen Leitungen, lockeren Schrauben und anderen Metaphern für
psychische Extremzustände. http://www.qualitative-research.net/fqs/beirat/schmitt-
1-d.htm (1 von 26) [28.05.2008]. (r.schmitt@hs-zigr.de)

Schöne, Albrecht/Wiethölter, Waltraud: Faust I und II. Die Wahlverwandtschaften. WBG, Darmstadt 1998.

Schütz, Astrid/Hoge, Lasse: Positives Denken. Vorteile-Risiken-Alternativen. Kohlhammer, Stuttgart 2007.

Sennett, Richard: Der flexible Mensch. Berliner Taschenbuchverlag, Berlin 2006.

Simmel, Georg: Das individuelle Gesetz. Philosophische Exkurse. 1913. Herausgegeben von Michael Landmann. Suhrkamp, Frankfurt am Main 1968.

Simon, Gerd: Der Mutationsansatz in der Metaphernforschung, http://homepages.uni-tuebingen.de/gerd.simon/bedeutungen1.htm, ca. 2002, aus dem Internet 2009.

Sohn-Rethel, Alfred: Warenform und Denkform. Suhrkamp, Frankfurt am Main/Wien 1971, 2. Auflage 1978.

Vico, Giambattista,, Prinzipien einer neuen Wissenschaft über die gemeinsame Natur der Völker. Meiner, Hamburg 2009.

Thompson, Richard F.: Das Gehirn. Von der Nervenzelle und Verhaltenssteuerung. Spektrum, Heidelberg/Berlin 2001.

Tschepp, Christian/Schinagl, Susanne: Die Hummel, 99 Metaphern, die dem Leben Flügel verleihen, Junfermann, Paderborn 2007.

Wagner, Richard: Auf schlüpfrigem Grund. In: Frankfurter Allgemeine Sonntagszeitung, 05.07.2009, S. 10.

Welter-Enderlin, Rosmarie/Hildenbrand, Bruno (Hrsg.): Resilienz – Gedeihen trotz widriger Umstände. Carl Auer, Heidelberg 2006.

Welzer, Harald: Das kommunikative Gedächtnis. C.H. Beck, München 2002.

Wolf, Harald: Das Netzwerk als Signatur der Epoche? In: Arbeit – Politik – Emanzipation. Heft 2, Jg. 9 (2000), S. 95–104; und: adaptierte Form eines Artikels der im Kurswechsel (3/2003) Arbeit – Politik – Emanzipation. (www.kurswechsel.at)

BELTZ WEITERBILDUNG

Birgit Lutzer/Hanspeter Reiter
Handbuch Marketing für Weiterbildner
Bildung mit den sechs »P« professionell vermarkten.
Mit Downloads
464 Seiten. Gebunden.
ISBN 978-3-407-36474-6

Wie finden wir neue Zielgruppen? Wie können wir unsere Kunden stärker an uns binden? Wie werden Angebote zu Aufträgen? – Diese und ähnliche Fragen stellen sich Akteure der Weiterbildung immer wieder und würden gerne mit effektiven Maßnahmen reagieren. Hilfe naht: Wer zu diesem Handbuch greift, ist vielen praktischen Lösungen um einen entscheidenden Schritt näher!

»So bietet das Buch eine Fülle an Stoff, unzählige Anregungen und ist dabei immer auch abwechslungsreich.« *Business-Wissen Online*

Uwe Reineck/Ulrich Sambeth/Andreas Winklhofer
Handbuch Führungskompetenzen trainieren
365 Seiten. Gebunden.
ISBN 978-3-407-36461-6

Aus dem Anspruch bedarfsgerechte und passgenaue Führungskräftetrainings zu entwickeln ist dieses Buch entstanden. Es systematisiert die Kompetenzanforderungen, die heute an Führungskräfte gestellt werden, beschreibt diese pointiert und macht eine Fülle konkreter Vorschläge, wie man Führungskräfte gezielt auf klar umschriebene Kompetenzen entwickeln kann.

»Den Autoren ist dabei ein Buch gelungen, das ebenso unterhaltsam wie praxisorientiert ist.« *Trainertreffen*
»Wer über den Tellerrand blicken mag, findet hier vielseitige Anregungen.« *managerSeminare*

Beltz Verlag · Postfach 100154 · 69441 Weinheim · www.beltz.de